Linux Mint 18

Praxiswissen für Ein- und Umsteiger

Christoph Troche

Linux Mint 18

Praxiswissen für Ein- und Umsteiger

mitp

Bibliografische Information der Deutschen Nationalbibliothek
Die Deutsche Nationalbibliothek verzeichnet diese Publikation in der Deutschen Nationalbibliografie; detaillierte bibliografische Daten sind im Internet über <http://dnb.d-nb.de> abrufbar.

Bei der Herstellung des Werkes haben wir uns zukunftsbewusst für umweltverträgliche und wiederverwertbare Materialien entschieden.
Der Inhalt ist auf elementar chlorfreiem Papier gedruckt.

ISBN 978-3-95845-510-8
1. Auflage 2017

http://www.mitp.de
E-Mail: mitp-verlag@sigloch.de
Telefon: +49 7953 / 7189 - 079
Telefax: +49 7953 / 7189 - 082

Lektorat: Sabine Janatschek
Sprachkorrektorat: Petra Kleinwegen
Covergestaltung: Christian Kalkert, www.kalkert.de
Satz: Petra Kleinwegen
Druck: Medienhaus Plump, Rheinbreitbach
Bildnachweis: @ julien tromeur / fotolia.com

Inhalt

Linux? Mint?

Keine Angst vor Linux

Wie fast alle PC-Benutzer kennen und nutzen Sie sicher Microsoft Windows, erreicht dieses Betriebssystem doch einen weltweiten Marktanteil von über 90% auf Desktop-PCs und Notebooks. Und wie alle anderen Nutzer auch sind Sie schon mit den Mängeln und Fehlern dieses Systems konfrontiert worden. Viren und andere Schadsoftware bedrohen Ihre Daten, das System wird im Laufe der Zeit immer langsamer und regelmäßig treten Sicherheitslücken auf, die geflickt werden müssen.

Sie können dem sicher begegnen, das nötige Kleingeld vorausgesetzt, indem Sie auf Apple-Produkte ausweichen. Aber vielleicht haben Sie schon einmal von der Alternative *Linux* gehört. Linux ist ein Betriebssystem, das Anfang der 90er-Jahre vom finnischen Informatikstudenten Linus Torvalds entwickelt wurde. Der Legende nach wollte er im Winter einfach nicht die Wohnung verlassen und begann eine Möglichkeit zu entwickeln, sich mit seinem 386-PC im Universitätscomputer einzuloggen. Irgendwann erkannte er dann wohl, dass er gerade im Begriff war, ein neues Betriebssystem zu entwickeln. So postete er seine Entwicklung im gerade entstehenden Internet und forderte andere Interessierte auf, am System mitzuarbeiten und Verbesserungsvorschläge zu machen (»Nur so als Hobby, es wird nicht groß und professionell ...«).

Eine Reihe von Programmierern stürzte sich auf das neue Betriebssystem, schickte Torvalds ihre Wünsche, bastelte an Treibern und portierte erste Programme. Den Grundstock dazu lieferte das 1984 von Richard Stallman gegründete GNU-Projekt, das eine Vielzahl klassischer Unix-Tools so programmiert hatte, dass sie sich auf unterschiedlichen Unix-Systemen einsetzen ließen. Zu einem kompletten Betriebssystem fehlte lediglich der Kernel, und den lieferte nun Linus Torvalds: GNU/Linux war geboren – in einer Form, in der es sich (auf der Kommandozeile) bis heute gehalten hat. Seit jeher ist das Betriebssystem quelloffen und frei, was bedeutet: Jeder, der sich hierzu in der Lage fühlt, darf die Software nutzen, studieren, verändern, solange das Ergebnis ebenfalls frei bleibt.

Inzwischen ist die Entwicklung des Linux-Kernels natürlich kein Bastelprojekt mehr, sondern wird maßgeblich von der Linux-Foundation, einem gemeinnützigen Konsortium, vorangetrieben.

Der Open-Source-Gedanke sorgt nicht nur für maximale Transparenz, denn keine Regierung und kein Geheimdienst kann versteckte Hintertürchen einbauen lassen, die zum Ausspionieren Ihres Computers dienen. Es führt aber auch zu einer unübersehbaren Vielfalt verschiedenster Distributionen.

Linux hatte lange Zeit den Ruf des Elitären: ein hochfunktionelles System, aber nur von weltfremden Computerfreaks zu bedienen, die kryptische Befehle in Terminals tippen. Doch diese Zeiten sind längst vorbei. Softwarezusammenstellungen wie Ubuntu, RedHat und eben Mint haben Linux längst aus dieser Nische befreit und zu einem sehr benutzerfreundlichen Betriebssystem mit hochwertigem Office-Programm, Internetanbindung und einer Vielzahl von Programmen für den täglichen Gebrauch gemacht. Dabei ist von Vorteil, dass Linux ein überaus sicheres und stabiles System ist. Inzwischen sind unter anderem die französische Polizei und die Stadtverwaltung der Stadt München auf Linux umgestiegen und sparen so Millionen Euro an Lizenzgebühren.

Was ist Linux Mint und für wen ist es geeignet?

Legt man die Statistik der Webseite *Distrowatch* zugrunde, ist Linux Mint seit Jahren die beliebteste aller Linux-Distributionen. Dies mag damit zusammenhängen, dass es sich um eine Softwarezusammenstellung für PCs handelt, die es dem Umsteiger von Windows einfach machen will. Das gesamte Look & Feel ähnelt dem Marktführer aus Redmond so sehr, dass sich ein Benutzer, der zum ersten Mal vor einem Mint-PC sitzt, zumindest mit den wichtigen Funktionen auskennen wird. Seien Sie allerdings darauf vorbereitet, dass einige Funktionen dann doch anders sind, als Sie es gewohnt sind. Da die Entwickler versuchen, dem Benutzer direkt nach der Installation ein fertiges Betriebssystem zu präsentieren, erscheint keine andere Linux-Distribution ab Installation so komplett ausgestattet wie Mint. Neben den etablierten Programmen wie *Firefox*, *Thunderbird* und *LibreOffice* liefert Mint auch gleich alle möglichen Codecs mit, die zum Abspielen von DVDs sowie Musik- und Videoformaten aller Couleur nötig sind. Reibungslos miteinander arbeitende Programme und maximale Stabilität haben oberste Priorität.

Sinnvoll wird der Umstieg für Sie dann, wenn Sie, wie die meisten Menschen, den Rechner für Textverarbeitung, das Surfen im Internet, E-Mail und die übrigen gängigen Tätigkeiten eines Computerusers wie z.B. Bildbearbeitung benutzen.

- Für den Windows-Umsteiger: Der Erwerb einer Windows-Lizenz kostet einige hundert Euro, bei dem Kauf eines Microsoft-Office-Pakets werden Sie gleich noch einmal so viel los. Bei Linux Mint hingegen brauchen Sie weder für das Betriebssystem noch für notwendige Software zu bezahlen. Sie können die umständlichen

Software- und Betriebssystem-Updates von nun an vergessen und sich an einem System erfreuen, das frei ist von Viren, Würmern und anderer Schadsoftware. Das System ist mindestens ebenso leicht nutzbar wie Windows-Systeme, allerdings ist es stabiler und benötigt sehr viel weniger Computerressourcen.

- Sie haben einen älteren PC, den Sie Ihren Kindern für die Hausaufgaben und die Recherche im Internet einrichten wollen? Linux Mint benötigt keine modernste Hardware, selbst dieses Buch wird auf einem Uralt-Rechner verfasst. Es kostet nichts und alle notwendige Software ist an Bord.

Bitte beachten Sie allerdings folgendes:

- Linux Mint ist gemeinschaftsbasiert. Das bedeutet, dass es keine Betreuung durch ein Computergeschäft oder eine Telefonhotline geben wird. Allerdings ist die Gemeinschaft auch da, um zu helfen. In den Internetforen werden Sie auf geduldige und kompetente Hilfe stoßen. Selbsternannte Koryphäen, die zuerst auf Google und auf das Handbuch verweisen, sind hier seltener zu finden.
- Viele für Microsoft Windows oder MacOS X programmierte Anwendungen laufen nicht unter Linux Mint. Für die allermeisten Aufgaben, die man auf dem Rechner erledigen möchte, sind entsprechende Anwendungen verfügbar. Mittlerweile werden sogar einige Anwendungen, die ursprünglich nur unter Linux benutzt wurden, zu Hits unter anderen Betriebssystemen. Viele professionelle Anwendungen allerdings, wie z.B. Buchhaltungsprogramme für Firmen, werden nicht für Linux entwickelt. Möglichkeiten, auch Programme anderer Betriebssysteme unter Linux zum Laufen zu bringen, werden in diesem Buch erläutert.
- Wenn Sie viele vor allem neue, rechenintensive Spiele nutzen, werden Sie mit Linux Mint nicht glücklich, da die Hersteller die Spiele nur für Windows und MacOS X kompatibel entwerfen.
- Sie könnten Probleme mit sehr spezieller Hardware bekommen. Zwar hat sich die Hardwareerkennung in den letzten Jahren gewaltig verbessert, allerdings gibt es wohl einige Grafikkarten und Scanner, die nicht gleich unter Linux laufen.

Die Mint-Versionen

Linux Mint existiert in einer ganzen Reihe verschiedener Varianten:

- *Cinnamon*: Die Standardversion mit der von Mint selbst entwickelten Arbeitsoberfläche
- *MATE*: Hier wird GNOME 2 als Desktop-Umgebung genutzt.

- *KDE*: Hier kommt *KDE* als Desktop zum Einsatz. Dieser ist umfangreicher konfigurierbar, benötigt aber auch die meisten Ressourcen und wird gerne als »Klickibunti« verschrien.
- *Xfce*: Ist für den Einsatz auf leistungsschwacher Hardware konzipiert.
- *OEM-Version*: Ermöglicht es, Mint zu installieren, ohne dass bereits Einstellungen wie Namen und Passwörter vergeben werden.
- *No-Codecs-Version*: Enthält keine patentierte oder unfreie Software, was bedeutet, dass DVDs oder `.mp3`-Dateien nicht wiedergegeben werden können.

Ich werde im folgenden Kapitel diese verschiedenen Versionen, *Distributionen* genannt, etwas genauer vorstellen, allerdings konzentriere ich mich in diesem Buch auf die Standardversion. So können Sie leichter entscheiden, welche Version für Sie und Ihre Ansprüche am besten geeignet ist.

Alle zwei Jahre erscheint dabei eine Version, die Langzeit-Unterstützung genießt, die sogenannte *LTS-(Long-Term-Support)Version*. Diese wird für fünf Jahre unterstützt. Im Unterschied dazu erscheint alle halbe Jahre eine weitere, eine *STS-(Short-Term-Support)Version*. Hier ist eine Unterstützung von neun Monaten garantiert.

Die Konzeption dieses Buches

Dieses Buch ist ein Praxisbuch. Das bedeutet, ich werde darauf verzichten, Sie mit den Grundlagen von Linux zu langweilen. Stattdessen zeige ich Ihnen, wie Sie die aktuelle Version von Linux Mint bekommen können, wenn die beiliegende DVD einmal nicht mehr aktuell sein wird. Ich werde Sie durch den Installationsvorgang führen, bei der Sicherung und Migration Ihrer persönlichen Daten aus dem Internetbrowser und Ihrem E-Mail-Programm und bei der nachträglichen Installation von weiteren Programmen helfen. Sollten dies Ihre ersten Erfahrungen mit Linux Mint sein, empfehle ich Ihnen, dass Buch von Anfang an durchzuarbeiten, weil ich mich bemüht habe, den Ein- oder Umstieg in einer chronologisch sinnvollen Weise zu gestalten.

Damit Sie sofort starten können, werde ich Sie mit der Arbeitsoberfläche der Version *Cinnamon* vertraut machen.

In jeweils einem weiteren Kapitel werde ich Ihnen die Möglichkeiten erläutern, wie Sie mehrere Benutzer einrichten, werde Ihnen *LibreOffice*, ein mächtiges Office-Paket, sowie die Möglichkeiten, Linux Mint multimedial zu nutzen, vorstellen. Natürlich werden auch Sicherheitsaspekte nicht zu kurz kommen. Im letzten Kapitel dieses Buches stelle ich Ihnen die Einrichtung eines *VPN*, eines virtuellen persönlichen Netzwerkes, vor. Dieses ermöglicht Ihnen, von jedem öffentlichen Hotspot aus eine sichere, verschlüsselte Verbindung zu Ihrem heimischen Router zu erstellen. Dieses Kapitel stelle ich bewusst ans Ende, setzt es zu seiner Umsetzung doch einige Kenntnisse voraus, die Sie in den vorausgehenden Kapiteln erwerben.

Der Umfang dieses Buches bringt es mit sich, dass ich Ihnen nur einen Einstieg ermöglichen kann. Ich werde mich zudem auf die Version *Cinnamon* konzentrieren. Sollten eklatante Unterschiede zur Version *MATE* auftauchen, werde ich diese extra behandeln.

Vielleicht ist es ein wenig abenteuerlich, sich auf eine neue Arbeitsumgebung einzulassen, allerdings bin ich zuversichtlich, dass Sie, nachdem Sie einmal Linux-Luft geschnuppert haben, andere Betriebssysteme nicht mehr vermissen werden.

Der Inhalt der Buch-DVD

Damit Sie mit Linux Mint sofort starten können, haben wir die vollständige Distribution 18, auch *Sarah* genannt, beigelegt. Dies ist die aktuelle, im Juni 2016 veröffentlichte Version, die bis zum April 2021 unterstützt wird.

Wenn Sie diese DVD in Ihren Rechner einlegen, bieten sich Ihnen zwei Möglichkeiten:

- Sie können Linux Mint als eine so genannte *Live-Version* starten: So können Sie Linux testen, ohne dass Sie an Ihrem Computer irgendetwas verändern. Sie können für sich ausprobieren, ob Ihre Hardware funktionieren wird und ob Ihnen das Handling gefällt. Zwar ist Linux Mint in dieser Form sehr viel langsamer und mit weniger Speicherplatz ausgestattet als in der fest installierten Form, diese Installationsform ermöglicht es Ihnen allerdings, auf eine defekte, nicht mehr startende Windows-Umgebung zuzugreifen, um eventuell Ihre Daten zu retten.
- Sollten Sie sich entschließen, Linux Mint dauerhaft zu installieren, können Sie das ebenfalls von der DVD aus tun. Sie haben die Möglichkeit, Mint als alleiniges Betriebssystem oder in Kombination mit einem anderen zu nutzen, ganz wie Sie wollen. Jetzt können Sie schalten und walten, wie es Ihnen beliebt.

Ich wünsche Ihnen viel Spaß und viel Erfolg mit Ihrem neuen Linux-Betriebssystem.

Köln, Januar 2017

Christoph Troche

Kapitel 1

Linux Mint – die Versionen

Ziel des Kapitels

- Sie kennen die Versionen von Linux Mint.

Schritte zum Erfolg

- Sie lernen die wichtigsten Eigenschaften der Versionen kennen.
- Sie wissen, welche Mint-Version für Ihre Bedürfnisse am besten geeignet ist.
- Sie wissen, welche Version mit Ihrem PC harmonisiert.

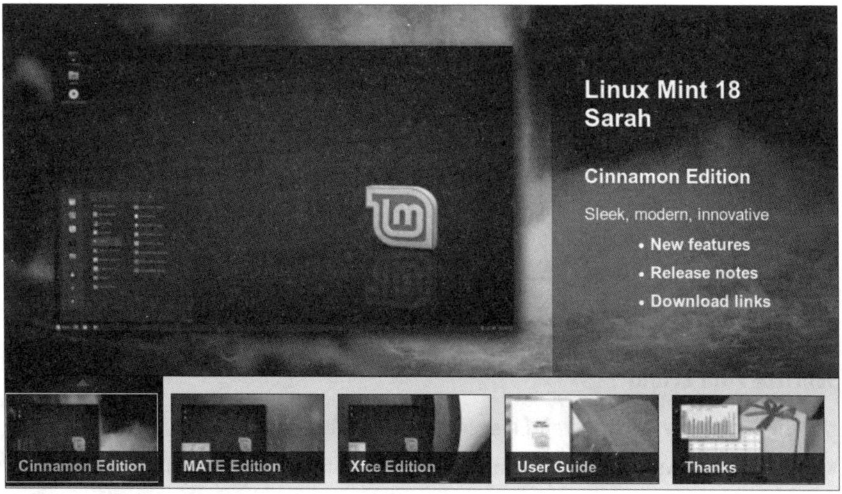

Abb. 1.1: Versionsvielfalt

Wie ich in der Einleitung bereits beschrieben habe, darf jeder Entwickler seine eigenen Vorstellungen von Linux in die Tat umsetzen, selbst nutzen und der Allgemeinheit anbieten, auf dass das beste System die meisten Nutzer finde. Da Softwareentwickler allerdings nicht sonderlich kompromissbereit sind, führt dies zwangsläufig zu einer Vielzahl von Varianten, die für den Einsteiger oft schwer zu verstehende Unterschiede beinhalten. Warum auch sollte sich der Entwickler auf Kompromisse einlassen, wenn er seine Vorstellungen ganz einfach selbst entwickeln und anbieten kann? Wenn Sie sich also die Internetseite *http://www.linuxmint.com* einmal ansehen, werden Sie feststellen, dass es nicht DAS Linux Mint gibt, sondern dass eine ganze Reihe verschiedener Mint-Distributionen auf den Download warten.

Es ist ein wenig verwirrend, sich mit der Vielzahl der Möglichkeiten auseinanderzusetzen, daher möchte ich Ihnen in diesem Kapitel eine Entscheidungshilfe an die Hand geben. Die Unterschiede zwischen den einzelnen Ausgaben sind dabei gar nicht so dramatisch, sie liegen meist eher »unter der Motorhaube«. Trotzdem kann die Wahl der richtigen Distribution über Gelingen oder Nichtgelingen der Installation entscheiden.

Dabei haben die Mint-Entwickler das Rad auch nicht neu erfunden, sie nutzen und verändern, ganz im Sinne des Open-Source-Gedankens, bereits bestehende Linux-Distributionen: *Ubuntu* und *Debian*.

HINWEIS

Ubuntu ist eine weit verbreitete und kostenlose Linux-Distribution. Das Projekt, das großen Verdienst daran hat, Linux zu einem erfolgreichen Betriebssystem für den Normalnutzer zu machen, wird vom Software-Hersteller Canonical Ltd. gesponsert, das vom südafrikanischen Unternehmer Mark Shuttleworth gegründet wurde.

Debian ist ein seit 1993 gemeinschaftlich entwickeltes freies Betriebssystem. Debian GNU/Linux, das auf dem Linux-Kernel basiert, ist eine der ältesten, einflussreichsten und am weitesten verbreiteten Linux-Distributionen.

1.1 Die Standardversion

Als *Standardversion* wird die auf Ubuntu basierende Distribution bezeichnet. Sie war als erste da und ist weiter verbreitet als die anderen, ohne dabei gleich die bessere Distribution zu sein. Hier wird der Linux-Kernel, also der »Motor« des Systems, vom Ubuntu-Distributor *Canonical* zur Verfügung gestellt. Es ist wichtig zu wissen, dass Ubuntu alle zwei Jahre, zuletzt im April 2016, eine neue LTS-(*Long Term Support*) Version veröffentlicht, die dann fünf Jahre lang mit Updates versorgt wird. Zur Zeit der Drucklegung des Buches lautet die LTS-Version von Ubuntu 16.04 und von Linux Mint 18 (Sarah). Beide Versionen werden bis April 2021 unterstützt, dann ist eine Neuinstallation des Systems nötig, da keine Aktualisierungen mehr zur Verfügung gestellt werden.

Linux Mint greift in der Standardversion neben eigenen Angeboten auf die von Canonical auf seinen Servern zur Verfügung gestellten Programme und Aktualisierungen zu. Sie können sich nicht nur aus tausenden von Programmen Ihre eigene Softwarezusammenstellung herunterladen, und installieren, über den Aktualisierungsmanager werden Sie auch informiert, wenn eine neue Version Ihres Programms vorliegt. Die Canonical-Server sind hierbei eine sehr sichere Quelle, Angst vor Computerviren oder anderer Schadsoftware brauchen Sie nicht zu haben.

Zwei Nachteile dieser Version möchte ich Ihnen nicht vorenthalten:

Die Datenbank des Ubuntu-Softwaremanagers ist nicht immer aktuell. Manche Programmupdates werden erst stark verzögert eingepflegt und spät zum Download angeboten.

Computer mit alten Prozessoren – »alt« bedeutet hier die Generation vor *AMD Athlon* oder dem *Intel Pentium-Pro* – werden unter Umständen nicht oder nur einschränkt unterstützt. Das ist insoweit schade, als dass Linux Mint nur recht wenige Systemressourcen benötigt und auch die alten PCs noch respektable Leistungen beim Surfen im Internet und bei der Nutzung der gängigen Office-Anwendungen bieten.

TIPP

Die Standardversion ist dann richtig für Sie, wenn Ihnen ein stabiles, bewährtes System wichtiger ist als die jeweils neueste Softwareversion. Ihr Computer kann durchaus betagt sein, sollte aber über mindestens 1 GB RAM verfügen und muss aus der Generation Pentium Pro oder AMD Athlon oder jünger stammen.

1.2 Debian Edition (LMDE)

Die *Linux Mint Debian Edition* (LMDE) ist die zweite Ausgabe von Linux Mint. Sie gleicht in Design und Funktionalität weitestgehend der Standardversion, allerdings basiert sie nicht auf Ubuntu, sondern auf der Distribution *Debian*. Der Unterschied ist, da Ubuntu seinerseits auf Debian basiert, gar nicht so groß, trotzdem sind beide Versionen nicht miteinander kompatibel. Da kein Unternehmen wie z.B. Canonical hinter Debian steht, nehmen die Entwickler der LMDE für sich in Anspruch, dass sie unabhängiger und die Updates schneller und sicherer sein. Außerdem sei, so behaupten die Entwickler, Debian schneller und gehe sparsamer mit den Systemressourcen um als Ubuntu. Fakt ist, dass die minimalen Systemanforderungen der LMDE weitaus geringer sind als bei der Standardversion.

Die LMDE greift bei ihrem Updates und Installationen hauptsächlich auf die Debian-Server zu, als normaler Nutzer werden Sie allerdings kaum einen Unterschied zum Programmangebot der Standardversion merken. In einem zugegebenermaßen nicht repräsentativen Versuch habe ich alle Programme, die ich innerhalb der Standardversion gefunden habe, auch in der LMDE gefunden, mehrfach in einer aktuelleren Version. Insgesamt ist LMDE ein wenig schwieriger einzurichten, da der Kernel die Unterstützung uralter Non-PAE-Prozessoren garantieren möchte. Dies hat zur Folge, dass Sie für einen modernen PC den passenden Kernel nachinstallieren müssten.

Die aktuelle Versionsbezeichnung lautet 2.0 *Betsy*.

TIPP

Diese Version ist für Sie richtig, wenn Sie schnell die neuesten Softwareversionen nutzen möchten. Außerdem benötigen Sie die LMDE, wenn Sie über einen alten und leistungsschwachen Computer verfügen, beispielsweise ein altes Laptop mit einem Energiesparprozessor oder einen Prozessor der Non-PAE-Generation.

Non-PAE-Prozessoren sind alte Prozessoren, die Speicherbereich bis zu 4 GB verwalten konnten. Ende der 1990er-Jahre waren Arbeitsspeicher dieser Größenordnung noch Utopie.

1.3 Cinnamon oder MATE?

Bezieht sich die Unterscheidung zwischen Standardversion und LMDE eher auf den Motor des Systems, so könnte man die Unterscheidung zwischen *Cinnamon* und *MATE* als Ausstattungsvarianten verstehen.

MATE basiert auf der eher einfachen, aber übersichtlichen GNOME-2-Desktop-Umgebung. Als Einsteiger werden Sie sich hier sehr gut zurechtfinden, da die Einstellmöglichkeiten und Optionen begrenzt und deshalb übersichtlich sind.

Basierend auf dem moderneren GNOME 3 versteht sich *Cinnamon* eher als innovative Desktop-Umgebung. Sie werden mehr Effekte, 3D-Animationen und weitere Gimmicks entdecken können. Einige Zubehörprogramme wie z.B. die Dateiverwaltung liegen in einer komfortableren Version mit mehr Möglichkeiten vor. Falls Sie kleine Fenstereinblendungen mit der aktuellen Wettervorhersage oder »aktive Fensterecken« suchen, sind Sie hier richtig.

DVD

Die beiliegende DVD enthält die Version *Cinnamon*.

Ich werde in diesem Buch vor allem die Version *Cinnamon* vorstellen. Wenn Sie sich aber vor der endgültigen Installation ein eigenes Bild machen möchten, sollten Sie sich eine Live-CD erstellen und erst einmal ausprobieren. Ein Wechsel der Systeme ist nämlich so einfach nicht zu erstellen.

1.4 32 oder 64 Bit?

Ob Ihr PC ein 32- oder 64-Bit-Betriebssystem unterstützt, können Sie mit einem einfachen Tool, das ich Ihnen im 2. Kapitel vorstellen werde, leicht herausfinden. In der Regel werden Sie allerdings keinen nennenswerten Unterschied zwischen 32- oder 64-Bit-Versionen spüren, die Performance-Vorteile sind, abgesehen von 3D-Spielen, marginal.

Sollten Sie allerdings über einen PC mit mehr als 4 GB RAM verfügen, müssen Sie die 64-Bit-Versionen nutzen, damit der Speicher voll genutzt werden kann. Falls Sie nicht wissen, welche Version Ihre PC-Architektur unterstützt, sollten Sie die 32-Bit-Version nutzen.

1.5 Und sonst? No-codec, OEM ...?

No-codec

Beide Versionen, *MATE* und *Cinnamon*, können Sie ebenfalls in einer sogenannten *No-codec–Version* erhalten.

HINWEIS

Codecs sind Codier- oder Decodierprogramme, die Sie benötigen, um Musik- oder Filmdateien wiederzugeben.

Wenn Sie sicher sind, dass Sie keine Video- oder Musikinhalte auf Ihrem PC wiedergeben möchten, z.B. weil es sich um einen Firmen-PC handelt oder weil der Nachwuchs an diesem PC Hausaufgaben machen soll, anstatt die neueste Ausgabe der Lieblingsserien zu schauen, sollten Sie diese Version herunterladen und installieren. Codecs sind zudem in aller Regel proprietäre Software, also Programme, die nicht dem Open-Source-Gedanken folgen. Theoretisch ist es möglich, dass sich hierin Hintertürchen zu Ihrem System verstecken. Falls Sie sich anders entscheiden, installieren Sie die Codecs einfach nach. Die No-codec-Version erhalten Sie nur auf der Basis der Ubuntu-basierten Standardversion.

OEM-Version

Während des Installationsvorgangs einer normalen Distribution schaffen Sie Fakten. Sie legen einen Benutzernamen; eine Zeitzone und ein Passwort an. Was aber, wenn Sie Ihren PC mit Betriebssystem verkaufen oder Linux Mint für einen Freund einrichten wollen? Die OEM-Version ist eine Installationsform, in der Sie das Betriebssystem zwar vollständig installieren, aber die Personalisierung erst beim ersten Starten erfolgt, indem der Nutzer seinen Namen, Passwort und dergleichen eingibt und festlegt.

Auch diese Version erhalten Sie nur auf Basis der Standardversion.

KDE-Version

Der *KDE*-Desktop ist grafisch noch ansprechender, vielleicht auch verspielter, auf jeden Fall sehr viel speicherhungriger als MATE und Cinnamon. Sollten Sie einen PC mit mehr als 2 GB Arbeitsspeicher zur Verfügung haben – probieren Sie es aus. Einige integrierte Programme wie das Brennprogramm *k3b* sind zuverlässig und sicher und stellen oft genug den Goldstandard dar. Allerdings brauchen Sie einen recht leistungsfähigen Computer, 2 GB sollten es schon als Arbeitsspeicher sein.

Die *KDE*-Version gibt es nur auf Basis der Standardversion, LMDE kennt diese Arbeitsumgebung nicht.

Xfce-Version

Sie haben ein ganz altes Laptop im Internetauktionshaus Ihres Vertrauens für 50 Euro ergattert oder Ihren ersten PC aus den 1990ern, den Sie für Internetrecherchen oder als Backup-PC nutzen wollen, aus dem Keller geholt? Dann ist die Version mit dem *Xfce*-Desktop die richtige für Sie. Die *Xfce*-Version erfordert gerade einmal 512 MB Arbeitsspeicher. Das ganze System ist auf maximale Performance bei minimalem Ressourcenbedarf ausgelegt. Trotzdem ist *LibreOffice* oder die Einrichtung einer VirtualBox (s.a. Kapitel 8) durchaus möglich.

Tails

Wenn Sie (von einem eventuell fremden Computer aus) völlig anonym surfen wollen, sollen Sie sich einmal dieses System ansehen. Es basiert im weiteren Sinne auf Linux Mint, stellt aber eigentlich eine eigene Distribution dar. Das System wird nicht fest installiert, sondern als Live-CD oder vom USB-Stick gestartet und hinterlässt auf dem benutzten Computer keinerlei Spuren. Sie können nicht nur im Internet surfen, ohne Ihre Identität preiszugeben, Sie können auch Office-Dokumente bearbeiten oder Musik und Videos streamen. Und das alles, ohne auch nur eine Spur im Internet zu hinterlassen.

Tails, die Abkürzung von *t*he*a*mnest*i*cincognito*l*ive*s*ystem, erhalten Sie nicht auf der offiziellen Internetseite von Linux Mint, sondern auf der Webseite des Projektes: *https://tails.boum.org*.

Folgende Tabelle sollte Ihnen einen schnellen Überblick über die Systemanforderungen geben.

32 Bit	**Linux Mint**		**LMDE**	
	Minimal	Empfohlen	Minimal	Empfohlen
Arbeitsspeicher	512 MB	1024 MB	512 MB	1024 MB
Festplatte	9 GB	20 GB	5 GB	20 GB
Non-PAE-Prozessor	Nicht unterstützt		Unterstützt	
64 Bit	**Linux Mint**		**LMDE**	
	Minimal	Empfohlen	Minimal	Empfohlen
Arbeitsspeicher	512 MB	1024 MB	768 MB	1024 MB
Festplatte	9 GB	20 GB	5 GB	20 GB

Tab. 1.1: Überblick über die Systemressourcen

Den geringsten Arbeitsspeicherverbrauch hat wohl *LMDE MATE* mit einem Verbrauch von 285 MB direkt nach der Installation, während *KDE* aufgrund seiner grafisch anspruchsvollen Oberfläche bereits direkt nach der Installation 2 GB Arbeitsspeicher verlangt.

Kapitel 2

Linux Mint – zu den Quellen

Ziel des Kapitels

- Hier erfahren Sie, wie Sie die aktuelle Version von Linux Mint aus dem Internet laden und wie Sie sich selbst eine Installations-DVD oder einen bootfähigen USB-Stick erstellen.

Schritte zum Erfolg

- Linux Mint im Internet finden
- Das DVD-Image mit BitTorrent laden
- Die eigene Linux-Mint-DVD brennen
- Einen bootfähigen USB-Stick erstellen

2.1 Linux-Mint im Internet

Wenn Sie sich dieses Buch gekauft haben, ist es naheliegend, die beiliegende DVD zur Installation zu nutzen. Falls die DVD jedoch fehlerhaft ist oder Sie eine aktuellere Version haben möchten, finden Sie ein installationsfähiges Abbild dieser DVD im Internet. Dieses dürfen Sie sich kostenlos herunterladen und verwenden. Sie sollten jedoch über einen schnellen Internetanschluss und eine Datenflatrate verfügen, immerhin beträgt die Datenmenge ca. 1,5 GB.

WEB

Die wichtigsten Quellen im Internet für Linux Mint sind die offizielle Webseite des Projekts *https://www.linuxmint.com* und das deutschsprachige *https://www.linuxmintusers.de*. Auf diesen Seiten finden Sie nicht nur die Downloadquellen, sondern auch Hilfe zu fast allen denkbaren Fragestellungen rund um Linux Mint.

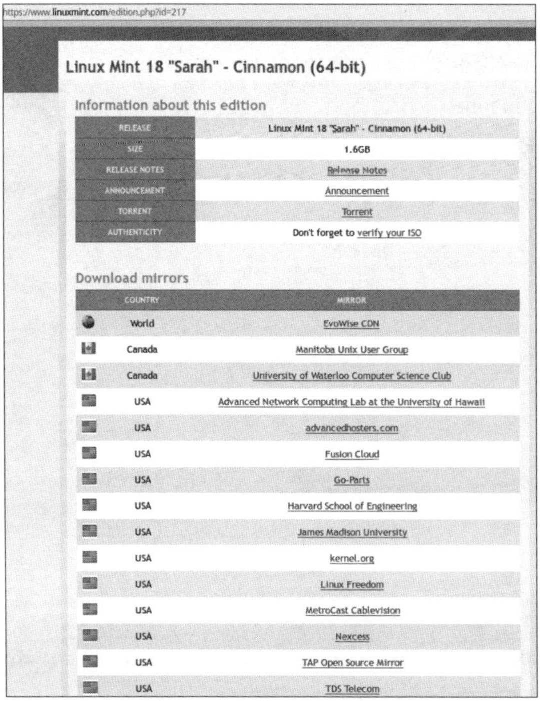

Abb. 2.1: Download links auf der Webseite des Linux Mint-Projektes

Wie Sie sehen, stehen Ihnen auf der Download-Seite mehrere Images, das sind 1:1-Abbilder der beiliegenden DVD, zur Verfügung. Aber welches Image ist denn nun das Richtige? Wenn Sie nicht wissen, ob Ihr PC die 64-Bit-Version unterstützt, können Sie dies leicht mit dem kostenlosen Tool *CPU-Z*, herausfinden. Dieses Programm können Sie im Internet von der Webseite *http://www.cpu-z.de* beziehen. Nachdem Sie das Programm installiert und gestartet haben, können Sie im ersten Reiter CPU die entscheidenden Daten ersehen.

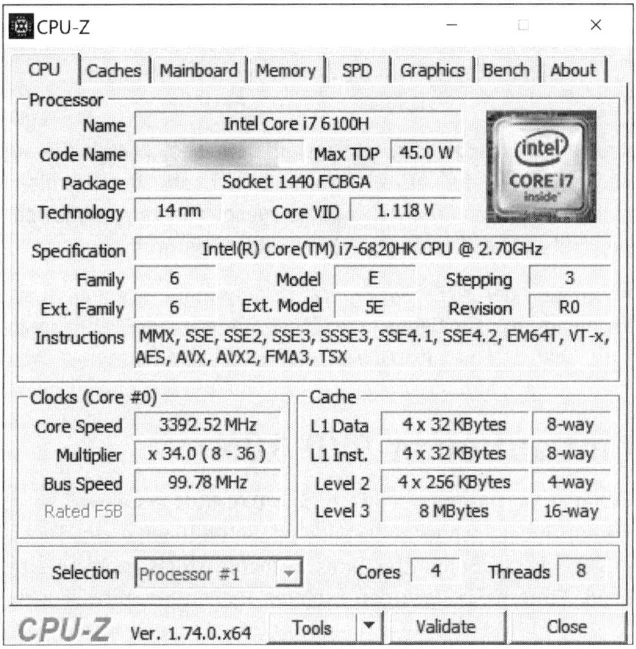

Abb. 2.2: Beim Eintrag EM64T oder AMD64 können Sie die 64-Bit-Version verwenden.

Sollten Sie sich allerdings nicht sicher sein, laden Sie bitte die 32-Bit-Version.

Die Direktlinks der Linux-Mint-Webseite ermöglichen Ihnen, das Image als sogenannte .iso-Datei direkt auf Ihrem Rechner zu speichern. Allerdings ist das http-Protokoll nicht unbedingt auf die Übertragung großer Datenmengen, sondern auf die Übertragung von Internetseiten ausgelegt. Fehlerhafte Übertragungen und Abbrüche des Downloads kommen hier häufiger vor. Ärgerlich wird es vor allem dann, wenn die hergestellte Installations-DVD nicht wie vorgesehen fehlerfrei funktioniert. Vor allem in den Tagen nach einer Neuveröffentlichung kann zudem die Bandbreite sehr knapp werden und dann passiert es auch, dass fehlerhaft übertragene Teile nicht als solche erkannt werden. Ich möchte Ihnen, auch um die Server zu entlasten, das *BitTorrent*-Protokoll nahelegen. Hier wird nur eine kleine, wenige kB große Datei vom Linux-Mint-Server heruntergeladen, die dafür sorgt, dass jeder, der bereits Teile der `.iso`-Datei auf seinem Rechner hat, diese zum Download für andere zur Verfügung stellt.

WEB

Dazu benötigen Sie ein Programm mit Namen *BitTorrent*, Dieses Programm kann man kostenlos von der Webseite *http://www.bittorrent.com* herunterladen.

Nachdem Sie das Programm heruntergeladen und installiert haben, klicken Sie auf den *torrent*-link der Downloadseite bei *https://www.linuxmint.com*. Der Download startet dann automatisch. Sofort nach Erhalt aller übertragenen Pakete wird die vollständige Datei mit einer Prüfsumme (Checksumme) auf Fehler überprüft.

Sollte Ihnen das Herunterladen der *BitTorrent* jedoch zu aufwändig erscheinen, suchen Sie sich einen Download-Link aus Deutschland. Dies minimiert die Fehleranfälligkeit und vergrößert die Chance, eine unversehrte `.iso`-Datei zu erhalten.

2.2 Linux Mint auf einer DVD-ROM

Aus dieser *.iso*-Datei können Sie nun ganz einfach eine DVD-ROM erstellen, die es Ihnen ermöglicht, Linux auf Ihrem Rechner zu installieren. Sollte Ihnen dieses Thema vertraut sein, können Sie sich der Bordmittel Ihres Betriebssystems, wohl in aller Regel Windows, bedienen. Starten Sie dazu den Explorer, klicken Sie mit der rechten Maustaste auf die Datei `linuxmint-18-cinnamon-XXbit.iso` und wählen den Menüpunkt Datenträgerabbild brennen. Nun legen Sie eine DVD ein und starten den Brennvorgang.

TIPP

Sie dürfen diese DVD jederzeit erneut kopieren und an Ihre Freunde und Bekannten weitergeben. Mit welchem anderen Betriebssystem können Sie das auch?

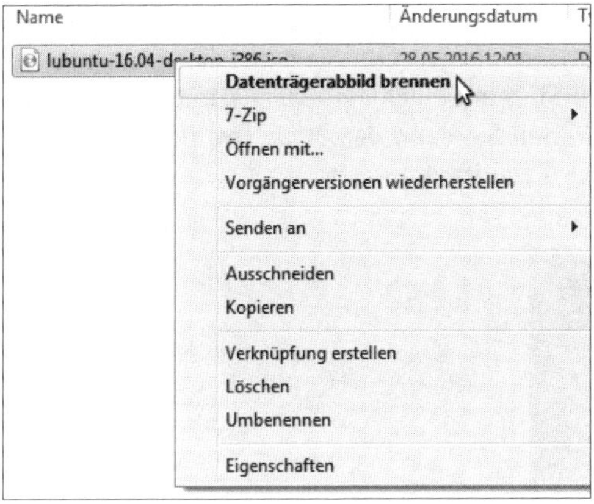

Abb. 2.3: So wird eine bootfähige DVD erstellt.

2.3 Linux Mint auf einem bootfähigen USB-Stick

Möglicherweise hat der Rechner, auf dem Sie Linux Mint benutzen möchten, kein CD-Laufwerk, oder Sie haben gerade keine beschreibbare DVD-ROM zur Hand. Dann bietet sich die Installation über den USB-Zugang an. Diese Möglichkeit ist eleganter und aufgrund der höheren Lesegeschwindigkeit eines USB-Sticks im Vergleich zu einer DVD auch komfortabler. Der Vorteil gegenüber einer Live-Installation über eine Live-DVD ist jedoch, dass Sie die Anpassungen an Linux Mint auch auf dem Stick speichern und beim nächsten Start wieder verwenden können, ohne auf dem Computer irgendeine Veränderung zu hinterlassen. Trotzdem sollten Sie dies nicht als Dauerlösung benutzen, da USB-Sticks nur eine beschränkte Anzahl von Lese- und Schreibzyklen haben und mit der Zeit immer unzuverlässiger werden. Aber um eine Installation vorzunehmen, reichen die Möglichkeiten allemal.

Nachdem Sie die `.iso`-Datei gespeichert haben, brauchen Sie noch ein weiteres Programm, um den USB-Stick zu präparieren.

WEB

Ein sehr gutes, kostenloses und nahezu selbsterklärendes Programm, den *Linux Live USB Creator*, der dies unter Windows kann, findet man auf der Webseite *http://www.linuxliveusb.com/en/download*.

Laden Sie dieses Programm herunter und installieren Sie es, indem Sie doppelt auf das Dateisymbol klicken. Ein Installationsmanager führt Sie durch die unkomplizierte Installation. Sie benötigen einen USB-Stick mit einer Mindestkapazität von 2 GB, den Sie nun am Rechner anschließen. Starten Sie dann den *Linux Live USB Creator*. Sie sehen, dass der Vorgang in insgesamt 5 Schritten abläuft.

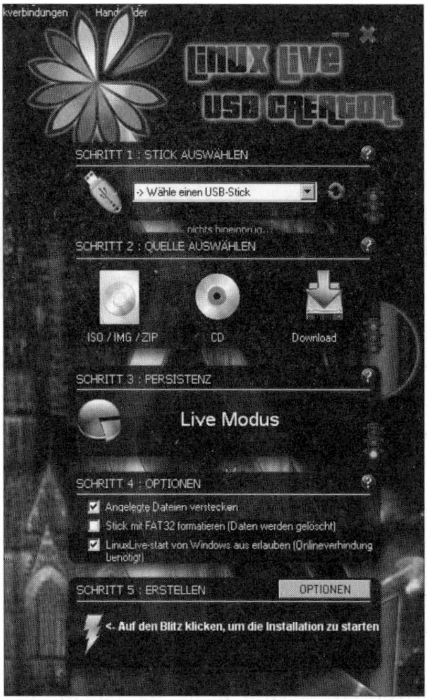

Abb. 2.4: Der *Linux Live USB Creator* funktioniert trotz seines Namens unter Windows.

- Im ersten Schritt wählen Sie im Dropdown-Menü den vorgesehenen USB-Stick aus. Wenn Sie nicht wissen, welchen Laufwerksbuchstaben der Stick hat, starten Sie den Windows Explorer und entfernen den Stick. Wenn Sie ihn erneut anschließen, können Sie sehen, welchen Laufwerksbuchstaben Windows ihm zugewiesen hat.
- Im zweiten Schritt klicken Sie auf den Schalter ISO / IMG / ZIP und wählen das heruntergeladene `.iso`-Abbild aus. Das Programm überprüft dann das Abbild.
- Im dritten Schritt geben Sie auf dem USB-Stick so viel Speicherplatz wie möglich frei. Sinnvollerweise schieben Sie den Schieber ganz nach rechts. Achtung: Alle Daten, die auf dem Stick sind, werden gelöscht!

Abb. 2.5: Hier geben Sie den Speicherplatz für Änderungen und Daten frei. Alle Daten, die sich auf dem Stick befinden werden gelöscht und sollten jetzt gesichert sein.

- Im vierten Schritt setzen Sie Häkchen bei den ersten beiden Kästchen und entfernen das Häkchen beim letzten Kästchen.

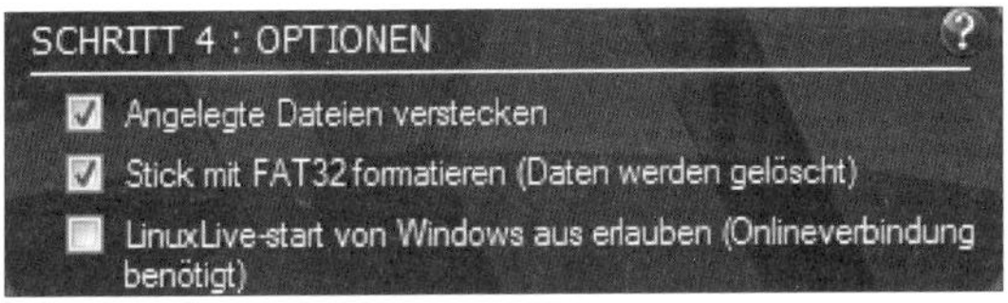

Abb. 2.6: So sollten die Optionen markiert sein.

- Im fünften und letzten Schritt klicken Sie auf das Blitzsymbol.
- Die Daten aus dem `.iso`-Abbild werden jetzt auf den Stick übertragen. Wenn Sie über einen größeren Stick, z.B. 4 GB, verfügen und Ihr Rechner vielleicht etwas älter ist, können Sie getrost einen Kaffee trinken oder Wäsche aufhängen gehen. Das kann jetzt eine Weile dauern.

Abb. 2.7: Das kann dauern

Das war es dann auch schon, Sie haben einen bootfähigen USB-Stick erstellt und können Linux Mint jetzt über Ihren USB-Anschluss auf Ihrem Computer installieren.

Kapitel 3

Linux Mint – Live- und vollständige Installation

Ziel des Kapitels

- Installieren Sie Linux Mint auf Ihrem PC.

Schritte zum Erfolg

- Überprüfen Sie Ihre Hardware mit der Live-Version.
- Bereiten Sie Ihren Rechner für die endgültige Installation vor.
- Installieren Sie Linux Mint als alleiniges Betriebssystem oder parallel zu einem bereits bestehenden.
- Führen Sie ein Update aus, wenn Sie bereits Linux Mint in einer älteren Version nutzen.

3.1 Live-Version oder Festinstallation, allein oder parallel?

Vielleicht möchten Sie zuerst ausprobieren, ob Ihnen die Handhabung von Linux Mint überhaupt zusagt oder ob Ihre Hardware reibungslos funktioniert. Sie müssen sich nicht sofort entscheiden, denn Linux Mint kann in zwei Varianten installiert werden:

- Die sogenannte Live-Version ist streng genommen gar keine Installation. Linux Mint wird hierbei gleich von der DVD oder vom USB-Stick gebootet und nicht dauerhaft auf Ihrem PC installiert. Sie können Linux Mint so benutzen, ohne Veränderungen an Ihrem PC vorzunehmen.
- Bei der Festinstallation installieren Sie das Betriebssystem direkt auf die Festplatte des Computers. Diese Installationsart ist nicht ganz so leicht rückgängig zu machen, aber sinnvoll, wenn Sie sich entscheiden, Linux Mint regelmäßig zu nutzen.

TIPP

Auch bei einer Festinstallation müssen Sie sich nicht von Ihrem bisherigen Betriebssystem verabschieden. Installieren Sie die beiden Betriebssysteme parallel und entscheiden Sie beim Programmstart, ob Sie Linux Mint oder ein anderes System nutzen möchten.

3.2 Linux Mint per Live-Version ausprobieren

Es gibt sicher eine ganze Reihe von Gründen, Linux Mint erst einmal als Live-Version zu nutzen. Sie können ausprobieren, ob Ihnen die Arbeitsumgebung überhaupt gefällt, oder verschiedene Mint-Versionen testen, ohne gleich eine zeitaufwändige, vollständige Installation vorzunehmen.

Vielleicht brauchen Sie Linux aber auch, um Daten von einem beschädigten Windows-PC zu retten. Oder Sie testen, ob das Betriebssystem auf Ihrem PC überhaupt lauffähig ist und ob alle Hardwarekomponenten erkannt werden.

Legen Sie die DVD in das Laufwerk oder schließen Sie den Stick an und starten Sie Ihren PC. Sollte das bisherige Betriebssystem starten, so müssen Sie Ihrem PC beibringen, dass er den »Zündschlüssel«, also den Bootsektor, nicht auf der Festplatte, sondern auf der DVD oder dem USB-Stick suchen soll. Dazu müssen Sie eine Veränderung am BIOS-Setup Ihres Computers vornehmen.

TIPP

Achten Sie beim Startvorgang des PC auf den unteren Rand des Monitors. Kurz nach dem Einschalten erscheint eine Aufforderung, die je nach verwendetem Chip so oder ähnlich lautet: `Hit ... to enter setup`. Merken Sie sich die entsprechende Taste, beim ersten Mal kann man gar nicht schnell genug lesen und die richtige Taste finden. In aller Regel handelt es sich um die Taste [Entf] oder die Tasten [F1] bis [F10].

Es kann Ihnen durchaus passieren, dass Sie den Vorgang wiederholen müssen. Wenn Sie das Handbuch des Motherboards zur Hand haben, lohnt es sich dort nachzuschauen. Nachdem Sie das BIOS aufgerufen haben, erscheint ein Bild, das an die Ursprünge des Computerzeitalters erinnert:

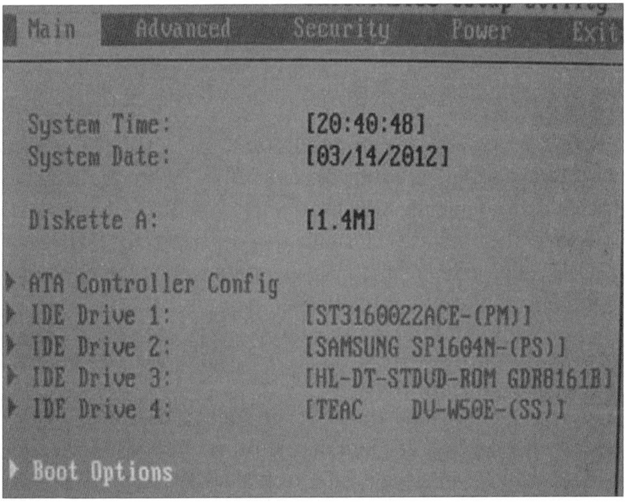

Abb. 3.1: Der Begrüßungsbildschirm des BIOS. Dieser kann je nach Hersteller auch ein wenig anders aussehen.

Beim Basic Input/Output System handelt es sich um die Firmware eines PCs. Diese ist in einem Chip fest auf der Hauptplatine installiert und sorgt nach dem Einschalten dafür, dass ein Haufen elektronischer Einzelteile überhaupt »weiß«, dass er ein PC ist und seine Komponenten wie beispielsweise die Grafikkarte, die Festplatte und die Netzwerkschnittstelle korrekt erkennt. Ein Betriebssystem wäre ansonsten nicht lauffähig.

Suchen Sie innerhalb des Setups die BOOT OPTIONS und hier die BOOT SEQUENCE. Die Bootsequenz ist die Reihenfolge der Laufwerke, in der der Rechner nach einem Betriebssystem suchen wird.

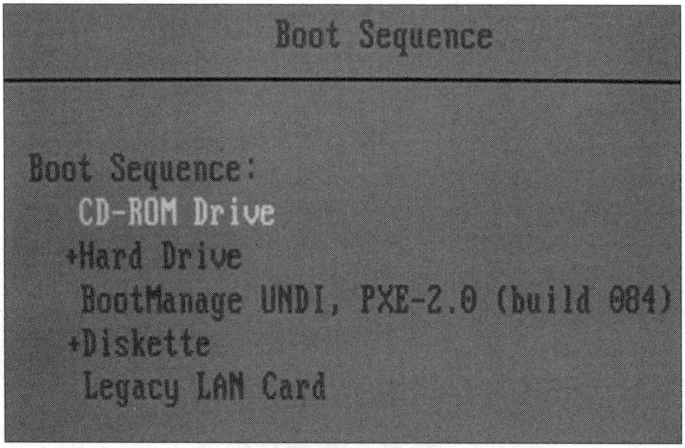

Abb. 3.2: Markieren Sie den Eintrag CD-ROM DRIVE oder USB und verschieben Sie ihn mit der Plus-Taste [+] Ihrer Tastatur nach oben.

Bestätigen Sie Ihre Veränderungen und verlassen Sie das BIOS. Sollten Sie sich bei der Arbeit am BIOS unsicher sein, holen Sie sich bitte Hilfe. Das BIOS ist das Herzstück des Rechners, und so einfach es ist, Einstellungen vorzunehmen, so leicht kann man den Rechner auch völlig unbrauchbar machen. Widerstehen Sie daher der Versuchung, experimentelle Einstellungen vorzunehmen!

Die Sache mit UEFI

Bislang bin ich davon ausgegangen, dass auf Ihrem PC ein sogenanntes BIOS installiert ist. Wenn Sie allerdings einen PC besitzen, auf dem Windows 7 vorinstalliert war, ist es sehr gut möglich, dass er nicht mit einem BIOS, sondern dem Nachfolger, dem so genannten UEFI *(Unified Extensible Firmware Interface)*, ausgestattet ist. UEFI macht grundsätzlich genau das Gleiche wie das BIOS, bringt aber deutlich mehr Funktionen mit, unterstützt die neueste Hardware und sieht obendrein bei den meisten Herstellern viel moderner aus. Haben Sie einen PC mit Windows 8, so ist dies sogar mit Sicherheit der Fall, da Microsoft ab 2011 die PC-Hersteller verpflichtet hat, UEFI einzusetzen, wenn Windows als Betriebssystem vorinstalliert werden soll.

Um herauszufinden, ob Windows im UEFI-Modus läuft, gehen Sie folgendermaßen vor: Drücken Sie unter Windows die Tastenkombination [Windows] + [R] und geben Sie im nun erscheinenden Dialogfeld `diskmgmt.msc` ein.

Öffnen Sie den Reiter Volumes und klicken Sie mit der rechten Maustaste auf den Eintrag Datenträger 0. Unter dem Menüpunkt Eigenschaften finden Sie den Eintrag Partitionsstil.

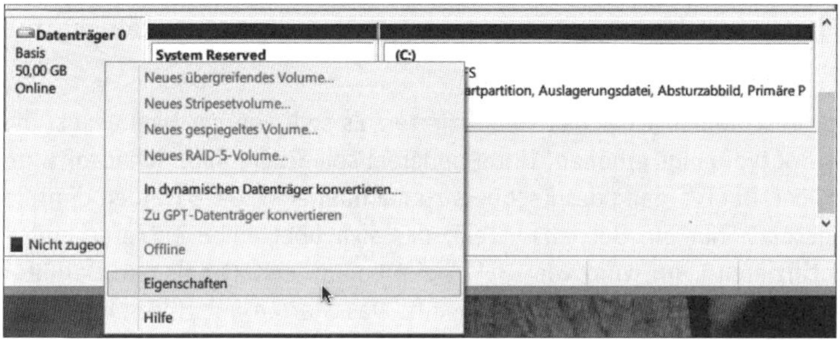

Abb. 3.3: So finden Sie heraus, ob ein BIOS oder ein UEFI auf Ihrem PC installiert ist.

Der Eintrag Master Boot Record bedeutet, dass der PC ein herkömmliches BIOS an Bord hat, GUID-Partitionstabelle gibt an, dass Ihr System mit UEFI läuft.

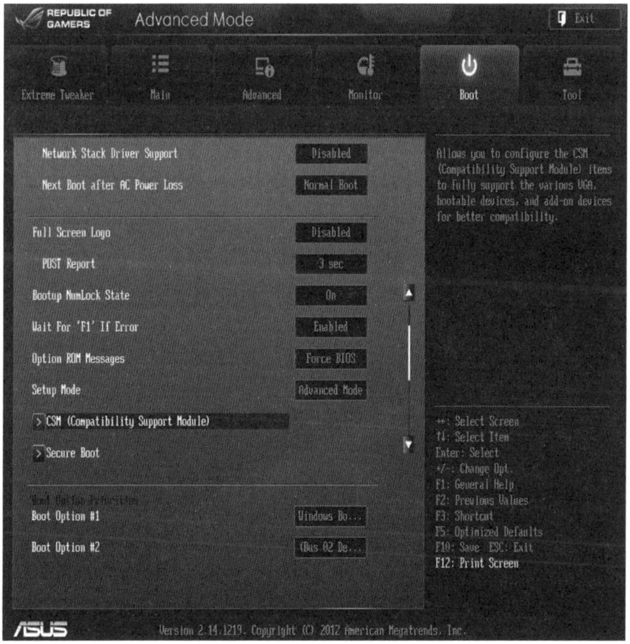

Abb. 3.4: UEFI-Oberfläche

Warum ist dies für uns wichtig? UEFI sieht nicht nur auf vielen Systemen besser aus, sondern bringt zwei Features mit, die unsere Installation beeinflussen und dabei nicht gerade erleichtern: *Fast Boot* und *Secure Boot*

Fast Boot sorgt dafür, dass der PC im Nu startet, dies macht es uns leider sehr schwierig, die richtige Taste zu drücken, die es uns ermöglicht, während des Startvorgangs UEFI zu starten.

Secure Boot zu beschreiben ist etwas komplizierter: Es soll, wie der Name sagt, die Sicherheit des Bootvorgangs erhöhen. Unter anderem soll *Secure Boot* Schadsoftware daran hindern, den Bootvorgang des Rechners zu manipulieren. Dazu werden digitale Schlüssel eingesetzt. Nur ein Betriebssystem, das sich über einen entsprechenden Schlüssel identifizieren kann, wird vom UEFI beim Computerstart geladen. Darunter fällt unter anderem der Bootloader von Microsoft. Das Starten mit Hilfe eines USB-Sticks wird durch Secure Boot verhindert, wenn auf diesem kein signierter Schlüssel vorhanden ist.

Um notwendige Einstellungen vornehmen zu können, hilft uns ein kleines Programm namens *EasyUEFI*, das Sie für den Privatgebrauch kostenlos von der Internetseite *http://www.easyuefi.com* herunterladen können.

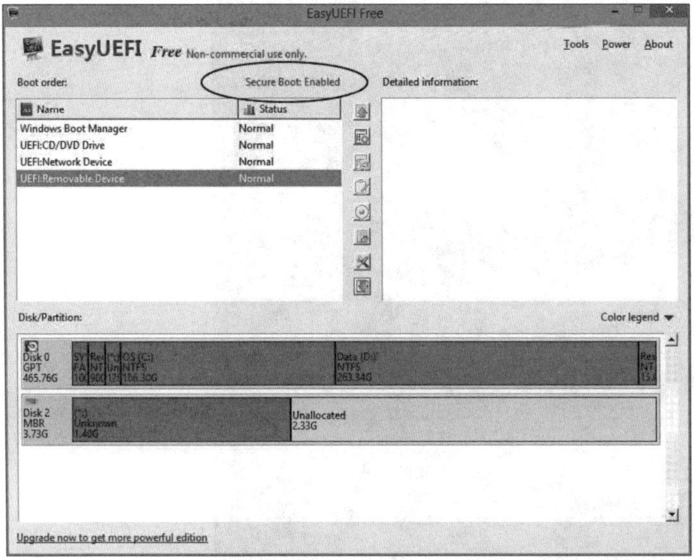

Abb. 3.5: Oberfläche von EasyUEFI

Wie Sie an diesem Beispiel erkennen können, ist *Secure Boot* noch aktiv. Dies wollen wir nun ändern, damit wir Linux Mint vom USB-Stick starten können. Dazu klicken wir auf den Menüpunkt Power Reboot into UEFI-Firmware. Nun startet Ihr Computer neu und öffnet die UEFI-Einstellungen. Die können abhängig von Ihrer Hardware völlig verschieden aussehen. Einige Oberflächen sind mit der Maus bedienbar, auf anderen bewegen Sie sich mit den Pfeiltasten Ihrer Tastatur.

Security und den Eintrag Secure Boot Control. Schalten Sie hier die Option Secure Boot ab. Auch dies tun Sie entweder mit den Pfeiltasten oder mit einem Mausklick abhängig von der installierten UEFI. Sichern Sie Ihre Einstellungen und verlassen Sie das Setup. Windows wird nun neu starten. Wenn Sie jetzt EasyUEFI aufrufen, sollte der Eintrag Secure Boot: Disabled lauten.

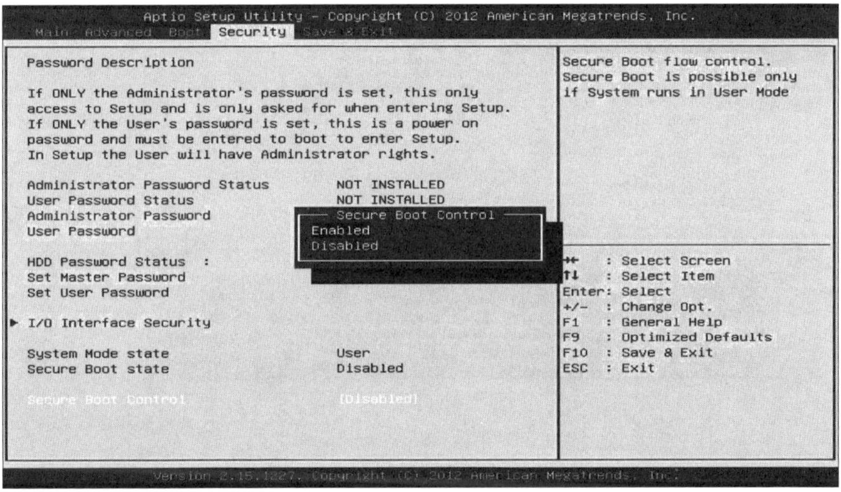

Abb. 3.6: So wird Secure Boot abgeschaltet.

Nun erstellen Sie einen USB-Stick, um Linux starten zu können: Dies wird allerdings etwas anders bewerkstelligt als weiter vorne angegeben:

WICHTIG

Sie benötigen zwingend die Datei `linuxmint-18-cinnamon-64bit.iso`, mit einer 32-Bit-Version können Sie hier nichts anfangen.

Entpacken Sie die Datei in ein beliebiges Verzeichnis. Dazu klicken Sie mit der rechten Maustaste auf den Eintrag und wählen aus dem Kontextmenü entpacken. Nutzen Sie bereits Linux, müssen Sie diesen Prozess als Systemverwalter starten, unter Windows passiert dies automatisch. Nun stellen Sie für den Explorer die Ansicht auf VERSTECKTE DATEIEN ANZEIGEN. Sie sehen, dass nun noch eine Datei namens `.disk` auftaucht, die vorher nicht zu sehen war. Formatieren Sie einen USB-Stick mit mindestens 4 GB Kapazität als FAT32 und kopieren Sie nun alle Verzeichnisse direkt auf den Stick. Stecken Sie den Stick ein und starten Sie EasyUEFI erneut. Nun sehen Sie einen neuen Eintrag:

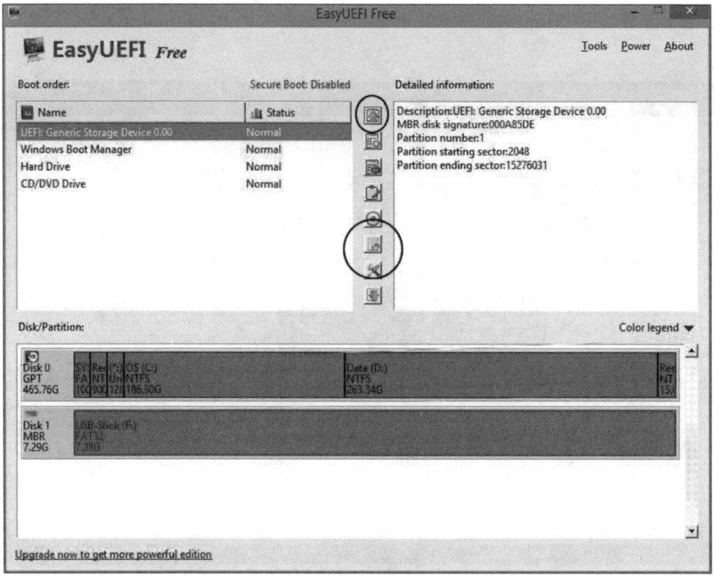

Abb. 3.7: Der USB-Stick wird als Startlaufwerk erkannt.

In der linken Spalte sehen Sie die derzeit gültige Boot-Reihenfolge. Markieren Sie den USB-Stick und platzieren Sie ihn mit dem PFEIL-NACH-OBEN-BUTTON an die erste Stelle. Dann klicken Sie auf den dritten Button von unten (SET / UNSET ONE-TIME-BOOT). Damit ist Ihr Stick genau einmal als Boot-Laufwerk ausgewiesen. Wenn Sie jetzt innerhalb des Programms auf POWER und REBOOT klicken, startet der PC die Mint-Oberfläche.

Falls Sie nicht mehr über ein funktionierendes Windows verfügen, können Sie die Boot-Reihenfolge natürlich auch direkt innerhalb des UEFI-Setups verändern. Dazu müssen Sie allerdings die Taste kennen, die Sie während des –sehr kurzen – Startvorgangs drücken müssen.

Starten Sie nun Ihren Computer neu. Wenn Ihre BIOS- oder UEFI-Einstellungen erfolgreich waren, hören Sie das CD-Rom-Laufwerk arbeiten und der Startvorgang läuft erheblich langsamer, als Sie dies gewohnt sind. Endlich erscheint dieses Bild:

Abb. 3.8: Das ist der Moment, in dem Sie sich entscheiden können, ob Sie Linux Mint erst einmal ausprobieren oder gleich installieren wollen.

Die Benutzeroberfläche, hier der Version *Cinnamon*, erscheint. Sehen sie sich um und probieren Sie ruhig alles aus, Sie können hier keinen Schaden an Ihrem Computer anrichten: Schalten Sie Ihren Drucker ein und schauen Sie nach, ob Ihre WLAN- oder LAN-Verbindung reibungslos funktioniert. Notieren Sie sich, welche Hardware nicht erkannt wird, aber lassen Sie sich nicht abschrecken, wenn etwas nicht auf Anhieb funktioniert. Die Lösungen für die meisten Hardwareprobleme sind oft verblüffend einfach. Entweder wurden längst Treiber für Linux entwickelt, die allerdings nicht auf der DVD sind und erst später nachinstalliert werden, teilweise kann man auch auf Windows-Treiber zurückgreifen, die Foren auf den empfohlenen Webseiten helfen hier weiter.

Auf eine defekte Windows-Installation zugreifen

Ihr Windows-PC startet nicht mehr oder stürzt andauernd ab, so dass auch einfachere Tätigkeiten nicht mehr möglich sind. Allerdings befinden sich jede Menge wichtiger Dateien von der Diplomarbeit über die Musiksammlung bis zu Familienfotos auf dem Computer. Wenn Sie jetzt ein neues Betriebssystem aufspielen müssen, sind diese Schätze unrettbar verloren. Aber keine Sorge: Sie können mit Hilfe einer *Live-Installation* auf die Dateien zugreifen, ohne Windows zu starten, und diese auf ein externes Laufwerk kopieren.Erstellen Sie für diesen Fall einen bootfähigen USB-Stick und starten Sie Linux Mint, so wie ich dies oben beschrieben habe. Geben Sie im BIOS den USB-Stick als erstes Laufwerk in der Boot-Sequenz an.

TIPP

Eine Reihe vor allem älterer PCs bietet die Möglichkeit des Bootens von einem USB-Stick nicht an. In diesem Falle müssen Sie natürlich eine DVD als Startlaufwerk benennen. Das funktioniert genauso, ist allerdings sehr viel langsamer.

Klicken Sie nun auf das Icon *Computer*. Nun starten die Dateiverwaltung und zeigt alle angeschlossenen Laufwerke an. Ihr Windows-Laufwerk verbirgt sich hinter einem dieser Icons. Leider kann ich Ihnen an dieser Stelle nicht sagen, wo Sie Ihre Dateien gespeichert haben, aber Sie können beruhigt durch die Verzeichnisse scrollen. Sollten Sie sich jedoch an die Windows-Vorgaben gehalten haben, wurden alle Ihre Dateien im Verzeichnis `\Users\IHRNAME\...` gespeichert. Schließen Sie nun eine externe Festplatte an und kopieren Sie die zu rettenden Dateien per Drag & Drop.

Sie können sich die Arbeit erleichtern, indem Sie mit der Taste [F3] das Fenster teilen.

Die einzelnen Funktionen der Oberfläche werde ich Ihnen im nächsten Kapitel erklären. Sie sehen auch ein Icon, das Ihnen die Installation von *Linux Mint* anbietet. Ich rate Ihnen hiervon ab, es sein denn, Sie gehören zu den Menschen, die Ihre Texte, Bilder, E-Mail-Konten und Browsereinstellungen stets sofort sichern. Nicht? Dann wird es nun höchste Zeit, dies zu tun.

Wenn Sie sich genügend umgesehen und notiert haben, welche Hardware nicht sofort erkannt wurde, fahren Sie den Computer herunter. Nutzen Sie dazu das Menü ganz links unten mit dem Punkt HERUNTERFAHREN...

HINWEIS

Die Geschwindigkeit der Live-Version wird Ihnen sehr langsam vorkommen, Sie ist nicht zu vergleichen mit der Performance eines fest installierten Systems.

3.3 Sicherung, das A und O

Die Weisheit, dass »alles, was schiefgehen kann, irgendwann auch schiefgehen wird«, ist als Murphys Gesetz längst Allgemeingut. Obwohl die parallele Installation von Linux Mint und Windows eine sehr sichere Angelegenheit ist, kann man einen Crash mit Verlust der wichtigsten Dateien nie völlig ausschließen. Im Nachhinein ist man immer klüger und wenn unersetzliche Filme oder Textdokumente erst verloren sind, schwört man sich, ab jetzt immer regelmäßig die Daten zu sichern.

Daher ist es, auch wenn Sie Linux Mint parallel zu Windows installieren, dringend zu empfehlen, alle wichtigen Dateien auf einem externen Speicher zu sichern. Je nach Umfang bietet sich hier eine externe Festplatte an. Sollten Sie sich dazu entscheiden, von nun an auf ein anderes Betriebssystem völlig zu verzichten, müssen Sie diese Dateien sowieso sichern.

Neben Ihren Office-Dokumenten und der Musiksammlung möchten Sie sicher auch Ihre E-Mails und Adressen sichern. Diese Daten sind in sogenannten *Profiles*-Ordnern gespeichert. Die Lage dieser Profilordner entnehmen Sie bitte der Tabelle:

Thunderbird – Lage des Profilordners	
Windows XP	`C:\Dokumente und Einstellungen\%Benutzername%\Anwendungsdaten\Thunderbird\Profiles`
Windows 7 / 8 / 10/ Vista	`C:\Benutzer\%Benutzername%\AppData\Roaming\Thunderbird\Profiles`
Linux Mint	`~/.thunderbird`
Firefox – Lage des Profilordners	
Windows XP	`C:\Dokumente und Einstellungen\%BENUTZERNAME%\Anwendungsdaten\Mozilla\Firefox\Profiles`
Windows 7 / 8 / 10 / Vista	`C:\Benutzer\%BENUTZERNAME%\AppData\Roaming\Mozilla\Firefox\Profiles`
Linux Mint	`~/.mozilla/firefox/`

Tab. 3.1: In den Profilordnern sind alle Emails und alle Einstellungen gespeichert.

Wenn Sie *MS Outlook* als E-Mail- und Kalenderprogramm nutzen, können Sie Ihren Kalender recht einfach sichern und für die Verwendung bei Linux Mint vorbereiten:

Öffnen Sie *MS Outlook*, klicken Sie im Menü auf DATEI... IMPORTIEREN | EXPORTIEREN. Im folgenden Kästchen klicken Sie auf die Option IN DATEI EXPORTIEREN.

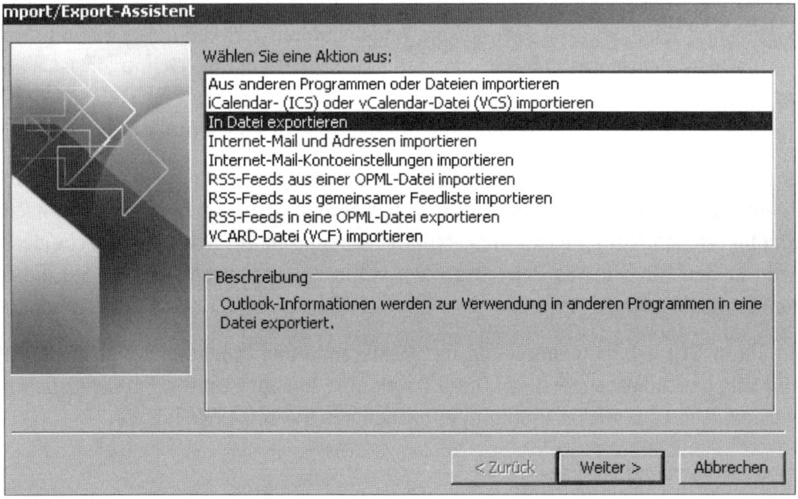

Abb. 3.9: Kalenderinformationen sichern

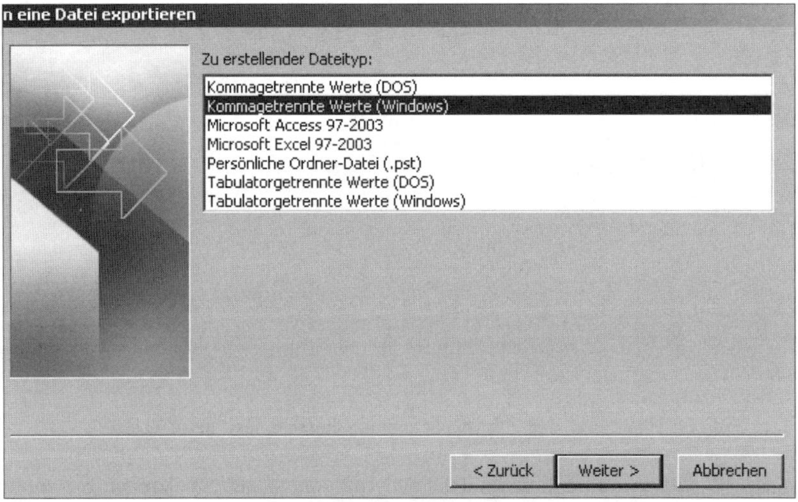

Abb. 3.10: Wählen Sie die Option KOMMAGETRENNTE WERTE (WINDOWS) und klicken Sie auf WEITER.

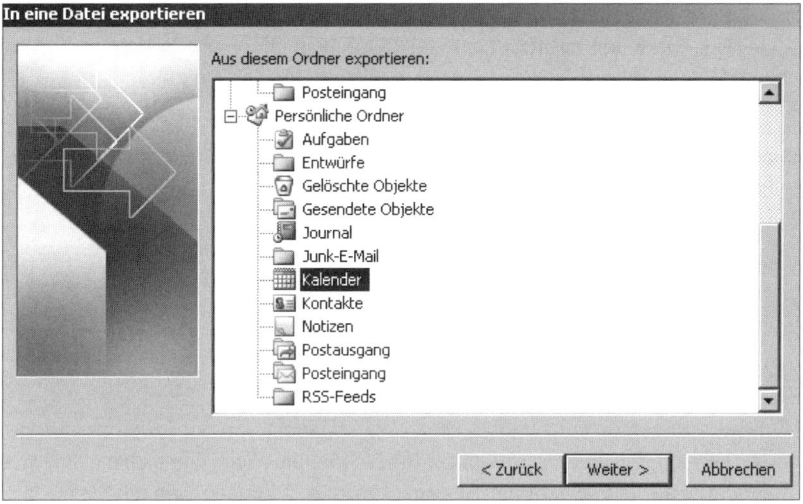

Abb. 3.11: Da wir so nur die Kalenderdaten weiterverwenden können, wählen wir auch nur diese aus ...

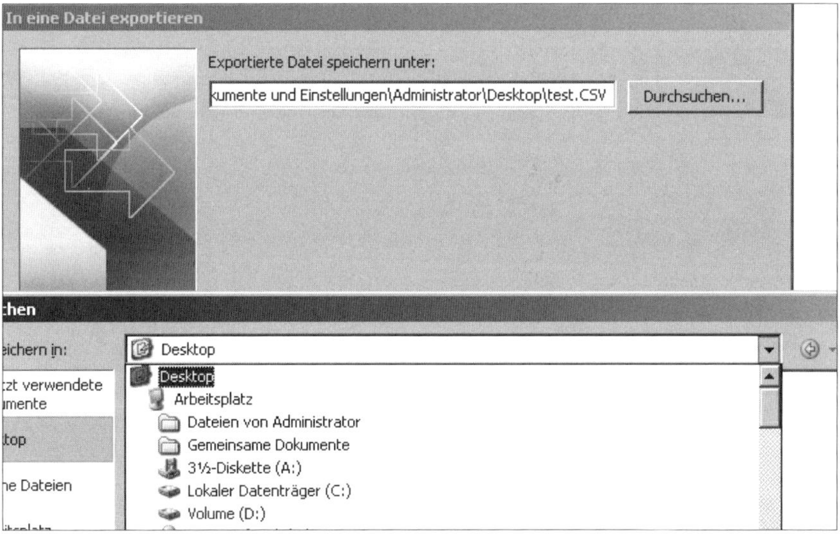

Abb. 3.12: ... und suchen für die entstehende Datei mit der Endung `.csv` einen geeigneten Speicherplatz, am besten auf einem externen Speicherort.

Zur Sicherung Ihrer E-Mails aus MS Outlook, Lotus Notes oder eines anderen E-Mail-Clients müssen Sie einen zusätzlichen Schritt machen: Dieser ist in Kapitel 7 »Von Outlook und Co. zu Thunderbird« beschrieben. Sichern Sie den entstandenen `Profiles`-Ordner auf ein externes Speichermedium.

Ihre Formatvorlagen haben, sofern Sie welche mit Microsoft Office erstellt haben, die Endung `.dot` oder `.dotx`. Führen Sie die Suchfunktion aus und kopieren Sie die Dateien auf den Sicherungsdatenträger.

3.4 Linux Mint fest installieren

Hardware-Voraussetzungen

Die Minimalvoraussetzungen für *Linux Mint* sind abhängig von der jeweiligen Distribution, diese habe ich bereits in Kapitel 1 beschrieben. Wenn Sie sicher sind, alle wichtigen Daten auf einem externen Speicher gesichert zu haben, können Sie mit der Installation von Linux Mint beginnen. Starten Sie den PC mit eingelegter CD neu oder klicken Sie auf den Button INSTALL LINUX MINT. Wenn das Fragefenster erscheint, wählen Sie zuerst Ihre bevorzugte Sprache und klicken Sie dann auf den Button WEITER.

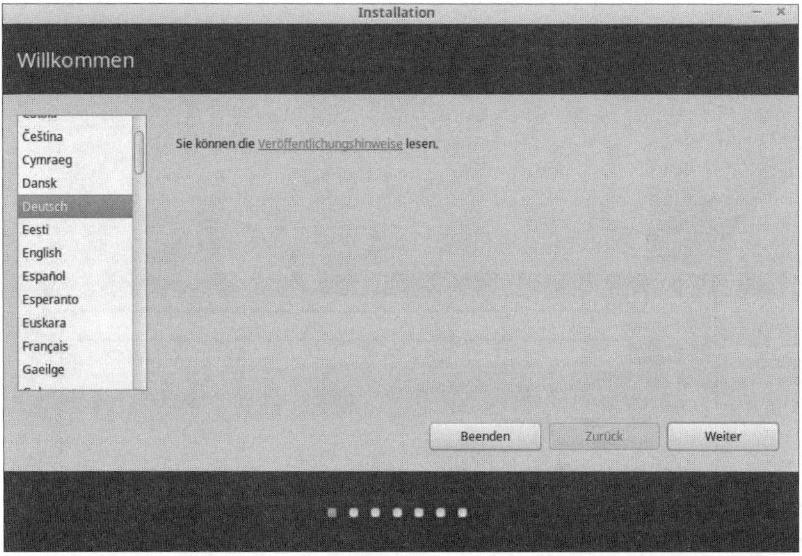

Abb. 3.13: Legen Sie hier zuerst einmal die Sprache fest, in der Sie Linux Mint installieren wollen.

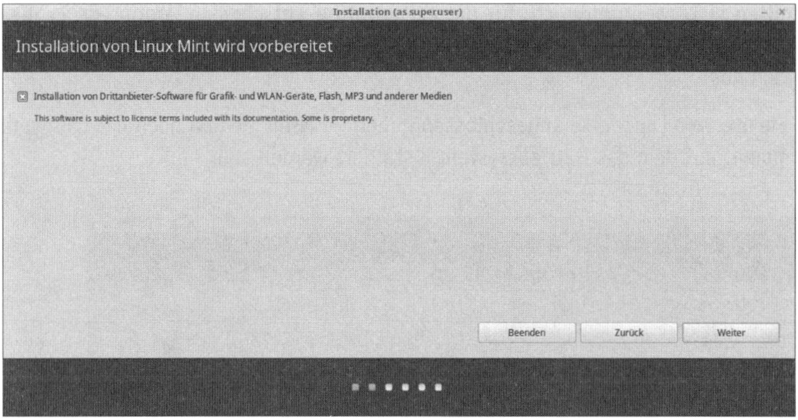

Abb. 3.14: Linux Mint fragt, ob Sie fremde Programme installieren möchten.

Nun werden Sie gefragt, ob Sie fremde Software von Drittanbietern installieren wollen. Sie sollten Sie diese Option aktivieren, da beispielsweise die besseren Grafiktreiber der Gerätehersteller nur so zu bekommen sind. Außerdem benötigen Sie die Codecs, falls Sie Musik oder Filme auf dem PC wiedergeben möchten. Nachdem Sie den Button WEITER betätigt haben, erscheint das Optionsfenster, in dem Sie gefragt werden, ob Sie Linux Mint neben einem eventuell vorhandenen Betriebssystem installieren wollen. In diesem Fall haben Sie bei jedem Hochfahren des Computers über einen sogenannten *bootloader* die Wahl, mit Linux Mint oder mit dem bereits installiertem Betriebssystem zu arbeiten. Diese Auswahl ist für einen Einsteiger die empfehlenswerte, besonders wenn Sie, wie in der Einführung beschrieben, Software benutzen, die nur in einer Windowsumgebung funktioniert.

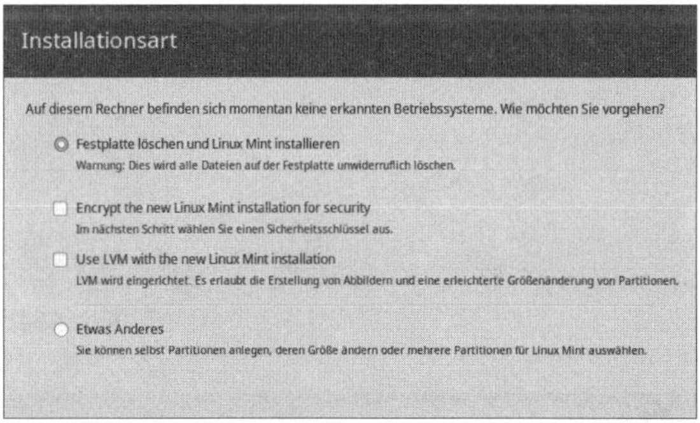

Abb. 3.15: Hier wählen Sie, ob Ihr bisheriges Betriebssystem ersetzt werden soll oder ob Sie es weiterhin nutzen möchten.

Sie sollten sich, wenn möglich, für die erste Option entscheiden. Wenn wie in diesem Beispiel kein Betriebssystem auf dem Rechner vorhanden ist, fällt diese Option natürlich aus.

Falls Sie mehrere Laufwerke angeschlossen haben, müssen Sie nun noch das Laufwerk bestimmen, auf dem das Betriebssystem installiert werden soll.

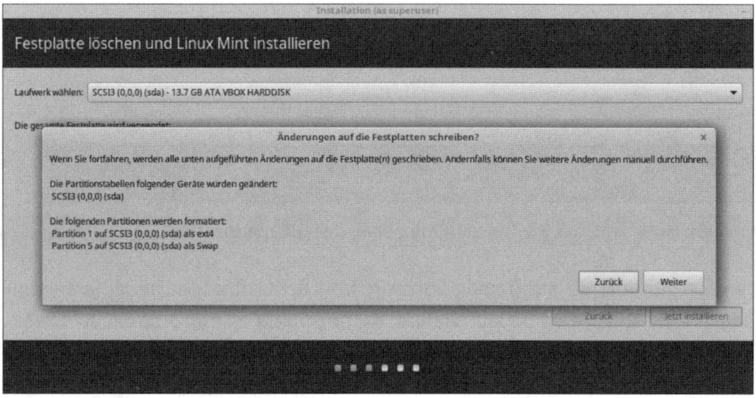

Abb. 3.16: Das Laufwerk festlegen

Betätigen Sie den Button Jetzt installieren und geben Sie, falls Sie Ihre Festplatte verschlüsseln wollen, einen Sicherheitsschlüssel ein. Falls Sie sensible Daten auf Ihrem Computer haben, sollten Sie diese Option aktivieren, Ihr System wird sich dadurch allerdings verlangsamen. Im nächsten Bildschirm legen Sie Ihre Zeitzone fest:

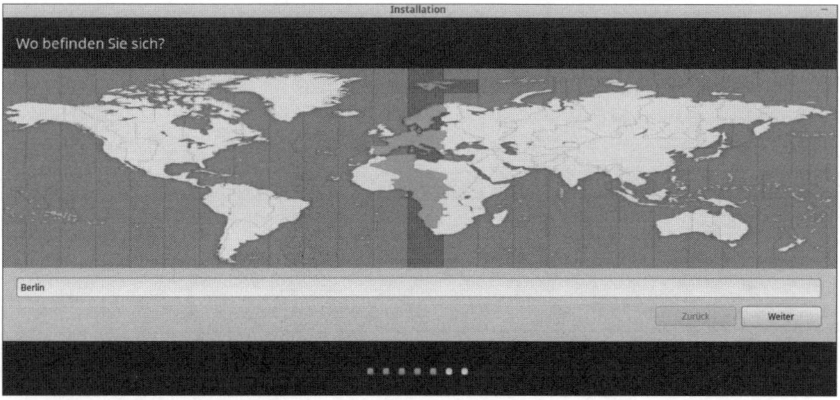

Abb. 3.17: Hier wird die interne Uhr eingerichtet.

Betätigen Sie den Button Weiter, um die Tastaturbelegung einzurichten. Dies ist in der Regel die Option Deutsch - Deutsch. Selbstverständlich können Sie aber auch jede andere Sprache auswählen.

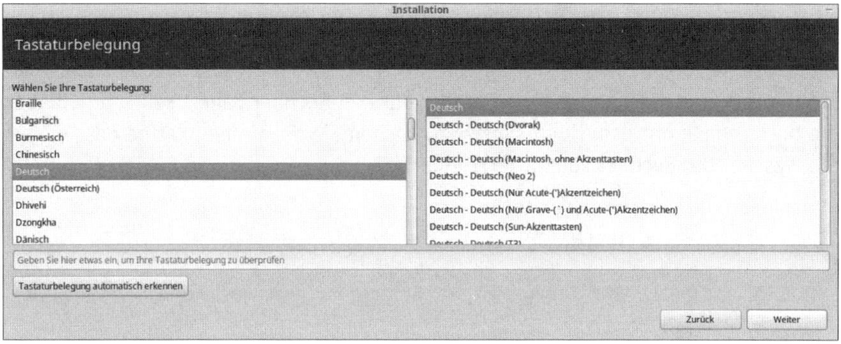

Abb. 3.18: Hier bekommen Sie einen kleinen Überblick darüber, welche Sprachen Linux Mint unterstützt.

Nach erneuter Betätigung des Buttons Weiter erscheint ein Feld, in dem Sie sich als Hauptnutzer anmelden.

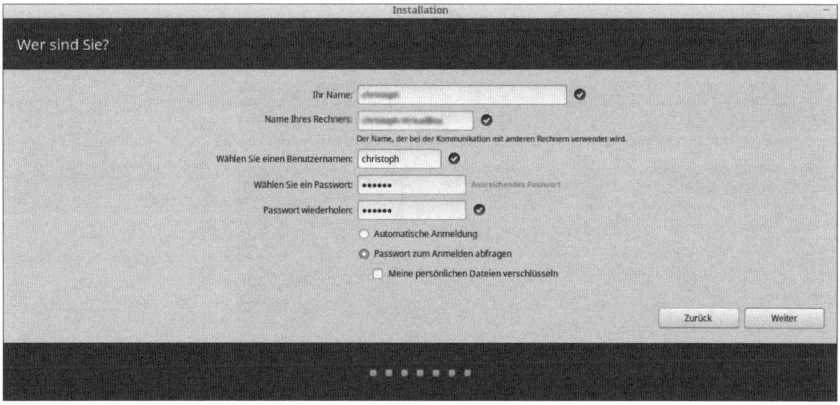

Abb. 3.19: Geben Sie Ihren Namen, einen Benutzernamen und ein Passwort ein.

Nun müssen Sie einige Daten als Hauptnutzer des Computers eingeben. Nur Sie können dann nach Eingabe Ihres Passwortes wichtige Systemeinstellungen verändern. Der Benutzername für die Anmeldung am System darf nur Kleinbuchstaben und keine Umlaute enthalten.

Sollten nur Sie alleine Zugang zum Computer haben, können Sie gegebenenfalls auch auf die Abfrage zur Anmeldung verzichten. Dann aktivieren Sie den Button AUTOMATISCH ANMELDEN. Dennoch werden Sie für jede Veränderung im System das Passwort eingeben müssen.

Hinweise für die Erstellung eines Passwortes können Sie in Kapitel 12 nachlesen.

Betätigen Sie erneut den WEITER-Button. Jetzt können Sie Pause machen, denn die Installation und das Kopieren der Dateien auf den Rechner dauert seine Zeit. Gehen Sie noch einmal mit dem Hund spazieren, kochen Sie noch einen Kaffee oder bügeln Sie Wäsche. Der Rechner kommt jetzt eine Weile ohne Sie aus und kopiert Daten.

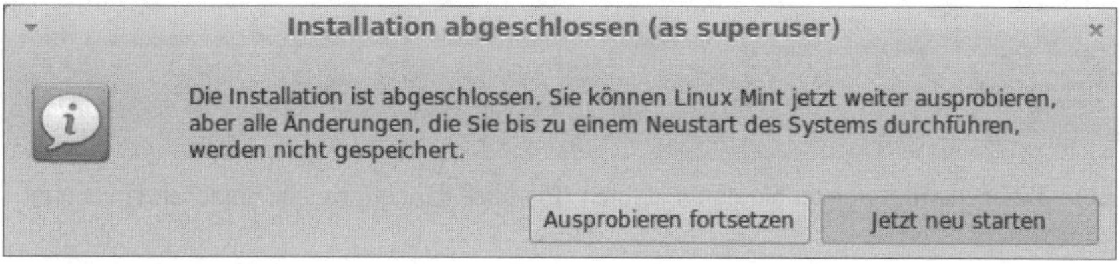

Abb. 3.20: Gratulation, das Meiste ist geschafft.

Sie haben nun Linux Mint auf Ihren Rechner installiert. Entnehmen Sie die DVD oder entfernen Sie den USB-Stick und starten Sie Ihren Rechner neu. Sie werden mit einem Fenster ähnlich wie diesem hier begrüßt:

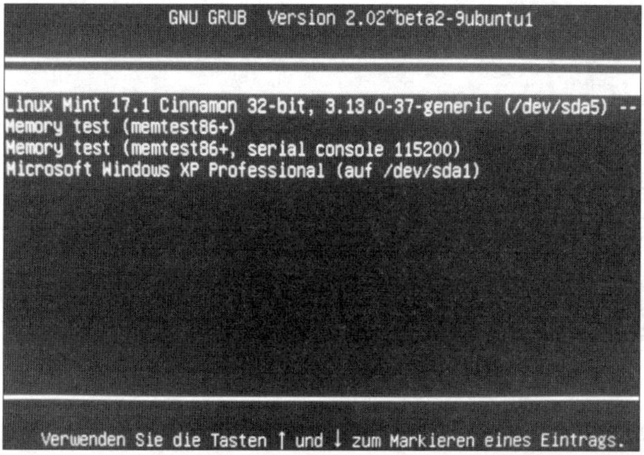

Abb. 3.21: Startfenster des Bootloaders Grub

Wählen Sie mit den Pfeiltasten aus, ob Sie mit Ihrem alten Betriebssystem oder mit Linux Mint starten möchten. Nachdem Sie Ihr Passwort eigegeben haben, erreichen Sie die Arbeitsoberfläche von Linux Mint.

Abb. 3.22: Die Oberfläche von Linux Mint. Sie haben es geschafft, das Betriebssystem ist erfolgreich installiert.

TIPP

Zuletzt sollten Sie noch einmal das BIOS starten, um die Bootsequenz wieder so einzustellen, dass der Bootsektor auf der Festplatte gesucht wird. Damit verhindern Sie, dass eine versehentlich im Laufwerk belassene Installations-DVD erneut versucht, Linux Mint zu installieren.

HINWEIS

Falls Sie eine OEM-Version installieren, fallen die Schritte zur Personalisierung natürlich aus. Diese werden erst nachgeholt, wenn der Computer mit dem installierten Betriebssystem zum ersten Mal gestartet wird.

3.5 Linux Mint 18 per Upgrade installieren

Fall Sie bereits Linux Mint in einer älteren, vielleicht nicht mehr unterstützten Version benutzen, lohnt sich der Umstieg auf die Version 18. Für das Upgrade haben Sie nun zwei Möglichkeiten. Zum einen können Sie eine völlige Neuinstallation starten.

TIPP

Diese Vorgehensweise wird von den Distributoren ganz klar favorisiert.

Zuerst sichern Sie dazu Ihre Daten mit Hilfe des eingebauten Backup-Programms.

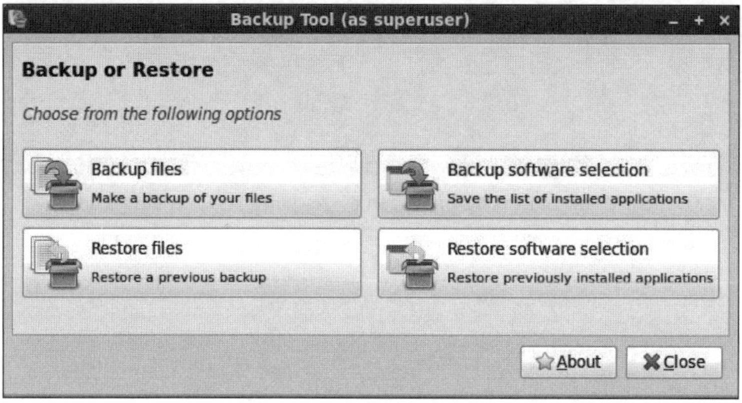

Abb. 3.23: Sichern Sie zuerst die Dateien (*files*) dann Ihre Softwareauswahl

Installieren Sie Linux Mint 18 wie oben beschrieben und spielen danach Ihre Sicherung zurück. Dies ist die sicherste und sauberste Lösung.

Möchten Sie jedoch eine bestehende Version unbedingt aus dem System heraus aktualisieren, seien Sie sich bitte bewusst, dass diese Vorgehensweise von den Entwicklern nicht favorisiert wird. Im schlimmsten Falle geht Ihnen Ihr Betriebssystem ganz verloren und Sie müssen es dann doch neu installieren.

Nachdem Sie Ihre Daten gesichert haben, gehen Sie bitte folgendermaßen vor: Falls notwendig, nutzen Sie den Update-Manager, um Ihr System auf die Version 17.3 zu bringen. Dies ist notwendig, da ein Upgrade aus einer anderen Version nicht funktionieren wird.

Öffnen Sie dann das Programm *Terminal*. Hier müssen Sie eine Einstellung vornehmen: Klicken Sie mit der rechten Maustaste auf die Fläche des Terminals und wählen Sie den Menüpunkt PROFILE | PROFILEINSTELLUNG. Hier wählen Sie den Reiter ROLLBALKEN und aktivieren die Option UNBEGRENZT. Schließen Sie nun die Einstellungen und geben Sie folgenden Befehl ein:

```
apt install mintupgrade
```

Nun simulieren Sie das Upgrade mit dem Befehl

```
mintupgrade check
```

und folgen den Anweisungen auf dem Bildschirm. Nachdem die Simulation beendet ist, schauen Sie sich die Textausgabe genau an, ob irgendwelche Pakete das Upgrade behindern. Diese Pakete müssen Sie entfernen und nach dem Upgrade neu installieren. Notieren Sie sich ebenfalls, welche Pakete vo m Upgrade entfernt werden, auch diese müssen Sie gegebenfalls später neu installieren.

Laden Sie nun die erforderlichen Pakete mit dem Befehl

```
mintupgrade download
```

herunter. Noch ist das System nicht verändert, dies bewerkstelligen Sie erst mit dem abschließenden Befehl

```
mintupgrade upgrade
```

Komplizert? Wie gesagt: Es ist nicht die favorisierte Herangehensweise und Sie sollten in der Lage sein, nach einem fehlgegangenen Upgrade eine Neuinstallation vorzunehmen.

3.6 LMDE installieren

Der Installationsvorgang läuft im Wesentlichen gleich ab, die Bilder sehen ein bisschen anders aus, aber lediglich zwei Dialogfenster benötigen Ihre Aufmerksamkeit.

Zum einen erscheint die Frage nach Name, Benutzername und Passwort umfangreicher als bei der Installation der Standardversion.

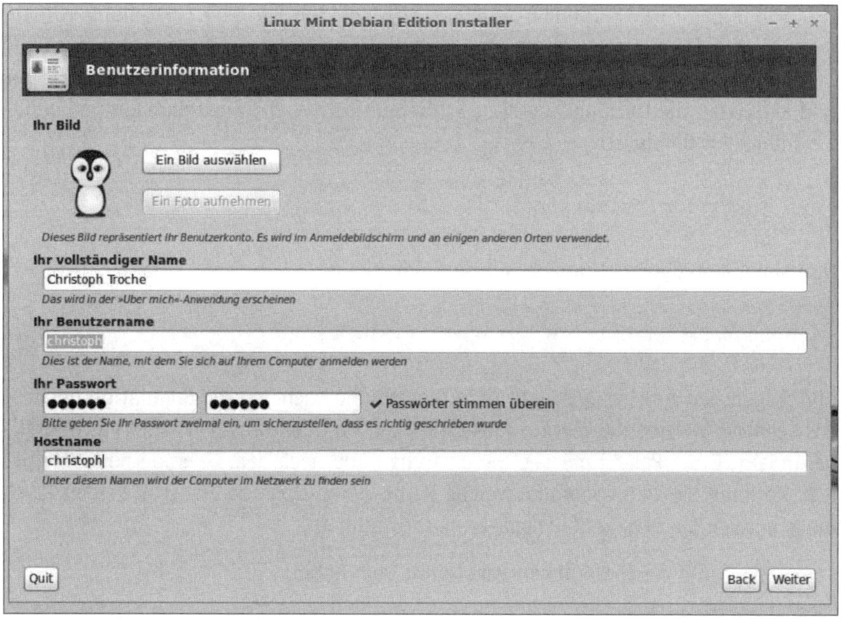

Abb. 3.24: Die Benutzerinformationen unter LMDE

Sie können durchaus Ihren vollständigen Namen in die erste Zeile eingeben, der Nutzernamen generiert sich selbst, kann aber auch von Ihnen selbst bestimmt werden. Wählen Sie einen Hostnamen, mit dem Sie den Computer zweifelsfrei im Heimnetzwerk identifizieren können.

In einem weiteren Fenster müssen Sie Laufwerk und Einhängepunkt zuordnen. Aber keine Sorge, das Installationsprogramm sagt genau, was es möchte:

Klicken Sie doppelt auf die Partition vom Typ *ext4*. Dabei öffnet sich das kleine Fenster. Klicken Sie auf das Menü EINHÄNGEPUNKTE und wählen Sie die Option /. Danach klicken Sie auf FORMATIEREN ALS und wählen die Option EXT4. Sie können, wenn Sie möchten, die Größe der jeweiligen Partition ändern oder Partitionen auf einer anderen Festplatte anlegen, beispielsweise wenn Sie Linux nicht auf derselben Festplatte installieren möchten wie ein bereits vorhandenes Windows. Die Standardeinstellung sieht aber die oben sichtbaren Optionen vor.

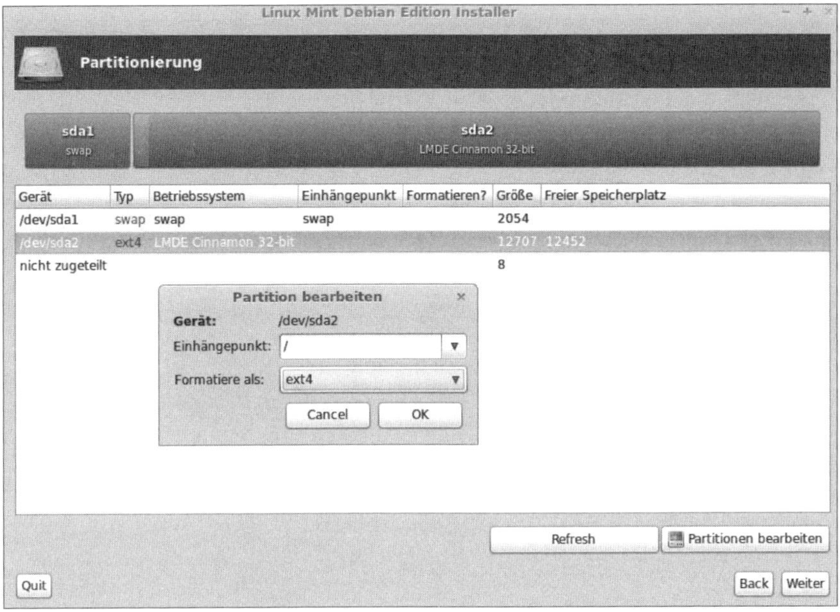

Abb. 3.25: Partitionierungsfenster

Der restliche Installationsvorgang verläuft genauso wie oben bereits beschrieben, nur, wie gesagt, haben die Fenster ein anderes Design.

Kapitel 4

Finetuning – Linux Mint wird eingerichtet

Ziel des Kapitels:

- Sie richten Linux Mint so ein, dass Sie wie gewohnt arbeiten können und sorgen dafür, dass Ihre Netzwerkverbindung funktioniert, sodass Sie das Internet nutzen können. Außerdem lernen Sie, Programme nach eigenem Geschmack zu installieren.

Schritte zum Erfolg

- Einrichten der Internetverbindung
- Erkennen der WLAN-Hardware
- Einrichten der Grafikkarte
- Einrichten der peripheren Geräte
- Die Linux-Mint-Anwendungsverwaltung
- Installation von Software aus anderen Quellen

4.1 Linux Mint nach den eigenen Bedürfnissen einrichten

Linux Mint ist, welche Distribution Sie auch installieren, ein vollständiges Betriebssystem. Alle für den täglichen Gebrauch nötigen Programme, alle gängigen Codecs, die Sie zum Abspielen von Musik oder Videodateien nutzen, sind an Bord und in aller Regel stimmt auch die Tastatur und Spracheinstellung.

Während des Live-Betriebes haben Sie zudem feststellen können, ob alle Hardwarekomponenten auf Anhieb mit Linux funktionieren, und aufgeschrieben, welche Geräte Nacharbeit erfordern. Die Hardwareerkennung ist mittlerweile so gut, dass es mit etwas Glück keinerlei Probleme gibt. Unter Umständen könnten Sie das eine oder andere Problem mit der endgültigen Installation im letzten Kapitel schon lösen. Hier hat Linux Mint die vorhandene Hardware analysiert und gegebenenfalls vorhandene Treiber installiert.

TIPP

Treiber sind Programme, die es dem Computer ermöglichen, mit angeschlossenen Geräten, z.B. Druckern, zu kommunizieren. Da Linux immer noch von einer Minderheit genutzt wird, haben einige Hersteller aus finanziellen Gründen kein Interesse, Treiber außerhalb von Windows oder MacOS zu programmieren. Viele der benötigten Treiber entstammen daher der ehrenamtlichen Arbeit engagierter Programmierer, die die Programme dann der Allgemeinheit zur Verfügung stellen.

Um neue Hardware an Ihren Computer anzuschließen, verbinden Sie das Gerät mit dem Computer, schalten es ein und warten kurz ab, ob Linux Mint die Hardware erkennt. Sollte dies nicht der Fall sein, brauchen Sie nicht zu verzagen.

WEB

Wenn Sie die Hauptversion installiert haben, können Sie im Notfall die Webseite *https://ubuntuusers.de/* zu Rate ziehen. Hier wird so ziemlich jede erdenkliche Hardwareinstallation beschrieben

Ob Ihr Drucker, Ihre Webcam oder der Scanner erkannt werden, können Sie in der Hardwaredatenbank des Linux-Mint-Projekts *https://community.linuxmint.com/hardware* nachschauen.

Eine weitere Datenbank finden Sie unter *https://wiki.ubuntuusers.de/Hardware*. Hier gibt es auch eine Blacklist, also die Auflistung der Geräte, die nicht mit Geld und guten Worten zum Arbeiten bewegt werden konnten.

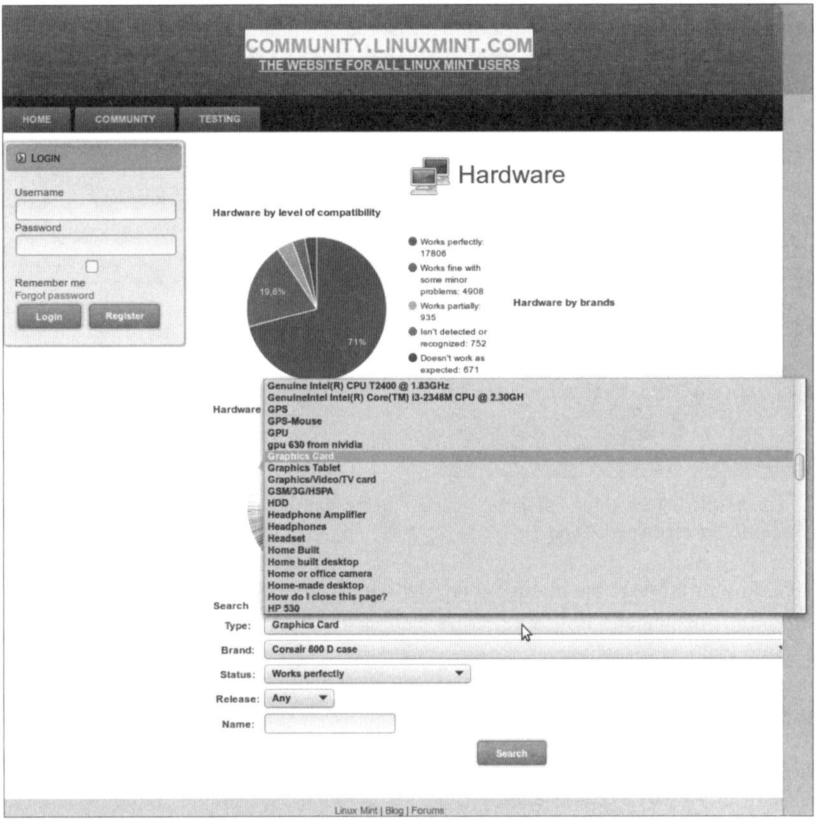

Abb. 4.1: Die Hardware-Datenbank der Linux-Mint-Community

4.2 Die Netzwerkverbindungen einrichten

Linux Mint ohne Zugang zum Internet macht wenig Spaß. Davon abgesehen lassen sich einige Programme nicht nutzen bzw. Updates nur über große Umwege installieren. Im einfachsten Fall sind Sie über einen Router sofort verbunden, doch wenn Sie sich über ein Modem einwählen oder kabellos online gehen möchten, kann es sein, dass etwas nachgeholfen werden muss.

Per kabelgebundenem LAN

Ich möchte hier eine Lanze brechen für diese Art der Verbindung: Sie ist Old-School, aber die Verbindung per Kabel hat eine ganze Menge nicht zu unterschätzender Vorteile: Diese Verbindung zwischen Computer und Router ist abhörsicher, es muss also kein Passwort generiert werden. Außerdem ist sie schneller und weniger störanfällig als kabellose Verbindungen und schließlich ohne großen Installationsaufwand herzustellen. Sie brauchen lediglich Router und Computer mit Hilfe des Kabels zu verbinden. Der DSL-Router selber baut die Verbindung auf und stellt diese dann im lokalen Netzwerk zur Verfügung.

Abb. 4.2: Verbinden Sie Ihren Computer über ein Netzwerkkabel mit dem Router, haben Sie in der Regel sofort eine Verbindung.

Im DSL-Router arbeitet meist ein Server, der den verbundenen Rechnern Ihre Verbindungsdaten zukommen lässt. Jetzt muss man sich nur noch im Netzwerk identifizieren, dann kann es losgehen.

Per WLAN

Alle modernen DSL-Router besitzen inzwischen die Möglichkeit, Rechner kabellos per WLAN zu verbinden. Die allermeisten gängigen WLAN-Module werden auch anstandslos erkannt, die Information darüber haben Sie bereits während der Installation bekommen. Hat Ihr PC Ihre WLAN-Karte nicht erkannt, haben Sie nun ein wenig Arbeit vor sich, denn das Einrichten des WLAN-Adapters im Computer kann ein wenig kniffelig sein.

Um per WLAN ins Internet zu gelangen, müssen Sie zwei Dinge tun:

- gegebenenfalls dem Computer mitteilen, dass ein WLAN-Adapter angeschlossen ist, und
- sich im richtigen Netzwerk anmelden und identifizieren.

Sehr wahrscheinlich erkennt der Computer den WLAN-Adapter sofort. Dies können Sie an diesem Zeichen in der unteren Leiste erkennen . Sollte das der Fall sein, können Sie den nächsten Absatz überspringen und sich gleich dem Abschnitt Im Netzwerk registrieren zuwenden.

Sollte es dem Computer nicht möglich sein, sich mit dem Router zu verbinden, müssen Sie gegebenenfalls einen Treiber installieren. Keine Angst, das ist nicht ganz so schwierig, wie es sich anhört. Ich werde es Ihnen am Beispiel des weit verbreiteten Fritz!WLAN-USB-Sticks erklären. Zuerst einmal finden Sie heraus, ob der Computer den WLAN-Adapter überhaupt erkennt. Dazu starten Sie das Terminal. (Nebenbei lernen Sie, solche geheimnisumwitterten Programme wie das Linux-Terminal zu bedienen.)

- Ticken Sie kurz auf die Taste [Windows].
- Geben Sie bei der Suche die Buchstaben `Term` ein.
- Starten Sie das Programm *Terminal,* indem Sie einmal auf das Symbol klicken.
- Es öffnet sich ein Fenster mit schwarzem Hintergrund.
- Geben Sie in dieses Fenster den Befehl `iwconfig` ein und bestätigen Sie den Befehl mit der [↵]-Taste. Lesen Sie nun, was da steht.

Wenn eine Ausgabe erscheint wie:

Abb. 4.3: Kein Adapter erkannt

kann das System den WLAN-Adapter nicht erkennen und Sie müssen einen Treiber installieren.

Um an diesen Treiber zu gelangen, haben Sie zwei Möglichkeiten:

- mit der noch funktionierende Windows-Partition auf die Herstellerseite des Adapters surfen und den Treiber herunterladen
- die CD, die mit dem USB-Stick ausgeliefert wird

HINWEIS

Bei einigen WLAN-Sticks ist es nötig, nach dem Einstecken erst eine Minute zu warten, da das System ihn nicht gleich als USB-Stick erkennt, sondern zuerst als CD-ROM identifiziert.

Installation von der Treiber-CD

Wenn Sie die CD zur Hand haben, legen Sie sie ein und suchen die Datei `fwusb.inf`, denn das ist die gesuchte Treiberdatei. Aber wie bekommen Sie diese auf den Computer? Ganz einfach mittels eines Programms namens *ndiswrapper*.

Dieses Programm ist ein Teil Ihrer Linux-Mint-Distribution. Das ist allerdings ein reines terminalbasiertes Programm und hat deshalb keine Bedienungsoberfläche. Es gibt zwar die Möglichkeit, eine Bedienungsoberfläche nachzuinstallieren, dazu müssten Sie jedoch zuerst einmal eine Internetverbindung haben. Da beißt sich die Katze in den Schwanz, also müssen Sie das Programm mit Hilfe des Terminals starten. Um sich das Leben leichter zu machen, sollten Sie den Ordner mit dem benötigten Treiber auf Ihre Festplatte kopieren. Öffnen Sie dazu den Dateimanager Nemo und kopieren den Ordner namens `fwlan.usb`, der unter anderem die Datei `fwlan.inf` enthält, in den Ordner `Downloads`.

Jetzt geht es an die Installation: Dazu tippen Sie den Befehl

```
sudo ndiswrapper –i /home/IHRNAME/Downloads/fwlan.usb/fwlan.inf
```

ein und bestätigen mit der [↵]-Taste. `IHRNAME` steht natürlich für den Namen, mit dem Sie sich angemeldet haben. Danach werden Sie Ihr Passwort eingeben müssen und der Installationsprozess läuft. Hoffentlich.

Fall Sie eine Meldung mit folgendem Inhalt erhalten:

```
FATAL Module Ndiswrapper not found.
```

ist *ndiswrapper* nicht vollständig installiert. Nun bleibt Ihnen nichts anderes übrig: Sie müssen, wenigstens vorübergehend, eine andere Internetverbindung herstellen, um diese Programmteile herunterzuladen. Das oben beschriebene LAN-Kabel ist eine Möglichkeit, ich beschreibe aber weiter unten noch andere Möglichkeiten. Dies wäre dann allerdings auch eine gute Möglichkeit, die grafische Benutzeroberfläche mitzuinstallieren. Starten Sie, wenn Sie eine Internetverbindung nach unten aufgeführtem Muster eingerichtet haben, die *Synaptic-Paketverwaltung*. Dies ist nun ein durchaus fortschrittliches Installationsprogramm, das ich an anderer Stelle noch weiter erläutern werde. Sie finden dieses Programm, indem Sie auf die [Windows]-Taste drücken und in das Suchfenster `syn` eingeben. Nun müssen Sie sich mit Ihrem Passwort, das Sie bei der Installation erstellt haben, als Administrator ausweisen.

Geben Sie in das Suchfenster `Windows Wireless` ein und Sie erhalten eine Paketauswahl, die zu *ndiswrapper* gehört. Klicken Sie auf die Kästen vor NDISWRAPPER-DKMS, NDISWRAPPER-UTILS-1.9, NDISWRAPPER-COMMON und NDISGTK. Damit markieren Sie die Pakete zum Download, den Sie mit einem Klick auf den Button ANWENDEN anstoßen.

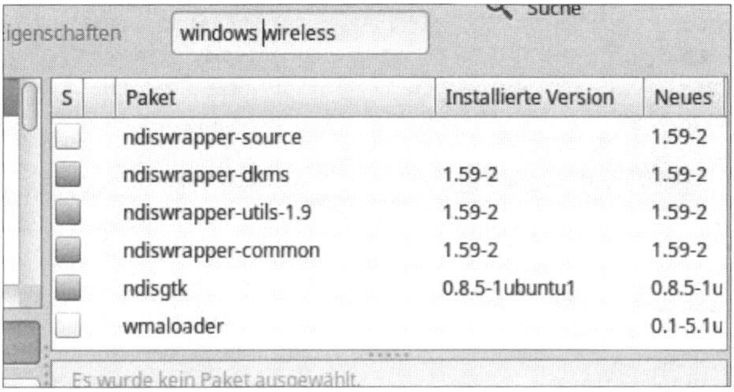

Abb. 4.4: Die Oberfläche von Synaptic

Nun haben Sie bereits Ihr erstes Programm installiert. Sie finden es im Startmenü unter SYSTEMVERWALTUNG | WINDOWS WIRELESS DRIVERS. Wenn Sie das Programm starten, öffnet sich eine kleine, einfache Bedienungsoberfläche. Klicken Sie auf INSTALL NEW DRIVER und suchen Sie unter LOCATION den gewünschten Treiber auf der CD-ROM.

Abb. 4.5: Die Abfrage nach der `.inf`-Datei startet.

Sie wissen, dass sie sich auf der CD befindet, und wählen den Ort aus:

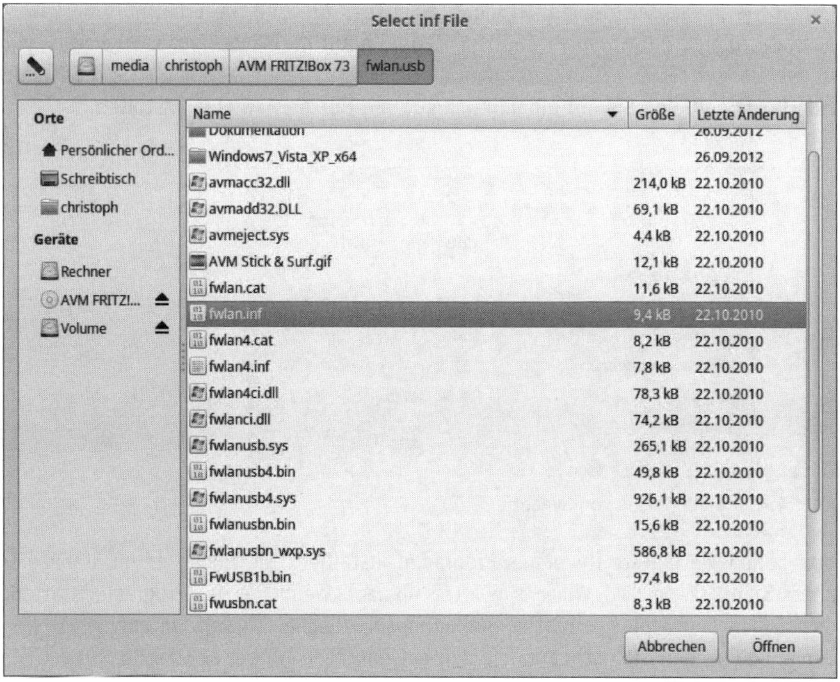

Abb. 4.6: Also markieren Sie die Datei `fwunsb.inf` und klicken auf den Button Öffnen ...

Der Installationsvorgang startet nun automatisch.

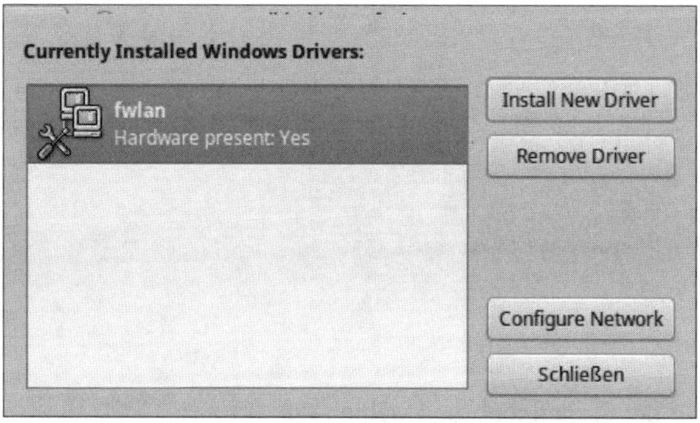

Abb. 4.7: ... und schon ist der Treiber installiert.

Nun müssen Sie Linux Mint schließen und neu starten, aber das sollte es gewesen sein.

Da Sie ja bereits einmal mit dem Terminal gearbeitet haben, können Sie gleich die Funktion des Treibers untersuchen. Geben Sie folgenden Befehl in das Terminal ein:

```
Ndiswrapper -l
```

Bestätigen Sie mit der [↵]-Taste.

Erscheint eine Meldung wie `fwlan: driver installed`, haben Sie alles richtig gemacht und können sich daran machen, den Rechner im Internet anzumelden.

WEB

Nahezu alle WLAN-Adapter sind unter Linux Mint installierbar, meistens funktioniert es so wie hier am Beispiel beschrieben. Genauere Hinweise bekommen Sie entweder beim Hersteller des Adapters oder unter der bereits bekannten Internetseite *linuxmintusers.de*.

Installation eines heruntergeladenen Treibers

Wenn Sie den Treiber von der Herstellerseite beziehen, ist es sehr wahrscheinlich, dass der Treiber die Endung `.exe` hat. Es handelt sich in diesem Falle um gepackte Dateien, die entpackt werden müssen. Gehen Sie dabei wie folgt vor:

Speichern Sie die `.exe`-Datei auf Ihrem Computer, wahrscheinlich wird sie im Download-Ordner gespeichert. Klicken Sie mit der rechten Taste auf die `.exe`-Datei und wählen Sie aus: DATEI ENTPACKEN... Wählen Sie als Ziel ruhig denselben Ordner aus.

Jetzt haben Sie dieselben Dateien auf dem Computer, wie vorher auf der CD-ROM. Suchen Sie die Datei `fwusbn.inf` und verfahren Sie bei der Installation wie oben beschrieben. Sie können die heruntergeladenen Dateien nun löschen, wenn Sie möchten – nach der Installation der Treiber werden sie auf dem Computer nicht mehr benötigt.

Per Smartphone

Das Zeitalter von Smartphone und iPhones bringt eine Flexibilität mit sich, die vor wenigen Jahren noch Utopie war. Sie können nämlich durchaus auch Ihr Smartphone ab Android-Version 2.2 oder Ihr iPhone als Adapter benutzen. Das Zauberwort heißt *tethering*. Es ist durchaus möglich, sowohl das heimische WLAN als auch, bei entsprechendem Volumentarif, mobiles Internet nutzen. Und dies ist ganz einfach.

Wenn Sie Ihr Smartphone zu Hause nutzen, haben Sie es mit Sicherheit schon so eingestellt, dass Sie Zugriff auf das heimische WLAN haben. Schalten Sie das WLAN-Modul ein und verbinden Sie nun das Smartphone über USB-Kabel mit dem Computer. Die Frage, ob Sie den USB-Speicher aktivieren wollen, quittieren Sie mit Druck auf die [Zurück]-Taste. Rufen Sie die EINSTELLUNGEN | DRAHTLOS UND NETZWERKE auf und scrollen zum Punkt USB-TETHERING.

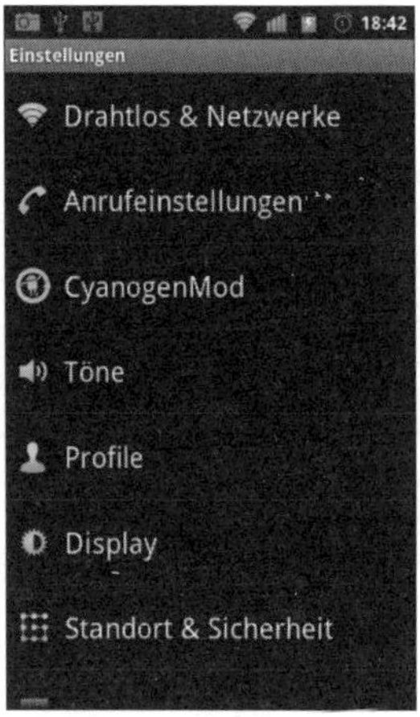

Abb. 4.8: Klicken Sie im Smartphone auf DRAHTLOS UND NETZWERKE.

Abb. 4.9: Klicken Sie hier auf TETHERING & MOBILER HOTSPOT ...

Abb. 4.10: ...um das USB-Tethering zu starten.

Da alle Zugangsdaten zum WLAN-Netzwerk im Smartphone gespeichert sind, ist am Computer keine weitere Einstellarbeit nötig. Die Verbindung können Sie einfach kontrollieren, indem Sie mit der rechten Maustaste auf das Verbindungszeichen klicken und sich die so eingestellte Kabelnetzverbindung, denn um eine solche handelt es sich nun, anzeigen lassen.

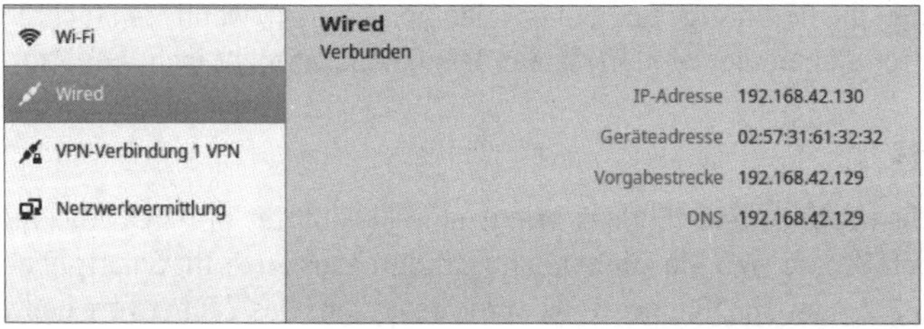

Abb. 4.11: Bei den Netzwerkeinstellungen werden die Verbindungen angezeigt.

Das Ganze funktioniert unter Linux Mint ganz einfach und ohne zusätzliche Installation von Treibern. Die Geschwindigkeit ist ebenso hoch wie beim WLAN-Modul und auch das Smartphone können Sie wie gewohnt nutzen.

TIPP

Sollten Sie Linux Mint auf einen Laptop installieren, ist es per USB-Tethering möglich, außerhalb des WLAN-Bereiches auf eine mobile Internet-Verbindung zuzugreifen, sofern Sie einen Vertrag mit Ihrem Anbieter haben. Achten Sie auf eine Flatrate, denn einige hundert MB Volumentransfer sind auch beim normalen Surfen schnell erreicht.

Per mobilem Breitband-Stick

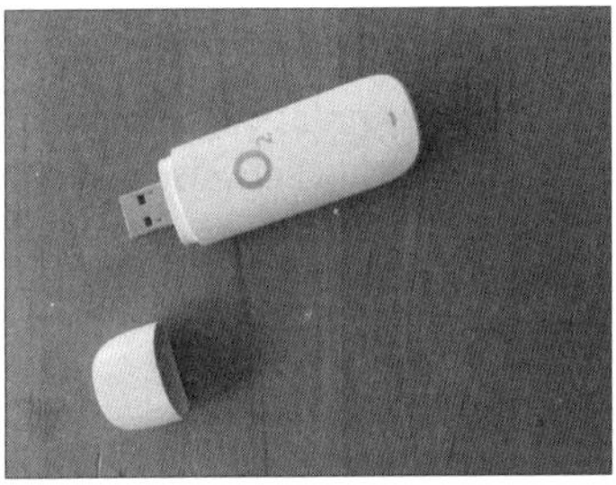

Abb. 4.12: Sieht aus wie ein Speicherstick, ermöglicht Ihnen aber den Zugang zum drahtlosen Breitband-Internet

Gelegentlich kann es nötig sein, sich mit Hilfe eines UMTS-Sticks mit dem Internet zu verbinden. In der Regel werden Sie hier einen Vertrag über ein bestimmtes Volumen abschließen. Diese Art der Internetverbindung ist recht teuer, aber wenn Sie beispielsweise nach einem Umzug auf einen neuen DSL-Anschluss warten oder auch draußen mit dem Laptop schnelle mobile Internetverbindungen benötigen, ist dies die Methode der Wahl.

Der Anschluss ist sehr einfach: Stecken Sie den UMTS-Stick in die USB-Buchse des Computers und geben Sie den mitgelieferten PIN-Code ein, dieser wird automatisch abgefragt. Danach startet der Dialog zur Einrichtung der mobilen Breitbandverbindung automatisch.

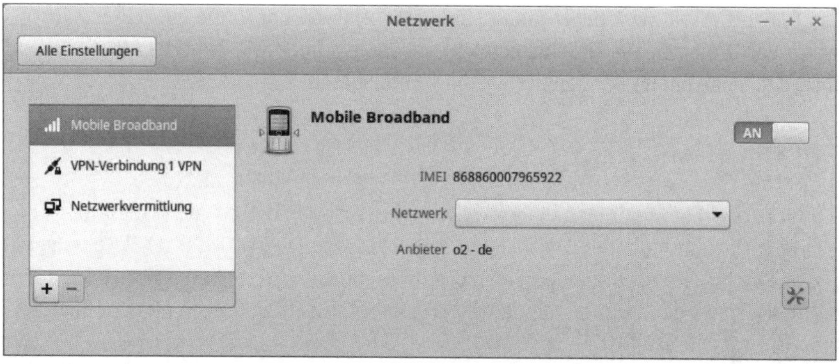

Abb. 4.13: Dialog zur Einrichtung einer mobilen Breitbandverbindung

Sie sollten die Anmeldeunterlagen zur Hand haben, wenn Sie dem Dialog, der je nach Anbieter verschieden umfangreich ist, folgen. Der Stick wird in der Regel vom System automatisch als UMTS-Stick erkannt, Treiber müssen nicht installiert werden.

Sollte Ihr System den Stick zuerst nicht erkennen, warten Sie einfach eine Minute, denn möglicherweise hält Ihr Computer den Stick zuerst fälschlicherweise für ein Laufwerk.

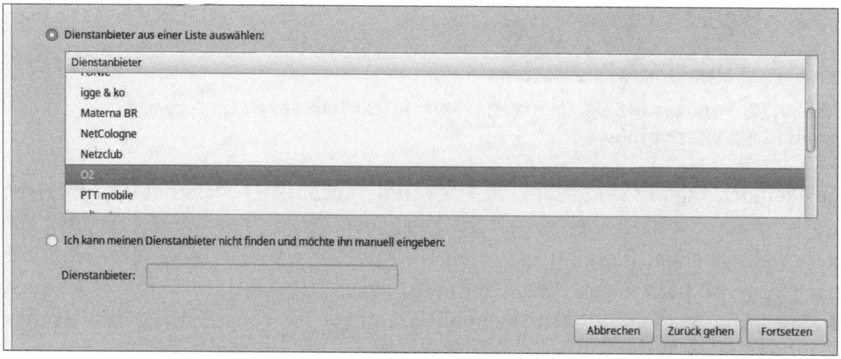

Abb. 4.14: Hier geben Sie dann Ihre Daten ein.

Mit Ihrem WLAN im Netzwerk anmelden

Nun können Sie sich im Netzwerk anmelden und identifizieren. Dazu benötigen Sie die Netzwerkeinstellungen, die Sie im Startmenü unter EINSTELLUNGEN | NETZWERK finden.

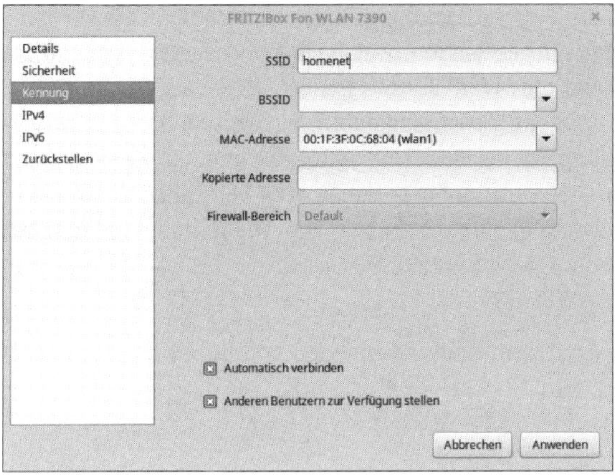

Abb. 4.15: Sie suchen das Drahtlosnetzwerk aus.

In das Feld SSID tragen Sie den Namen Ihres Netzwerkes so ein, wie er bis dahin benutzt wurde.

Belassen Sie im Reiter IPv4 die Einstellungen. Im Menü ADRESSEN ist in aller Regel die Option AUTOMATISCH die Richtige, es sei denn, Sie wollen Ihre IP-Adresse manuell festlegen. Wenn Sie eine statische IP-Adresse benötigen, wählen Sie diese Option im Drop-Down-Menü aus und legen Sie die Parameter selbst fest. Diese Beschreibung dieser Methode sprengt aber den Rahmen dieses Buches und ist eher für den fortgeschrittenen Nutzer interessant.

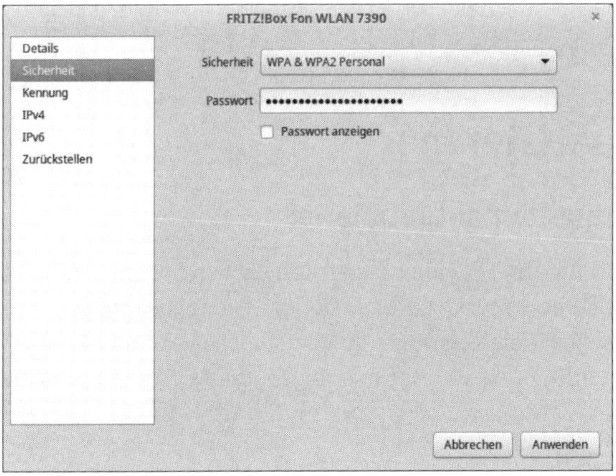

Abb. 4.16: Schlussendlich wählen Sie noch die Sicherheitsparameter.

Die Sicherheitsparameter wie die Verschlüsselung und das notwendige Passwort sind im Router hinterlegt. Dazu müssen Sie wissen, welche Art von Verschlüsselung Ihr Router anbietet. Im Groben sind dies WPA-Verschlüsselung, WEP-Verschlüsselung und keine Verschlüsselung. Es wird dringend davon abgeraten, auf Verschlüsselung zu verzichten. Die WEP-Verschlüsselung ist unsicher und sollte nur genutzt werden, wenn der Router oder die eigene WLAN-Karte definitiv keine WPA-Verschlüsselung unterstützen. Ist eine WPA-Verschlüsselung vorgegeben und vom WLAN-Modul unterstützt, geben Sie noch das Passwort ein und klicken auf Anwenden. Zum Thema Passwort gibt es einen Exkurs im Kapitel »Sicherheit«.

Jetzt sollte sich der Computer mit dem Router verbinden und den Weg ins Internet finden.

4.3 Spracheinstellungen überprüfen

Meistens wird, dafür haben Sie ja schon bei der Installation gesorgt, die von Ihnen gewünschte Sprache und damit gleich auch die richtige Tastaturbelegung installiert und festgelegt. Aus welchen Gründen auch immer wird diese Installation allerdings nicht immer ganz zu Ende geführt, Sie merken es erst dann, wenn Sie versuchen, sich mit einem Passwort einzuloggen, das die Buchstaben y oder z oder ein Sonderzeichen enthält. Da diese auf der amerikanischen Tastatur woanders liegen, kann man bei der Anmeldung schon mal verzweifeln.

Schauen Sie sicherheitshalber besser nach, ob die Spracheinstellung die von Ihnen gewünschte Sprache aktiviert hat und ob Ihre Tastaturbelegung die richtige ist.

Sie finden diese Einstellungen im Startmenü unter Einstellungen | Sprache und unter den Systemeinstellungen unter dem Reiter Geräte.

4.4 System aktualisieren

Die Anwendungspaketquellen aktualisieren

Zuerst einmal sollten Sie den für Ihre Region schnellsten Server finden. Denn die Server, von denen Sie Ihre Software, aber auch die möglichen Aktualisierungen herunterladen, liegen auf der ganzen Welt verstreut. Dementsprechend unterschiedlich lang dauern auch die Ladezeiten. Hier ist viel Optimierungspotential, wenn es um die Ladegeschwindigkeiten geht.

Klicken Sie im Startmenü auf SYSTEMVERWALTUNG | ANWENDUNGSPAKETQUELLEN. Wie immer, wenn Sie ein Programm installieren oder verändern wollen, müssen Sie sich mit dem Administratoren-Passwort legitimieren.

Klicken Sie zuerst auf den Eintrag neben HAUPT (SARAH) und schauen Sie, mit welcher Geschwindigkeit die Server zur Verfügung stehen. Wählen Sie den schnellsten aus und bestätigen Sie Ihre Auswahl mit ANWENDEN. Wiederholen Sie den Vorgang für BASIS (XENIAL). Dann klicken Sie auf den Button ZWISCHENSPEICHER ERNEUERN. Jetzt liest das System seine Paketquellen zur Installation der Software neu ein.

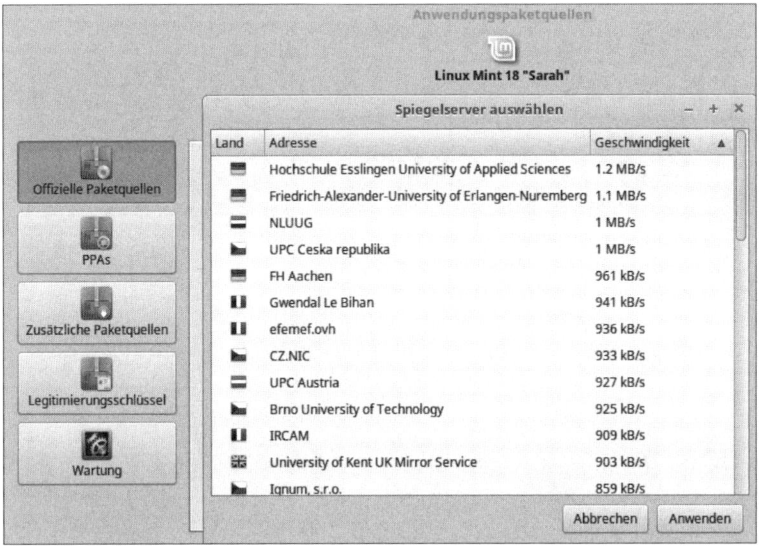

Abb. 4.17: Wählen Sie zuerst die schnellsten Server aus, von denen Sie Ihre Aktualisierungen im nächsten Schritt beziehen.

Als letzten Schritt klicken Sie in der linken Spalte auf WARTUNG. Zuerst sollten Sie den Button MERGELIST-PROBLEME BEHEBEN betätigen (und danach eventuell noch einmal den Zwischenspeicher erneuern), die anderen Buttons sollten noch keine Reaktion auslösen.

Programme aktualisieren

Auch wenn Ihr System während der Installation schon eine Verbindung zum Internet hatte und somit eine ganze Reihe von Systemupdates durchführen konnte, jetzt ist die Zeit, erst einmal die Aktualität der installierten Programme zu überprüfen. Starten Sie dazu das Programm Aktualisierungsverwaltung. Wie alle installierten Programme finden Sie dieses im Startmenü. Also [Windows]-Taste drücken oder das Menüsymbol anklicken und `Aktualisierung` in das Suchfeld eingeben. Das Programm überprüft automatisch, ob aktuellere Programmpakete zu finden sind, und installiert diese. Sie werden feststellen, dass dieser Schritt, zumindest beim ersten Mal, in zwei Etappen abläuft. Sie werden aber vorher nach Ihrem Passwort gefragt. Geben Sie, wie bei jeder Installation, Ihr Einverständnis, indem Sie mit dem Passwort das Update bestätigen. Im ersten Durchgang wird die Aktualisierungsverwaltung feststellen, dass es eine neuere Version eben dieser gibt.

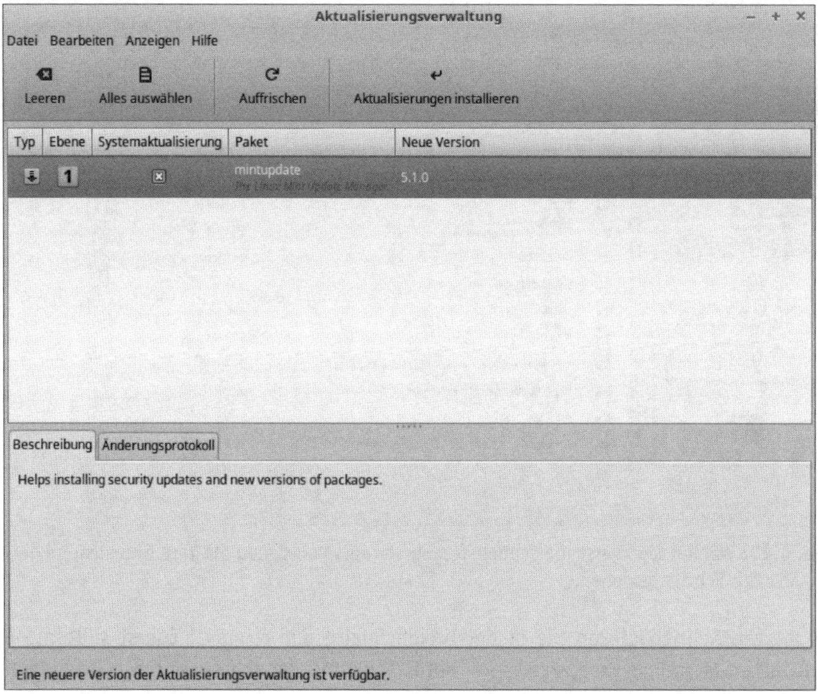

Abb. 4.18: *mintupdate* ist, wie schon zu vermuten, das Programm zur Aktualisierung

Die Handhabung ist recht einfach: Klicken Sie auf Aktualisierungen installieren, dann finden Sie *mintupdate* in der neuesten Version vor.

Im 2. Durchgang klicken Sie auf den Button Auffrischen. Nun werden alle anderen installierten Programme auf Aktualität überprüft.

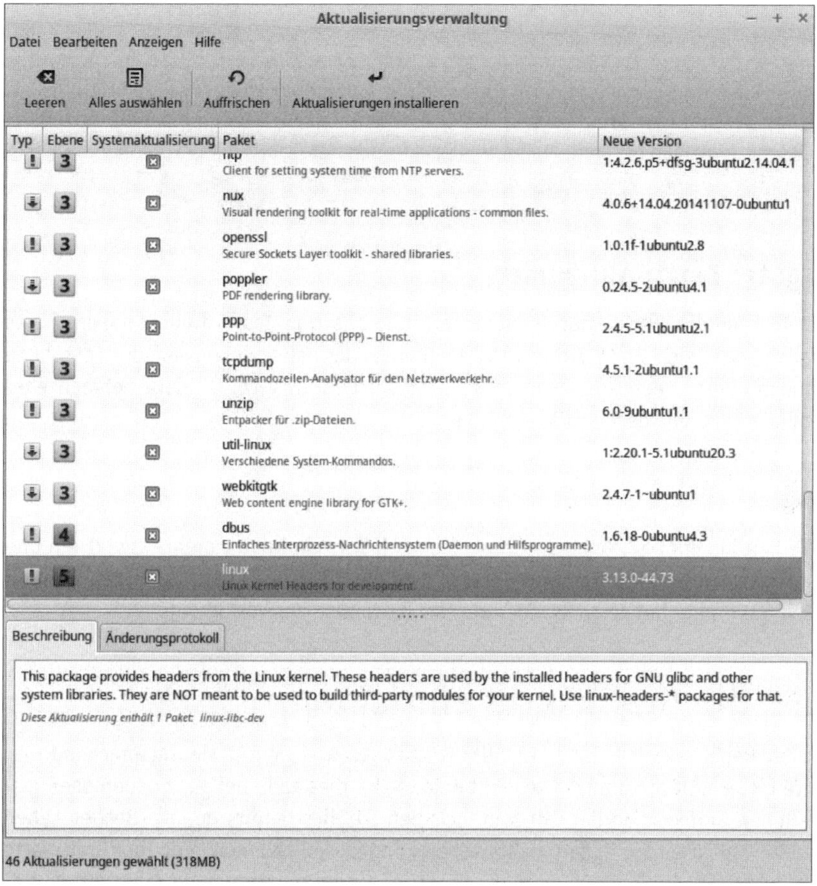

Abb. 4.19: Das können schnell mal ein paar hundert Updates sein.

Wenn Sie die Liste herunterscrollen, sehen Sie grüne, gelbe und rote Zahlen. Diese symbolisieren die Systemebene. Je höher die Ziffer, desto tiefer im System findet die Veränderung statt. Ebene 5 ist hierbei der Kernel, also die tiefste Schicht. Das Programm impliziert dabei, dass es gefährlich sei, diese Updates zu installieren, rote Farbe und Ausrufezeichen signalisieren: Gefahr! Das ist aber alles nicht so schlimm, bitte setzen Sie alle Häkchen, es ist durchaus wichtig, alle Systemaktualisierungen zu installieren.

TIPP

Sollten Sie dieses Buch erst ein paar Monate oder Jahre nach der Erstveröffentlichung dieser Linux Mint-Version in den Händen halten, seien Sie darauf gefasst, dass es ein paar hundert Updates sein können, die auch gar nicht auf einmal installiert werden können.

Zu guter Letzt: Aufräumen

Nachdem Sie die Installation fertiggestellt und alle Updates installiert haben, ist es möglich, dass sich noch ältere Programm- oder Kernelversionen auf der Festplatte befinden. Diese beeinflussen nicht so sehr die Performance, sondern nehmen eher viel Platz weg. Mit dem Terminalbefehl

```
sudo apt-get autoremove
```

entfernen Sie die Dateileichen. Geben Sie noch Ihr Administratorenpasswort ein und bestätigen Sie die Aktion mit der Taste [J], wenn Sie danach gefragt werden. Danach haben Sie einige hundert MB mehr auf der Festplatte zur Verfügung.

4.5 Die Grafikkarte einrichten

In aller Regel erkennt Linux Mint die Grafikkarte und richtet sie entsprechend ein. Sollte Linux Mint die Grafikkarte nicht erkennen – dies kann bei ganz neuen oder ausgefallenen Grafikkarten der Fall sein –, haben Sie dies bereits im Live-Betrieb sehen können respektive Sie haben nichts sehen können. Sollte Linux Mint Ihre Grafikkarte nicht identifizieren können, wird es schwierig, die Installation von Grafiktreibern unter Linux Mint ist etwas für Experten. Vielleicht müssen Sie in diesem Falle auf Linux Mint verzichten oder eine andere Grafikkarte einsetzen.

Erkennt Linux allerdings Ihre Grafikkarte, können Sie einen vom Hersteller erstellten Grafikkartentreiber leicht selbst installieren. Dazu starten Sie bitte wieder die Systemeinstellungen. Den Dialog zur Installation eines neuen Grafiktreibers finden Sie im Startmenü unter SYSTEMVERWALTUNG | TREIBERVERWALTUNG. Nachdem Sie den Reiter angeklickt haben, sucht Linux Mint nach verbauter Hardware und möglichen alternativen Treibern.

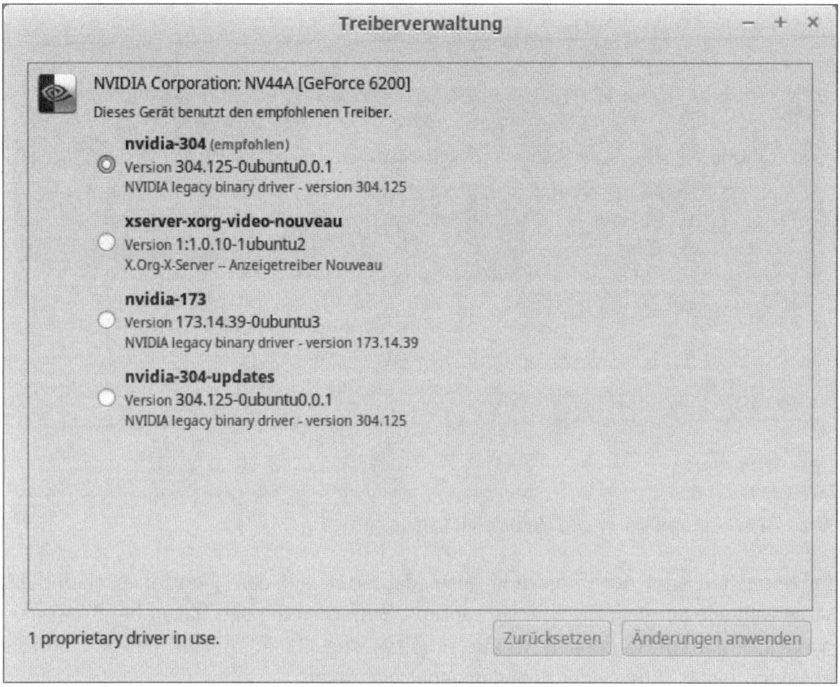

Abb. 4.20: Übersicht über alternative Grafikkartentreiber

Der Rest in einfach: Markieren Sie den empfohlenen Treiber, klicken Sie auf Änderungen anwenden und Sie sehen, ob es funktioniert. In der Regel ist der Treiber mit der höchsten Versionsnummer der beste.

Eine Einstellmöglichkeit, die ich Ihnen allerdings nicht vorenthalten möchte, ist die Möglichkeit, Ihre Arbeitsfläche mittels eines externen Monitors zu vergrößern. Unter Systemeinstellungen | Bildschirm haben Sie die Möglichkeit, die Auflösung und Ausrichtung des Monitors einzustellen. In unserem Beispiel habe ich an den Laptop einen externen Monitor angeschlossen, der von Linux Mint erkannt wird.

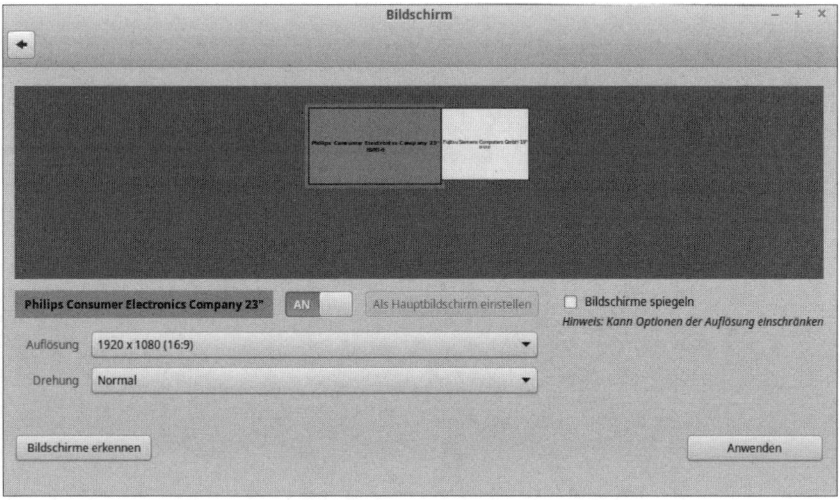

Abb. 4.21: Laptop-Display und Monitor im Parallelbetrieb

Im Normalfall wird der Bildschirm gespiegelt, d.h. auf dem Monitor erscheint das selbe Bild wie auf dem Display des Laptops. Entfernen Sie den Haken bei BILDSCHIRME SPIEGELN, erhalten Sie doppelt so viel Arbeitsfläche. Dabei können Sie die Monitore links und rechts, über- oder nebeneinander platzieren.

Die Fenster lassen sich dabei mit der Maus von einem zum anderen Monitor verschieben. Sie können sich aussuchen, welches Programm auf welchem Monitor dargestellt werden soll, und die Inhalte so verschieben, als wenn Sie einen großen Monitor vor sich hätten.

4.6 Drucker einrichten

Auch der Drucker wird innerhalb der Systemeinstellung eingerichtet. Starten Sie die Systemeinstellungen, schließen Sie den Drucker an und schalten Sie ihn ein. Linux Mint wird nun versuchen, den Drucker zu identifizieren. Wählen Sie das Modell aus, das Ihrem Drucker am nächsten kommt.

Ist dies nicht möglich, weil es für den Drucker keinen Treiber gibt, können Sie die Auswahl auch manuell vornehmen.

WEB

Auf der Internetseite *http://www.openprinting.org/printers* finden Sie eine Datenbank, anhand der Sie feststellen können, ob Ihr Drucker unterstützt wird oder nicht. Sehr neue und manche All-in-One-Drucker werden nicht immer unterstützt. Werfen Sie auch einen Blick auf die Internetseite des Herstellers. Da Drucker oft auch in Linux-basierten Firmennetzwerken genutzt werden, hat sich die Unterstützung der Hersteller hier gewaltig verbessert.

Die Druckersprache PostScript spielt unter Linux eine wichtige Rolle. Sollten Sie einen Drucker haben, der mit PostScript Probleme hat, benötigen Sie einen Übersetzer. Diese Dateien haben die Endung `.ppd` (PostScript-Printer-Description). Im Zweifelsfall können Sie diese Datei unter der oben genannten Internetadresse herunterladen und während des Dialoges zur Druckerinstallation über die Schaltfläche TREIBER INSTALLIEREN auswählen.

Falls Ihr Drucker trotzdem noch nicht befriedigend arbeitet, müssen Sie sich den Treiber von der Herstellerseite herunterladen und manuell installieren.

Diese Installationsvorgänge sind so vielfältig, wie es Drucker gibt. Sie werden fast immer das Terminal nutzen müssen. Klicken Sie sich auf der Internetseite Ihres Druckerherstellers zu den Treibern durch – meistens sind diese unter SUPPORT zu finden – und laden Sie die angebotene Datei auf Ihren Rechner herunter.

Hat die Datei die Endung `.deb`, ist die weitere Installation denkbar einfach und wird weiter unten in diesem Kapitel am Beispiel der Installation vom alternativen Browser *Opera* beschrieben.

Hat die Datei die Endung `tar.gz`, ist es verzwickter. Verfahren Sie wie folgt: Klicken Sie mit der rechten Maustaste auf die Datei und wählen Sie aus dem Kontextmenü HIER ENTPACKEN aus. Es handelt sich nämlich um ein unter Linux sehr gebräuchliches Paketformat. Jetzt erhalten Sie einen Ordner, in dem sich eine Reihe von Unterordnern und einzelne Dateien befinden. Eine Datei namens `install.sh` oder `run.sh` startet dann den Installationsvorgang. Aber dazu benötigen Sie das Terminal. Sie müssen nun den kompletten Pfad dieser Datei eingeben. Haben Sie die Datei im normalen Download-Verzeichnis gespeichert, lautet dieser Pfad `/home/IHRNAME/Downloads`. Achten Sie auf die Groß- und Kleinschreibung. `IHRNAME` beschreibt natürlich den Namen, mit dem Sie sich im System angemeldet haben. Der vollständige Befehl, den Sie in das Terminal eintippen lautet:

```
sudo /home/IHRNAME/Downloads/ORDNERNAME/install.sh
```

Das ist sicher nicht so ganz einfach und Sie werden vielleicht einige Versuche unternehmen müssen, bis der Installationsvorgang im Bildschirm des Terminals zu sehen sein wird.

TIPP

Wenn Sie die Datei in der Dateiverwaltung mit der rechten Maustaste anklicken, können Sie unter EIGENSCHAFTEN den kompletten Pfad ersehen.

4.7 Einen Scanner einrichten

Einen Scanner einzurichten ist nicht nötig, Geräte, die das so genannte SANE-Projekt (Scanner Access Now Easy) unterstützen und direkt am Computer angeschlossen sind, also nicht über ein Netzwerk angesprochen werden, bereiten keine Probleme. Schließen Sie den Scanner an und starten Sie das Programm *Simple Scan*. Wenn der Scanner anspringt und funktioniert – gut. Wenn nicht, haben Sie je nach Hersteller wenige Chancen, ihn zum Laufen zu bringen.

Einige Scanner von Agfa benötigen beispielsweise eine andere Firmware, während für Geräte der Firma Brother eigene Linux-Treiber zur Verfügung stehen. Sollte Ihr Scanner nicht funktionieren, planen Sie auf jeden Fall viel Zeit ein oder denken Sie über einen Wechsel nach.

4.8 Anwendungen nachinstallieren

Möglicherweise gibt es ein Programm, das Sie schmerzlich vermissen, z.B. ein einfacheres Bildbearbeitungsprogramm. Linux Mint hat das größte Geschütz aufgefahren und Gimp, einen würdevollen Photoshop-Konkurrenten, mitgeliefert. Aber vielleicht wollen wir es ja eine Nummer kleiner und übersichtlicher.

TIPP: Die Anwendungsverwaltung übernimmt die Installation und Deinstallation von Programmen. Dabei greift das Programm auf ein von Canonical verwaltetes Archiv und eine Softwarequelle von Linux Mint zu. Die hier gesammelten Programme sind in aller Regel quelloffen und meist kostenlos.

Die Installation von Software über die Anwendungsverwaltung ist extrem sicher, da die Programme garantiert frei von Schadsoftware sind.

Sie finden die Anwendungsverwaltung im Startmenü bei den Favoriten oder unter SYSTEMVERWALTUNG | ANWENDUNGSVERWALTUNG.

TIPP

Um das Programm zu starten, müssen Sie sich einmal mit dem Administratorenpasswort legitimieren. Danach können Sie so viele Programme installieren und deinstallieren, wie Sie möchten.

Starten Sie mit der Oberfläche, um zu sehen, welche Programme Sie installieren können: Von Grafik- und Bildbearbeitung, Programmierwerkzeugen bis zu Büroprogrammen stehen Ihnen etwa 45000 Programme zur Verfügung - und zwar sichere Software ohne die Gefahr von Schadprogrammen.

Abb. 4.22: Die Anwendungsverwaltung ist die sichere Quelle zum einfachen Installieren und Deinstallieren von Programmen.

Die Anwendungsverwaltung hilft dabei, sehr komfortabel nach Programmen zu suchen, Bewertungen anderer Benutzer zu lesen und sich vorab über die Software zu informieren. Alle Installationsvorgänge laufen vollautomatisch ab, so dass man nichts falsch machen kann.

Im obigen Beispiel habe ich den Begriff `Zeichenprogramm` in die Suchmaske eingegeben um mir eine Auswahl anzeigen zu lassen. Weil es gut bewertet und auch auf Deutsch ist, lade ich mir das Programm *Pinta* herunter. Um mir einen ersten Eindruck von dem Programm zu verschaffen, klicke ich das Programm an und folgendes Bild erscheint:

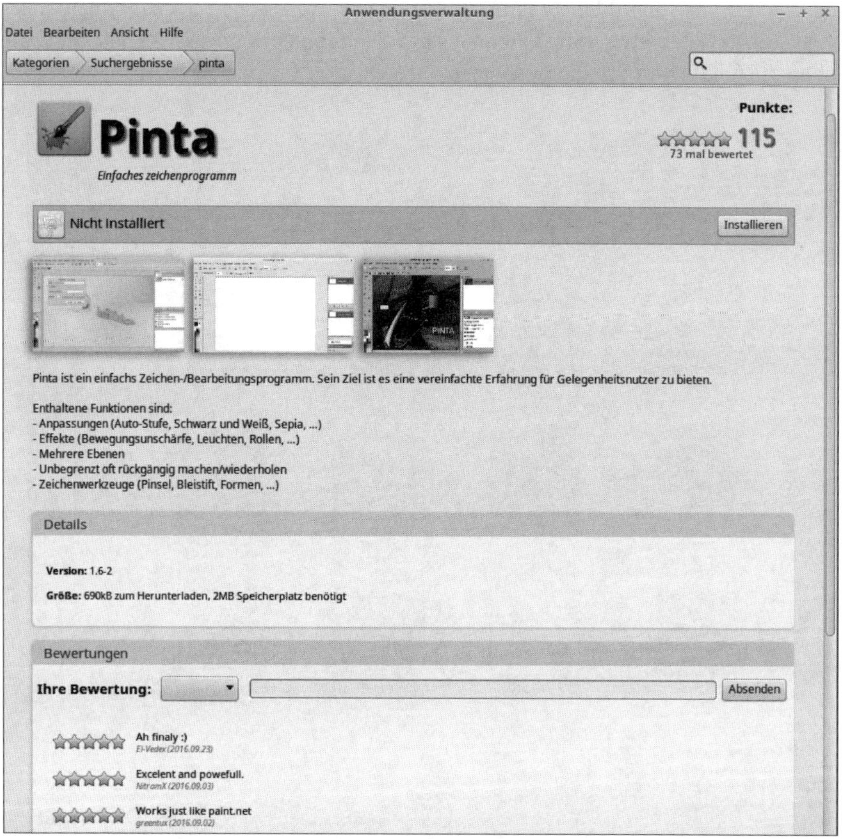

Abb. 4.23: In diesem Fenster bekommt man einen Überblick über die Funktionsvielfalt des Programmes und die Bewertungen andere Nutzer.

Wenn Ihnen das Programm gefällt, drücken Sie den Button INSTALLIEREN, sich erneut zu legitimieren ist nicht nötig.

Nachdem das Programm heruntergeladen ist, installiert es sich automatisch und ohne Ihr Zutun. Sie können das Programm nun nutzen, indem Sie im Startmenü auf das Symbol von *Pinta* klicken.

Suchen Sie sich so viele Programme aus, wie Sie möchten. Sie sind meist kostenlos und ebenso einfach installiert wie bei Nichtgefallen wieder mit der Anwendungsverwaltung deinstalliert.

Troubleshooting

TIPP

Um das Programm zu starten, müssen Sie sich einmal mit dem Administratorenpasswort legitimieren. Danach können Sie so viele Programme installieren und deinstallieren, wie Sie möchten.

Sollte es während eines Installationsvorganges zu einer Verbindungsunterbrechung kommen, kann es passieren, dass die Anwendungsverwaltung in Zukunft seinen Dienst verweigert. Sie können dem begegnen, indem Sie das Terminal starten und ganz genau folgendes eingeben:

```
sudo apt-clean

sudo apt-get update

sudo apt-get upgrade
```

Bestätigen Sie jede Zeile mit der [↵]-Taste und geben Sie, wenn Sie dazu aufgefordert werden, das Passwort ein.

Die Paket-Dateien werden nun neu organisiert und die Anwendungsverwaltung tut wieder das, was sie soll.

4.9 Programme aus einer anderen Quelle installieren

Sie können Programme natürlich auch aus einer anderen Quelle als den offiziellen Paketquellen installieren, müssen sich dann allerdings darüber im Klaren sein, dass Sie hier unsicheres Gelände betreten. Solange Sie sich ein Programmpaket von seriösen Anbietern herunterladen, kann eigentlich nichts passieren. Trotzdem werden Sie vom System eindringlich gewarnt werden, diese Software nicht zu installieren. Wir schauen uns eine solche Installation einmal anhand des Beispiels *Opera* an, einem alternativen, sehr schnellen Browser.

Opera ist ein Beispiel für proprietäre, also nicht-freie Software. Da es sich hier um ein kommerzielles Angebot handelt, muss sich der Hersteller natürlich vor Kopierern schützen und legt den Quellcode seines Programmes folglich nicht offen. Da Sie Opera aus lizenzrechtlichtlichen Gründen nicht in den Paketquellen (der LMDE) finden werden, kann ich Ihnen hier gut erklären, wie Sie ein Programm einer fremden Quelle installieren. Besuchen Sie die Internetseite von *Opera* und suchen Sie hier den Link zu den Downloads. Die Seite erkennt, mit welchem System Sie den Download starten möchten, und bietet Ihnen automatisch die richtige Version an.

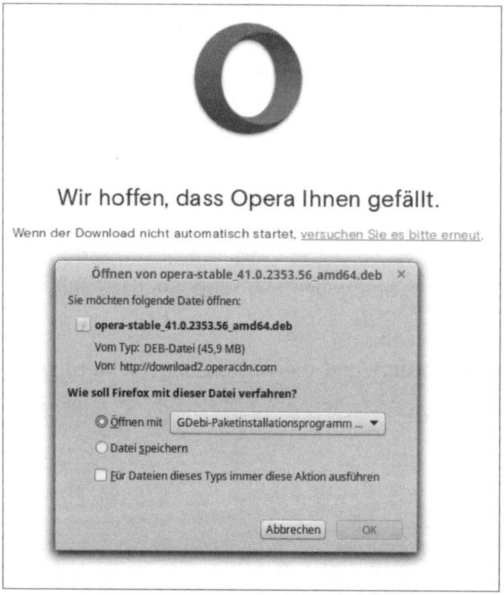

Abb. 4.24: Wählen Sie die Option Öffnen mit GDebi-Paketinstallationsprogramm

Nach einem Klick auf den FREE DOWNLOAD-Button öffnet automatisch das Programm zur Installation von .deb-Dateien: das *GDebi-Paket-Installationsprogramm*. Dies übernimmt nach Ihrer Legitimation den weiteren Installationsprozess.

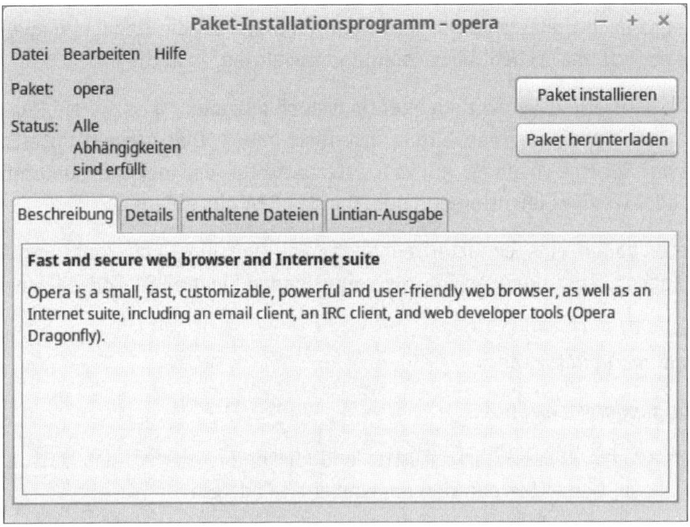

Abb. 4.25: Nach Klick auf PAKET INSTALLIEREN wird die Installation ausgeführt.

Genauso verfahren Sie, wenn Sie die .deb-Datei auf Ihrer Festplatte gespeichert haben. Klicken Sie die Datei mit der rechten Maustaste an und wählen Sie die Option ÖFFNEN MIT... und GDEBI-INSTALLATIONSPROGRAMM. Linux Mint wird nun das Programm auf Ihrem Computer installieren, allerdings werden Sie vorher noch einmal gewarnt, dass dieses Programm nicht aus den offiziellen Quellen stammt und Sie sicher sein sollten, dass der Hersteller vertrauenswürdig ist. Das können Sie bei Opera durchaus sein, deswegen betätigen Sie den Button INSTALLIEREN und GDebi erledigt den Rest, wie Sie es bereits gesehen haben.

TIPP

Achten Sie auf die Endung .deb. Diese zeigt an, dass es sich bei dem Programm um ein Debian-Programmpaket handelt. Debian ist die Basis der freien Linux-Mint-Distributionen, Sie können also mit allen Programmen, die die Endung .deb haben, gleich verfahren. Die Versionen sind manchmal kompatibel, aber längst nicht immer.

PPA einbinden

Nun haben Sie zwar mit Opera ein Programm installiert, aber die Aktualisierungsverwaltung »weiß« nichts von dieser Installation. Es werden also auch keine Updates installiert, sofern der Software-Entwickler keine Funktion eingebaut hat, die beim Start des Programms nach Updates sucht. Selbst dann müssen Sie die Updates immer manuell, abseits der automatischen Aktualisierungsverwaltung, installieren.

Sie können der Aktualisierungsverwaltung allerdings auch mitteilen, dass Sie ein Programm außerhalb der Anwendungsverwaltung installiert haben. Dies passiert mittels eines PPA (*Personal Package Archive*). Auf den Internetseiten der meisten Anbieter finden Sie mehr oder weniger leicht einen Code, um das PPA einzubinden.

Nicht alle Anbieter haben eine benutzerfreundliche Internetseite, manchmal muss man schon sehr suchen. Auf folgenden Internetseiten finden Sie die PPA-Codes leichter:

https://launchpad.net/ubuntu/+ppas

http://www.ubuntuupdates.org/ppas

Starten Sie das Programm ANWENDUNGSPAKETQUELLEN und klicken Sie hier auf den Button ZUSÄTZLICHE PAKETQUELLEN. Geben Sie nun den angegebenen Code ein.

Diese Code-Zeile beginnt immer mit deb `http://`.

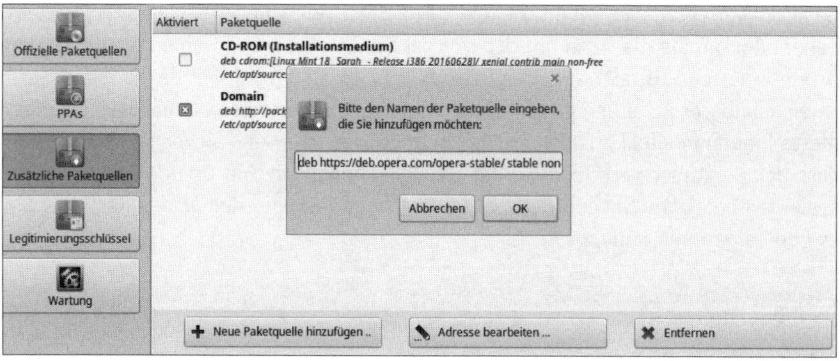

Abb. 4.26: Dialog zur Einbindung neuer Paketquellen

Andere Entwickler wählen den Weg über das Terminal. Dies ist nicht schwieriger, nur eben wieder etwas Linux-artiger. Im Falle Opera lautet der Code beispielweise:

```
sudo add-apt-repository 'deb https://deb.opera.com/opera-stable/
stable non-free'

wget -qO- https://deb.opera.com/archive.key | sudo apt-key add -
```

Sie müssen diesen Code nur noch per Copy & Paste ins Terminal kopieren, mit Ihrem Passwort bestätigen, fertig.

Als Ergebnis erscheint bei den Anwendungspaketquellen ein neuer Eintrag:

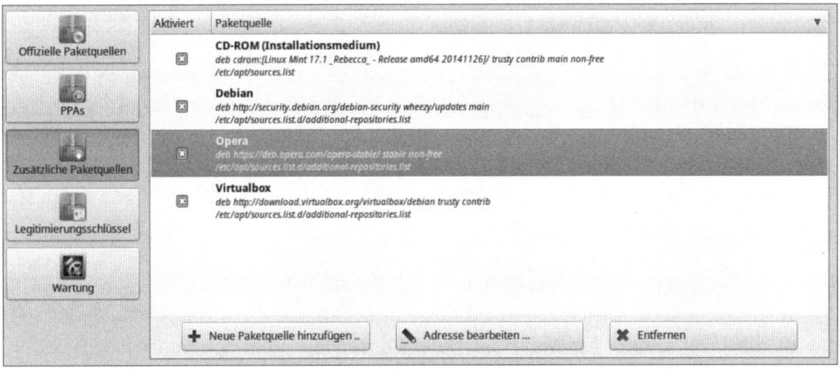

Abb. 4.27: Nun kümmert sich die Aktualisierungsverwaltung um dieses Programm.

Nun müssen Sie nur noch einmal den Zwischenspeicher erneuern.

Zusammenfassung

Zusammengefasst haben Sie folgende Möglichkeiten, Programme zu installieren:

Mit Hilfe der Anwendungsverwaltung

Die einfachste und komfortabelste Möglichkeit zu überprüfen, ob ein bestimmtes Programm zur Verfügung steht, ist die Eingabe des Programm- Namens in das Suchfeld im oberen Bereich der Benutzeroberfläche. Danach ist es ein Leichtes, dieses Programm zu betrachten, die Wertungen anderer zu lesen, zu installieren und wieder zu deinstallieren, wenn Ihnen das Programm nicht gefällt. Sie können ein Programm aber auch über die Kategorie suchen, die durch Klick auf das entsprechende Symbol auf der Startseite der Anwendungsverwaltung angezeigt wird. Dieses Verfahren empfiehlt sich, wenn Sie ein Programm suchen, dessen Namen Ihnen nicht bekannt ist.

Mit Hilfe der Synaptic-Paketverwaltung

Diese Möglichkeit ist etwas schwieriger und im ersten Moment wohl etwas unübersichtlicher, aber sehr gut geeignet, wenn Sie Programmteile und Bibliotheken so wie in unserem Beispiel mit *ndiswrapper* nachinstallieren möchten.

Im linken Bereich der Benutzeroberfläche finden Sie eine Liste von Kategorien, denen die Pakete zugeordnet sind. Markieren Sie eine Kategorie, werden rechts die in ihr enthaltenen Pakete gefiltert angezeigt. Sie können sich durch Markieren eines Pakets eine kurze Beschreibung anzeigen lassen. Oder Sie suchen ein Paket über das Suchfeld, indem Sie einen Bestandteil des Paketnamens oder ein mit der Funktion zusammenhängendes Stichwort eingeben.

Zur Installation eines oder mehrerer Pakete klicken Sie auf die Box vor dem Namen des betreffenden Pakets und wählen ZUM INSTALLIEREN VORMERKEN aus. Eventuelle Paketabhängigkeiten werden ermittelt und im folgenden Dialog angezeigt. Die eigentliche Installation erfolgt dann durch Klick auf das Symbol ANWENDEN in der Symbolleiste.

Mit Hilfe von GDebi

GDebi ist das Programm der Wahl, wenn es um die Installation von .deb-Dateien geht, die Sie außerhalb der offiziellen Paketquellen gefunden haben. Unter Umständen verbietet die Lizenz einer Software die freie Verbreitung über die Linux-Paketquellen. In solchen Fällen liegt ein Programm meist auf der Webseite eines Anbieters in Form eines .deb-Paketes vor. Beispiele sind unter anderem der *Adobe Flash Player, Opera, Google Earth* oder *ClipGrab*. Ein solches Paket entspricht einer .exe-Installationsdatei aus der Windows-Welt und birgt daher auch die gleichen Gefahren.

Mit Hilfe des Terminals

Bei der Installation des *ndiswrappers* habe ich bereits kurz angesprochen, dass mit Hilfe des Terminals, auch Kommandozeile oder Konsole genannt, Programme sehr schnell installiert und wieder entfernt werden können. Allerdings müssen Sie hier den genauen Paketnamen kennen, der sich häufig von dem Namen der Anwendung unterscheidet. Die Installation von Paketen funktioniert mit folgendem Befehl im Terminalfenster:

```
sudo apt-get install <paketname>
```

Mit dem Befehl sudo verlangen Sie kurzzeitig Administratorenrechte. Daher müssen Sie nach der Eingabe des Befehls Ihr Administratoren-Passwort eingeben. Um beispielsweise das wunderbare Programm *Calibre* zum Editieren von E-Books herunterzuladen, geben Sie den Befehl:

```
sudo apt-get install calibre
```

ins Terminal ein. Für die Deinstallation werden die Optionen *remove*, nur für die Hauptbestandteile oder *purge* für die komplette Deinstallation einschließlich Konfigurationsdateien verwendet. Um Calibre mitsamt allen Konfigurationsdateien zu entfernen geben Sie somit den Befehl

```
sudo apt-get purge calibre
```

ins Terminal ein.

TIPP

Alle Befehle im Terminal müssen kleingeschrieben werden.

Sie können jedoch durchaus ein Programm mit einer Methode installieren und mit Hilfe einer anderen wieder entfernen. Denn letztlich greifen alle Installationsmethoden auf das Paketmanagement-System APT zu.

MATE, KDE, Xfce

Die hier beschriebene Vorgehensweise bezieht sich, wie schon eingangs beschrieben, auf Linux Mint Cinnamon. Die Versionen MATE und Xfce funktionieren genauso, nur die KDE-Version weist einen kleinen Unterschied auf. Hier wird auf GDebi verzichtet. Wenn Sie versuchen eine .deb-Datei zu installieren, schaltet sich die Synaptic-Paketverwaltung ein und übernimmt die Installation.

Zwischen der Standardversion und der LMDE gibt es funktional keinen Unterschied. Einzig die Paketquellen, auf die die Debian-Edition zugreift, sind andere.

Kapitel 5

Was finde ich wo? Der Desktop

Ziel des Kapitels

- Lernen Sie die grafische Arbeitsoberfläche von Mint in den verschiedenen Versionen kennen.

Schritte zum Erfolg

- Sie kennen die Elemente der Arbeitsoberfläche.
- Sie lernen den Arbeitsplatz nach eigenen Vorstellungen zu gestalten.
- Sie lernen die wichtigsten Orte und Anwendungen schnell und übersichtlich zu verwalten.
- Sie lernen, wo die die Systemeinstellungen zu finden sind.

5.1 Linux und die zugeschweißte Motorhaube

Auf den genialen Autokonstrukteur Ferdinand Porsche geht der Ausspruch zurück, dass er am liebsten die Motorhauben seiner Autos zugeschweißt hätte. Der Motor war in seinen Augen ein solch komplexes Bauteil, dass ein normaler Autofahrer hier nichts verbessern, sondern eher »verschlimmbessern« könne. Für die bekannten, für den Laien nutzbaren Linux-Distributionen, ganz gleich, ob sie nun Linux Mint oder Ubuntu heißen, gilt Ähnliches: Sie gleichen ein wenig einem Auto mit zugeschweißter Motorhaube. Natürlich handelt es sich bei Linux um ein extrem kompliziertes und hochleistungsfähiges System, mit dem riesige komplexe Netzwerke verwaltet werden können, es ist aber auch ein nutzerfreundliches und einsteigertaugliches Alltags-Betriebssystem. Um diesen Spagat zu bewerkstelligen, werden dem Benutzer zunächst nicht allzu viele Einstellmöglichkeiten angeboten. Das hat durchaus System, denn der Benutzer findet in der Regel ein gut konfiguriertes Betriebssystem vor. Er soll eben nicht durch eine undurchschaubare Vielzahl von Optionen, die er nicht versteht und zwischen denen er kaum sinnvoll entscheiden kann, verunsichert werden. Ein geübter Benutzer, der sich mehr Einstellmöglichkeiten wünscht, wird diese auch finden und es wird ihm gelingen, die Motorhaube weiter zu öffnen, als es die üblichen automatisierten Wartungsarbeiten erfordern. Sie sollten dies im Hinterkopf behalten, wenn Sie sich mit den Systemeinstellungen befassen, die wirken sehr übersichtlich, zumindest wenn Sie die Arbeit mit anderen Betriebssystemen gewohnt sind.

Ich werde mich in diesem Kapitel vor allem auf die Version Cinnamon beziehen, ohne auf die anderen Versionen näher einzugehen. Als Faustregel können Sie annehmen, dass die Versionen MATE und Xfce eher einfacher, die KDE-Version dagegen eher vielfältiger ist.

5.2 Ihr Arbeitsplatz

Der Mint-Desktop ist im Unterschied zu Ubuntu, das die Arbeitsfläche konsequent freihalten will, eine Spielwiese für Ordner, Dateien und zusätzliche Desklets. Die Elemente des Desktop erinnern dabei sehr stark an die Windows-Versionen XP und Vista, was den Umstieg sicher erleichtern wird.

Bei allen vier Linux-Mint-Versionen ist der Aufbau des Desktops im Wesentlichen gleich. Er besteht aus

- dem Schreibtisch,
- dem Zugang zum Startmenü,
- dem Schnellzugriff auf häufig genutzte Anwendungen,

- der Anzeige der aktiven Fenster und Anwendungen,
- den Applets für den Schnellzugriff auf oft benutzte Einstellungen und
- den Desklets.

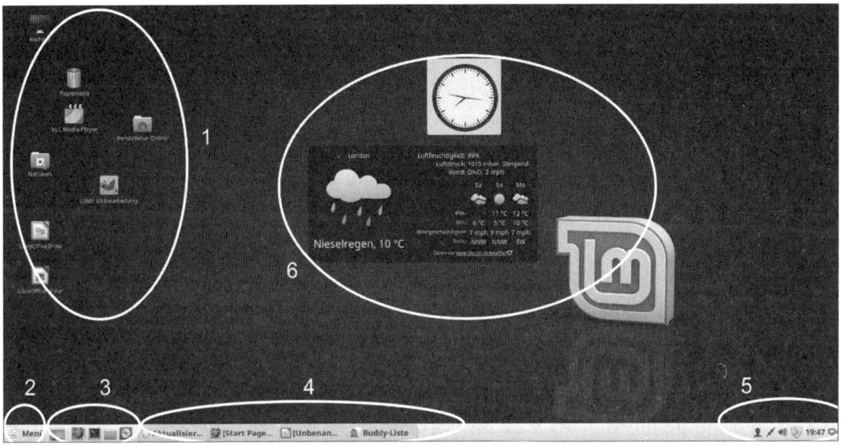

Abb. 5.1: Die Elemente der Arbeitsoberfläche

Der Schreibtisch

Auf dem Schreibtisch können Sie, wie Sie es vielleicht noch von Windows kennen, Dokumente und Verknüpfungen von Programmen ablegen. Dies unterscheidet Mint vom Minimalismus des nahen Verwandten, Ubuntu, da es hier ja nicht möglich ist, Symbole für Anwendungen zu hinterlegen.

Dateien, die Sie auf dem Schreibtisch platzieren, werden tatsächlich im `/home/IHRNAME/Schreibtisch`-Ordner gespeichert. Dies ist allerdings nicht der klassische Speicherort, den Linux Mint für Dateien vorgesehen hat. Bilder, die beispielsweise mit Gimp erstellt wurden, werden in der Regel im `Bilder`-Ordner gespeichert, Dokumente oder Musik in den gleichnamigen Ordnern.

Falls Sie das nüchterne Mint-Hintergrundbild nicht mögen, haben Sie eine reiche Auswahl vorinstallierter Landschaftfotos, die Sie als Hintergrund einbinden können. Klicken Sie einfach mit der rechten Maustaste auf eine leere Stelle. Es öffnet sich ein Kontextmenü, das es Ihnen ermöglicht, ein anderes Hintergrundbild einzubinden, Ordner anzulegen und einiges mehr. Wählen Sie nun Ihr Hintergrundbild aus. Sie können selbstverständlich auch ein eigenes Bild als Hintergrund festlegen.

Programmsymbole zu Schreibtisch hinzufügen

Der Menüpunkt EINEN NEUEN STARTER HIER ERSTELLEN... ist eine sinnvolle und komfortable Ergänzung. Einige Programme, sogenannte *Shell Scripts,* können oder brauchen nicht fest installiert werden, sondern werden entweder über das Terminal oder über einen so genannten Starter direkt aufgerufen.

Ich möchte Ihnen dies anhand des Programmes *MediathekView* einmal zeigen. Dieses Programm ermöglicht es Ihnen, auf die Mediatheken der öffentlich-rechtlichen Sendeanstalten zuzugreifen und Beiträge anzusehen oder aufzuzeichnen. Das Programm bekommen Sie als gepackte `.zip`-Datei z.B. auf der Webseite der Zeitschrift Chip *http://www.chip.de*. Entpacken Sie die Datei mit einem Rechtsklick und der Option ENTPACKEN. Im neu entstandenen Ordner finden Sie unter anderem eine Datei mit dem Namen `MediathekView_Linux.sh`. Dieses Programm sollten Sie normalerweise über das Terminal starten, was nicht weiter schwierig, aber umständlich ist, wenn Sie dieses Programm regelmäßig nutzen wollen.

Klicken Sie also mit der rechten Maustaste auf eine freie Fläche des Schreibtisches und wählen Sie die Option EINEN NEUEN STARTER ERSTELLEN. Im folgenden Dialog geben Sie zuerst den Programm-Namen, z.B. `Mediathekview`, ein. Um den Eintrag im zweiten Feld zu bewerkstelligen, klicken Sie auf BROWSE und klicken sich dann zu der oben genannten `.sh`-Datei durch. Nachdem das Programm die Datei als geeignet erkannt und mit einem Häkchen quittiert hat, erscheint ein Startersymbol, das Ihnen direkten Zugang zum Programm ermöglicht.

Abb. 5.2: Dialog zum Erstellen von Startsymbolen bei Script-Dateien

Wenn Sie ein Symbol für ein regulär installiertes Programm auf dem Schreibtisch platzieren möchten, müssen Sie dies über das Startmenü tun. Es reicht nicht, per Drag & Drop ein Menü auf die Schreibtischfläche zu kopieren, wie Sie dies vielleicht von

Windows kennen. Starten Sie das Menü und klicken Sie mit der rechten Maustaste auf das Symbol der Anwendung. Wählen Sie nun die Option ZUM SCHREIBTISCH HINZUFÜGEN.

Aktive Ecken einrichten

Die Version Cinnamon wartet mit einer Besonderheit auf, die Sie bei den anderen Versionen so nicht finden: den *aktiven Ecken*. Diese ermöglichen es Ihnen, bestimmte Befehle allein dadurch auszuführen, dass Sie mit der Maus in die Ecke fahren oder ein Symbol in Form einer querliegenden *8* anklicken.

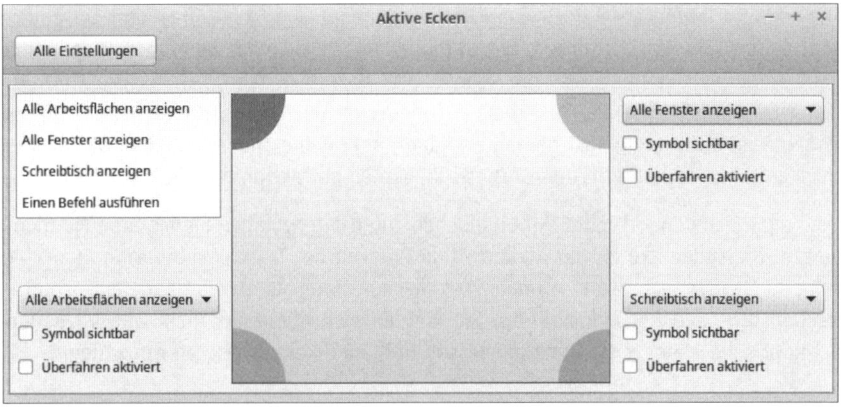

Abb. 5.3: Einstellungen zu den *aktiven Ecken*

Über das Menü erhalten Sie Zugang zu den Einstellungen. Hier definieren Sie, ob und welche Befehle in welcher Ecke ausgeführt werden sollen. Theoretisch können Sie alle vier Ecken mit einem Befehl belegen, praktisch ist das schwierig. In den beiden unteren Ecken befinden sich in aller Regel Buttons der Leiste, wie beispielsweise der Ausschalt-Button. Rechts oben konkurriert das Symbol der aktiven Ecke mit den Fensterbuttons zum Schließen oder Minimieren.

Abhilfe schafft hier nur, die Leiste nach oben ins Fenster zu legen, dann können Sie zumindest die unteren beiden Ecken nutzen. Wie Sie das machen, lesen Sie weiter unten.

Sie haben eine Auswahl aus vier Kurzbefehlen, die Sie einer aktiven Ecke zuordnen können:

- Sie können sich, falls Sie mehrere Arbeitsflächen nutzen, diese in einer Gesamtansicht darstellen lassen.

- Sie können sich alle geöffneten Fenster von allen Arbeitsflächen anzeigen lassen.
- Sie können sich den leeren Schreibtisch ohne geöffnete Fenster anzeigen lassen.
- Sie können einen vorher definierten Befehl ausführen lassen, d.h., Sie können diese Ecke dann auch dazu nutzen, das MediathekView-Programm zu starten.

Mehrere Arbeitsflächen nutzen

Stellen Sie sich vor, Sie erstellen eine Präsentation mit Impress, benutzen das Internet zur Recherche und Gimp, um die heruntergeladenen Bilder zu bearbeiten. Im Hintergrund laufen auch noch das E-Mail-Programm und Skype. Das kann zu einem sehr vollen Schreibtisch führen, der Überblick über die gerade laufenden Programme geht so schnell verloren. Abhilfe schafft hier das so genannte *Workspace-Konzept*, das nichts anderes ist als die Arbeit auf mehreren virtuellen Arbeitsflächen. Dieses Konzept ist unter Linux fast überall Standard, aber keine andere Distribution hat das Umschalten zwischen virtuellen Arbeitsflächen so perfektioniert wie Linux Mint.

Um Zugang zu den virtuellen Arbeitsflächen zu erhalten, haben Sie mehrere Möglichkeiten. Die schnellste ist das gleichzeitige Drücken der Tastenkombination [Strg] + [Alt] + [←]/[→]. Damit können Sie zwischen zwei bereits vorhandenen Arbeitsflächen hin- und her manövrieren, Sie können sich allerdings nicht alle virtuellen Schreibtische gleichzeitig anzeigen lassen und auch keine weiteren hinzufügen.

Abb. 5.4: Alle vier Arbeitsflächen in der Gesamtansicht

Die Möglichkeit dazu habe ich Ihnen eben beschrieben: Mit dem Befehl ALLE ARBEITSFLÄCHEN ANZEIGEN können Sie eine der aktiven Ecken belegen. Nun sehen Sie rechts ein »+«-Zeichen. Dies ermöglicht Ihnen das Hinzufügen neuer Arbeitsflächen, denen Sie auch Namen geben können, damit Sie sie schneller wiederfinden können.

Falls Sie die aktiven Ecken nicht haben möchten, können Sie sich auch einen traditionellen Umschalter als Applet in die Hauptleiste legen, den so genannten *Workspace Switcher*. Über dieses Applet lässt sich nicht nur jede Arbeitsfläche, sondern mit der rechten Maustaste auch die Gesamtübersicht aufrufen. Wie Sie Applets installieren, erkläre ich weiter unten im Kapitel.

Obwohl sie doch eigentlich »eine Nummer kleiner« sind, zeigen Linux Mint MATE und Xfce im Bereich der Arbeitsflächenwahl beeindruckende 3D-Animationen. Voraussetzung ist ein wenig PC-Power und natürlich eine Grafikkarte, die 3D unterstützt. Dazu müssen Sie nur den Fenstermanager auf COMPIZ einstellen. Sie starten dazu im Menü die STEUERZENTRALE.

TIPP

Die Steuerzentrale ist bei Linux Mint das Programm, bei dem Sie alle Systemeinstellungen vor sich haben.

Hier rufen Sie die SCHREIBTISCHEINSTELLUNGEN mit dem Menüpunkt FENSTER auf. Unter dem Dialog FENSTERVERWALTER wählen Sie aus dem Drop-down-Menü die Option COMPIZ aus, schließen die Systemeinstellungen und starten den Computer neu.

Wenn Sie nun bei gedrückter [Strg] + [Alt]-Taste und der gedrückten linken Maustaste nach rechts oder links über den Bildschirm ziehen, bewegen Sie die Arbeitsflächen wie einen Würfel. Die Tastenkombination [Strg] + [Alt] + [↑] zeigt die Gesamtansicht der Arbeitsflächen.

HINWEIS

Leider ist es nicht möglich, die Arbeitsflächen dauerhaft für bestimmte Aufgaben einzurichten, also jeweils eine Arbeitsfläche mit Startersymbolen für Internet-, Büro-, Multimediaprogrammen zu versehen. Es ist ebenfalls nicht möglich, verschiedene Hintergründe zur besseren Unterscheidbarkeit zu definieren.

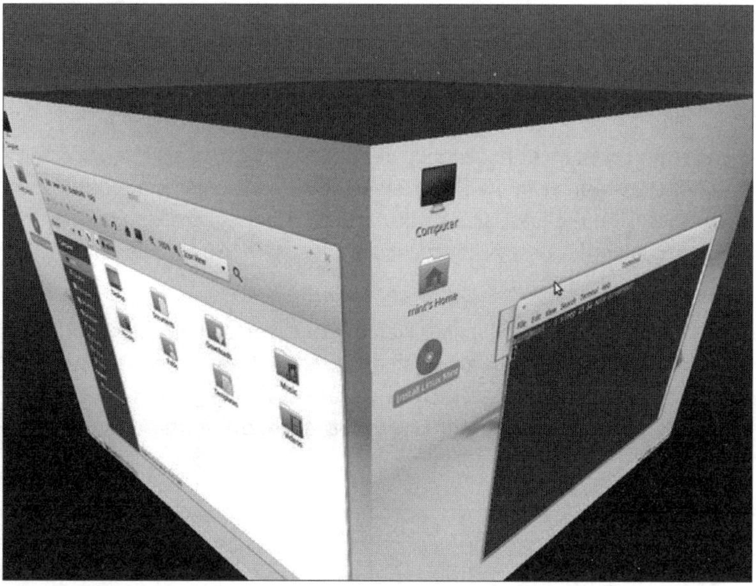

Abb. 5.5: 3D-Effekte bei Linux MATE und Xfce

Themen einrichten

Möglichweise sind Sie bisher von Linux Mint angetan, alles funktioniert, aber das Layout gefällt Ihnen nicht. Die dunkle Leiste am unteren Bildrand ist so gut wie nicht zu erkennen, die Steuerungsbuttons der Fenster, der Mauszeiger ...

Einige Netbooks sind tatsächlich kaum in der Lage, die dunkel gehaltenen Elemente der Leiste und des Startmenüs gut sichtbar und augenfreundlich darzustellen. Hier können *Themen* Abhilfe schaffen. Diese finden Sie unter den Systemeinstellungen. Hier können Sie nach Herzenslust Veränderungen am äußeren Erscheinungsbild der Oberflächen vornehmen. Ein großes Vorschaufenster hält Sie über Ihre Veränderungen auf dem Laufenden.

Unter *KDE*, *MATE* und *Xfce* heißen die Themen *Erscheinungsbild*. Zusätzlich zu den Themen können Sie noch allerlei Animationen einstellen. Diese sind allerdings von Version zu Version so verschieden, dass ich hier nicht näher darauf eingehen möchte. Probieren Sie aus, was Ihnen gefällt, Sie können nichts kaputt machen.

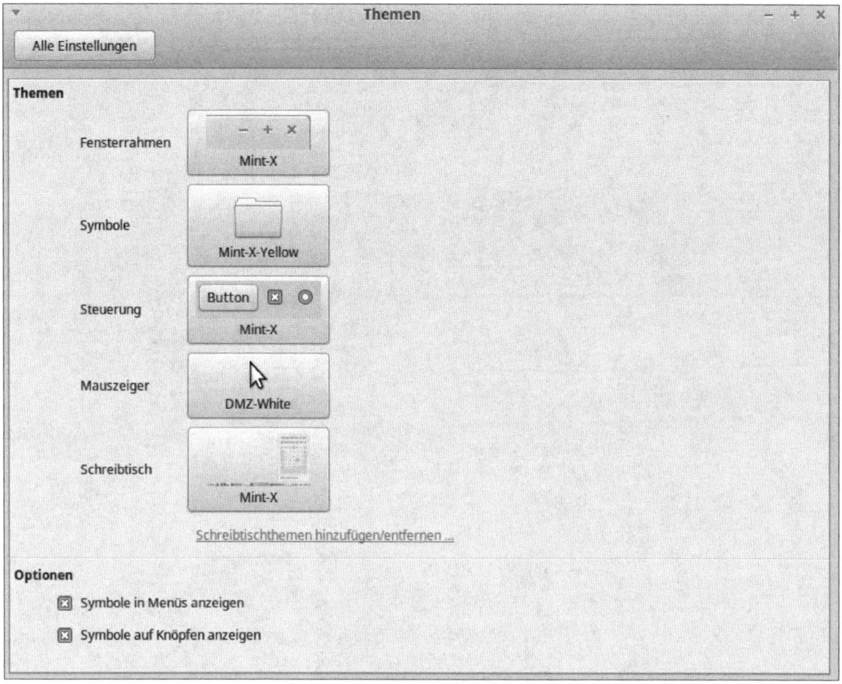

Abb. 5.6: Einstellfenster für das Erscheinungsbild

Das Startmenü

Dass die hier vorgestellten Versionen aus verschiedenen Arbeitsumgebungen stammen, erkennen Sie spätestens an den verschiedenen Startmenüs.

In der linken Spalte finden Sie zu Beginn fünf voreingestellte *Favoriten* – Anwendungen, die Sie häufig benötigen werden, so die Annahme der Entwickler. Darunter befinden sich drei Möglichkeiten, Ihre Sitzung zu beenden, indem Sie den Computer herunterfahren oder sich abmelden, damit ein anderer Nutzer sich neu anmelden kann. Außerdem können Sie, wenn Sie nicht den alleinigen Zugriff zum Computer haben, die Arbeitsfläche sperren.

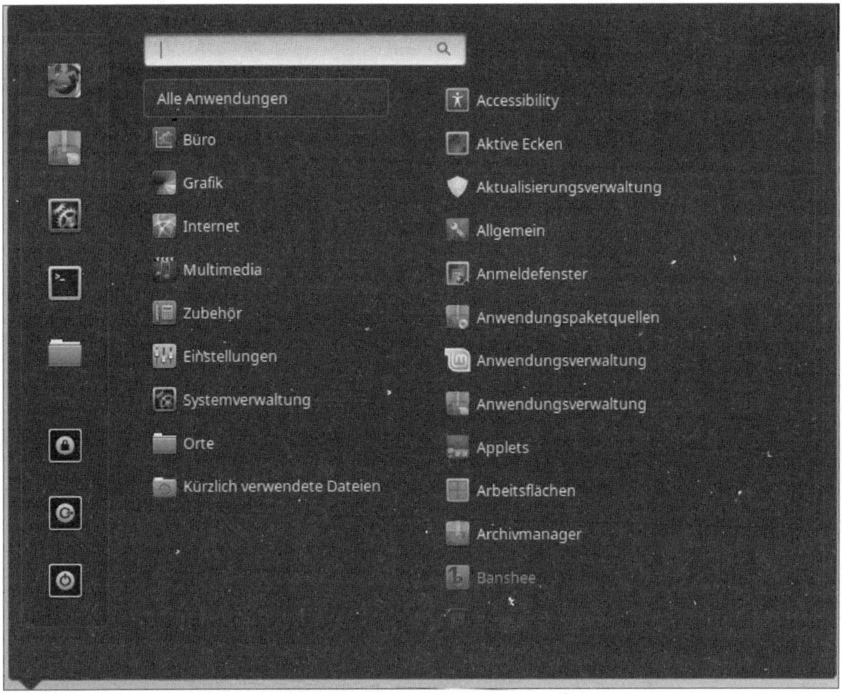

Abb. 5.7: Das Startmenü von Cinnamon

Die mittlere Spalte enthält Kategorien, in die alle Anwendungen bei der Installation eingeteilt werden. Hierbei kommt es dann auch schon mal zu Mehrfach-Nennungen, beispielsweise tauchen unter der Kategorie Einstellungen dieselben Parameter auf wie unter dem Button Systemeinstellungen in der Favoritenleiste und zusätzlich auch noch als eigenen Menüpunkt unter den Einstellungen. Am oberen Rand finden Sie eine Suchleiste, mit der Sie sowohl Programme als auch Dateien auf Ihrem Computer finden können.

Geben Sie beispielsweise den Suchbegriff `Bild` ein, erscheinen als Ergebnis nicht nur der *Bild*betrachter und die *Bild*schirmsperre, sondern auch die Freigabe der Arbeitsfläche sowie der Inhalt Ihres Ordners Bilder.

Die rechte Spalte enthält Ihre installierten Programme in alphabetischer Reihenfolge. Wenn Sie mit der rechten Maustaste auf ein Symbol klicken, öffnet sich ein Kontextmenü, das Ihnen erlaubt, das Programmsymbol

- zur Leiste hinzuzufügen (dies können Sie alternativ auch einfach per Drag & Drop),
- zum Schreibtisch hinzuzufügen,
- zu den Favoriten in der linken Spalte hinzufügen oder gegebenenfalls daraus zu entfernen oder
- zu entfernen.

ACHTUNG

Entfernen bedeutet in diesem Falle, die Anwendung zu deinstallieren!

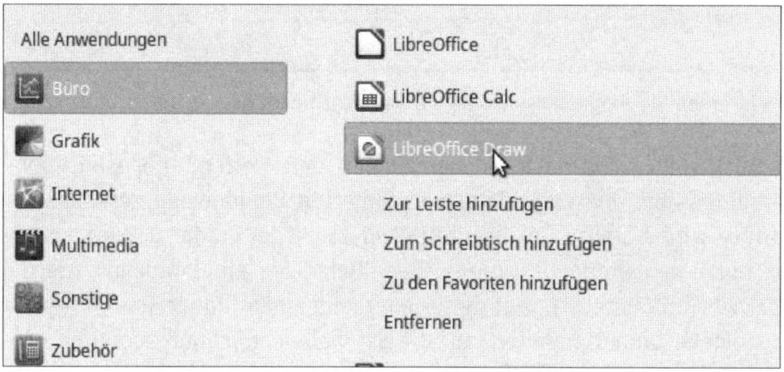

Abb. 5.8: Das Kontextmenü zur Verwaltung der Programmsymbole im Startmenü

Möchten Sie allerdings nur ein einzelnes Symbol entfernen, weil Sie, wie im Kapitel 6, zwei Symbole mit derselben Bezeichnung und demselben Icon vorfinden, müssen Sie einen kleinen Umweg gehen.

Klicken Sie dazu mit der rechten Maustaste auf das Menüsymbol und dann auf EINRICHTEN. Nun öffnet sich ein Einstellfenster, das es Ihnen ermöglicht, eine Reihe von Einstellungen am Menü vorzunehmen; uns interessiert jetzt aber gerade der Button DIE MENÜBEARBEITUNG ÖFFNEN. Hier deaktivieren Sie alle Kontrollkästchen der Anwendungen, die Sie im Menü nicht angezeigt haben möchten.

Sie können hier auch noch weitere Einstellungen vornehmen. Klicken Sie beispielsweise auf den Button NEUER EINTRAG, öffnet sich der Programmstarter, den Sie bereits weiter oben kennengelernt haben.

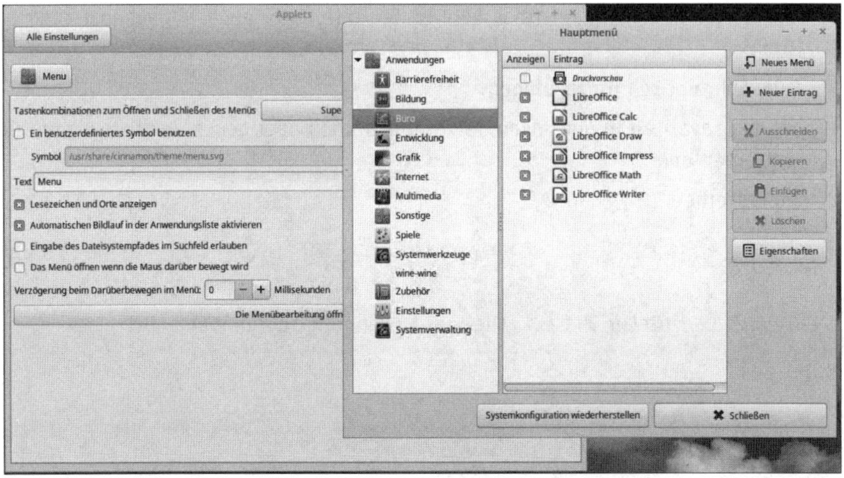

Abb. 5.9: Hier entfernen Sie Programmsymbole, die Sie nicht benötigen, aus dem Startmenü.

Einen kurzen Blick sollten Sie noch auf den Button ORTE werfen: Hier sind einige Verzeichnisse vordefiniert, die eng mit den installierten Programmen zusammenarbeiten: LibreOffice wird erstellte Dokumente immer zuerst im Ordner DOKUMENTE speichern, Firefox nutzt den Ordner DOWNLOADS. Installieren Sie ein Programm wie die Dropbox (dazu mehr in Kapitel 8), legt dieses ebenfalls einen Ordner an. Sie werden darüber hinaus eigene Ordner erstellen, auf die Sie vielleicht schnell zugreifen wollen. Um diese Ordner unter ORTE sichtbar zu machen, müssen Sie sie als Lesezeichen definieren. Öffnen Sie dazu die Dateiverwaltung Nemo, und den neu erstellen Ordner und klicken Sie auf LESEZEICHEN | LESEZEICHEN HINZUFÜGEN. Nun taucht der erstellte Ordner unter dem Menü-Eintrag ORTE auf und Sie können ihn direkt über das Startmenü ansteuern.

Der Schnellzugang zu den Favoriten

Vielleicht möchten Sie Zugriff auf die Startsymbole besonders oft benutzter Programme haben, ohne jedes Mal das Startmenü öffnen zu müssen. Dann können Sie das Icon auf der Leiste gleich neben dem Menü ablegen. Sie können dies, wie weiter vorne beschrieben, per Drag & Drop oder per Kontextmenü aus dem Starter heraus erledigen. Diese Einträge sind nicht dieselben wie die, die Sie zu den Favoriten im Startmenü hinzugefügt haben.

Wenn Sie ein Programm-Symbol entfernen wollen, klicken Sie es mit der rechten Maustaste an und wählen ENTFERNEN.

Aktive Anwendungen

Der größte Teil der Leiste wird von Symbolen gerade aktiver Programme eingenommen, so dass Sie jederzeit zwischen den Programmen wechseln können. Klicken Sie in diesem Abschnitt mit der rechten Maustaste auf die Leiste, können Sie einige interessante Einstellungen vornehmen. Sie müssen die Leiste nämlich gar nicht, wie dies klassischerweise der Fall ist, am unteren Bildrand behalten, Sondern können sie durchaus auch am oberen und auch am seitlichen Bildrand fixieren, was bei aktiven Ecken vielleicht sinnvoller ist.

Haben Sie nur einen kleinen Bildschirm und möchten die Leiste gar nicht dauerhaft im Bild haben, können Sie dies hier genauso einstellen wie auch die Größe der Leiste, denn diese ist der in der Grundeinstellung doch sehr klein geraten.

Applets

Der rechte Teil der Leiste wird von so genannten Applets eingenommen. Diese bieten Ihnen Zugriff zu den wichtigen Systemwerkzeugen und -informationen, die so oft benutzt werden, dass man gar nicht immer erst das Startmenü nutzen möchte. Als Sie Linux Mint neu installiert haben, haben Sie bereits Zugang zu den Netzwerkeinstellungen und zur Aktualisierungs-Verwaltung erhalten.

Wenn Sie den Mauszeiger lediglich auf ein Applet halten, werden Ihnen bereits wichtige Informationen angezeigt, z.B. ob Aktualisierungen erhältlich und wie Sie mit dem Netzwerk verbunden sind. Ein Klick mit der linken Maustaste auf das Applet öffnet dann die entsprechende Anwendung.

Abb. 5.10: Das Applet der Aktualisierungsverwaltung

Einige Applets ermöglichen es, mit der rechten Maustaste Einstellungen vorzunehmen.

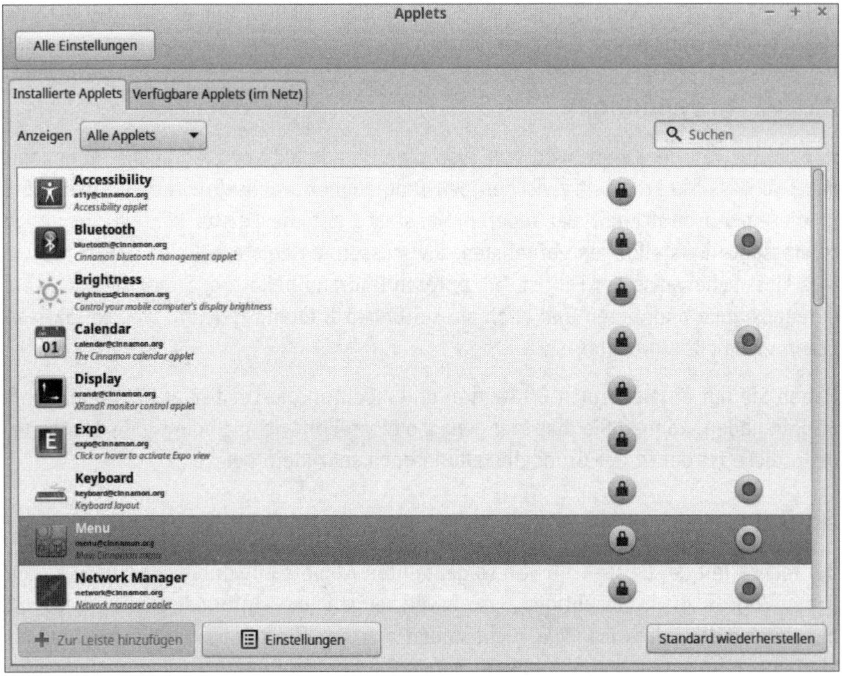

Abb. 5.11: Lassen Sie sich die installierten Applets anzeigen oder laden Sie neue aus dem Netz herunter.

Um neue Applets zu installieren, klicken Sie mit der rechten Maustaste auf die Leiste und wählen APPLETS ZUR LEISTE HINZUFÜGEN. Treffen Sie Ihre Auswahl mit der rechten Maustaste und klicken Sie auf ZUR LEISTE HINZUFÜGEN. Falls Ihnen die Auswahl nicht ausreicht, können Sie unter dem entsprechenden Reiter nachschauen, welche Applets im Netz verfügbar sind. Unter den knapp 200 Angeboten sollte dann wirklich für jeden etwas dabei sein. Sie finden Applets, die Sportergebnisse anzeigen, ebenso wie Bulgarisches Internetradio, Direktzugang zu den Sozialen Medien und auch umgestaltete Startmenüs. Sie können sogar ein Startmenü im Stile von Windows 7 als Applet installieren, wenn Ihnen das lieber ist.

Entfernt werden Applets genauso schnell, wie sie installiert sind: mit der rechten Maustaste anklicken und DIESES APPLET ENTFERNEN auswählen.

Desklets

Desklet ist eine Bezeichnung für ein kleines Zusatzprogramm, das permanent auf dem Desktop läuft. Windows-Nutzern ist dafür der Begriff *Widget* geläufiger. Sie installieren Desklets, indem Sie mit der rechten Maustaste auf die Arbeitsfläche klicken und Desklets hinzufügen auswählen. Die Auswahl ist nicht sonderlich groß und es ist ein gewisser Schwerpunkt in Richtung »Wetter« und »Uhren in verschiedenen Ausführungen« erkennbar. Sie können sich aber auch Ihre Netzwerkauslastung ansehen oder die Datennutzung, wenn Sie über einen Volumentarif verfügen. Ebenso kommen Freunde englischer oder französischer Sprichwörter auf ihre Kosten.

Abb. 5.12: Uhren und Wetter: Desklets auf dem Schreibtisch

5.3 Der Schreibtisch bei MATE

Der Schreibtisch enthält bei der Version MATE im Normalzustand die gleichen Elemente wie Cinnamon. Welche Unterschiede dennoch bestehen, werde ich Ihnen nun hier erklären.

Das Startmenü der Version MATE ist ein wenig anders aufgebaut als bei Cinnamon, was daran liegt, dass MATE auf der Desktop-Umgebung GNOME2 basiert, während Cinnamon GNOME3 zu Grunde liegt. Das ist nicht besser oder schlechter – nur anders und eben oft etwas einfacher.

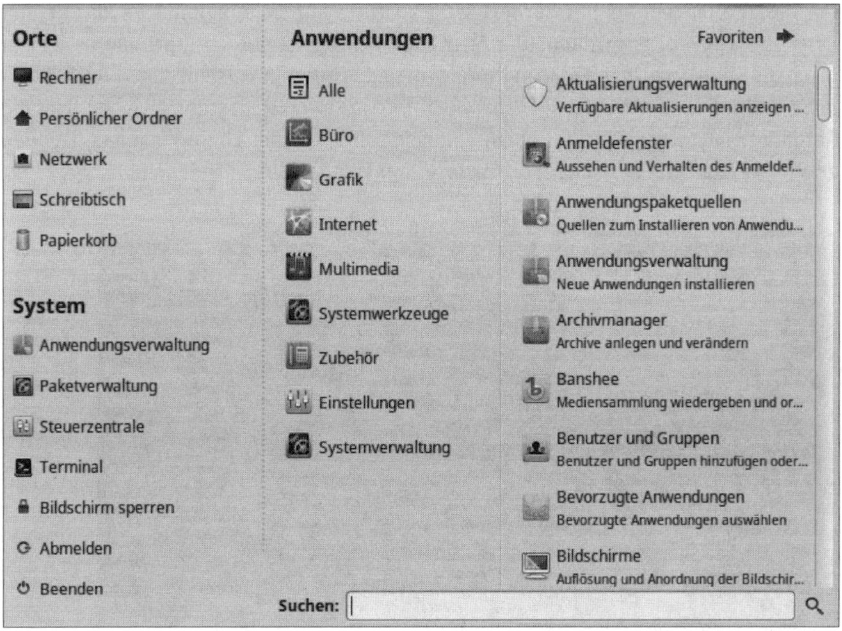

Abb. 5.13: Das Startmenü von MATE

In der linken Spalte finden Sie die Einträge Orte und System, was Ihnen ermöglichen soll, die am häufigsten benutzten Systemprogramme (Anwendungsverwaltung und Systemeinstellung) und die meistgenutzten Speicherorte ohne viel Suchen direkt anzuwählen. Bei den Programmen entscheiden Sie sich, ob Sie sich dauerhaft alle Anwendungen oder nur die Favoriten anzeigen lassen.

Die Verwaltung und die Einstellungen gestalten sich mindestens so einfach wie bei Cinnamon. Klicken Sie mit der rechten Maustaste auf eine Anwendung und wählen Sie im Kontextmenü aus, ob Sie das Programm

- zum Schreibtisch hinzufügen,
- zur Leiste hinzufügen,
- zu den Favoriten hinzufügen,
- gleich nach der Anmeldung starten,
- jetzt starten oder
- deinstallieren

wollen.

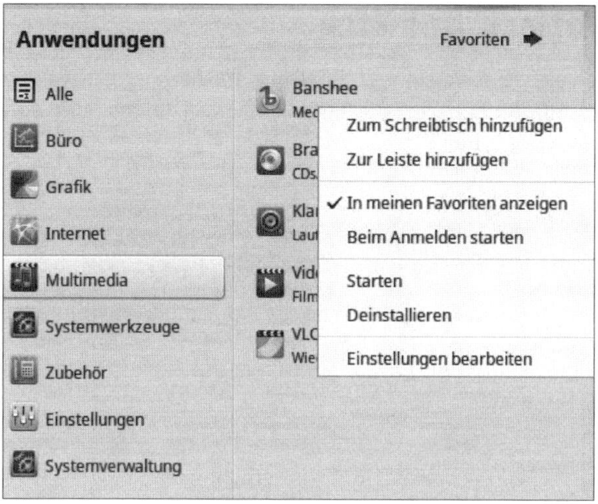

Abb. 5.14: Das Kontextmenü zur Programm-Verwaltung im Startmenü

Möchten Sie ein Startsymbol nicht anzeigen, klicken Sie zuerst mit der rechten Maustaste auf MENÜ und wählen Sie dann MENÜ BEARBEITEN. Im folgenden Fenster können Sie die Checkboxen der Anwendungen, die Sie nicht angezeigt haben wollen, deaktivieren oder Anwendungen in andere Kategorien verschieben. Wenn Sie beispielsweise der Meinung sind, GDebi gehöre zur Systemverwaltung und nicht zu den Systemwerkzeugen, können Sie es per Drag & Drop einfach in die für Sie richtige Kategorie verschieben.

Die Leiste

Die Leiste enthält zunächst einmal dieselben Elemente wie oben beschrieben. Sie können sie allerdings nicht nur nach unten und oben, sondern auch an die rechte oder linke Seite verschieben. Klicken Sie mit der rechten Maustaste darauf, öffnet sich das Einstellfenster. Ebenso können Sie Applets installieren, allerdings werden diese hier nicht als Applets bezeichnet, sondern als *Objekte*. Es ist eine sinnvolle Auswahl vorhanden, die Nachinstallation aus dem Netz ist allerdings nicht vorgesehen.

Auf aktive Ecken und auf Desklets, wie Sie sie in der Beschreibung von Cinnamon kennengelernt haben, müssen Sie bei MATE ebenfalls verzichten.

5.4 Der Schreibtisch bei Xfce

Xfce ist die schlankeste der vier Mint-Versionen, deswegen ist sie aber bei weitem nicht simpel oder primitiv. Alle Programme, die unter Cinnamon laufen, tun dies selbstverständlich auch in dieser Version.

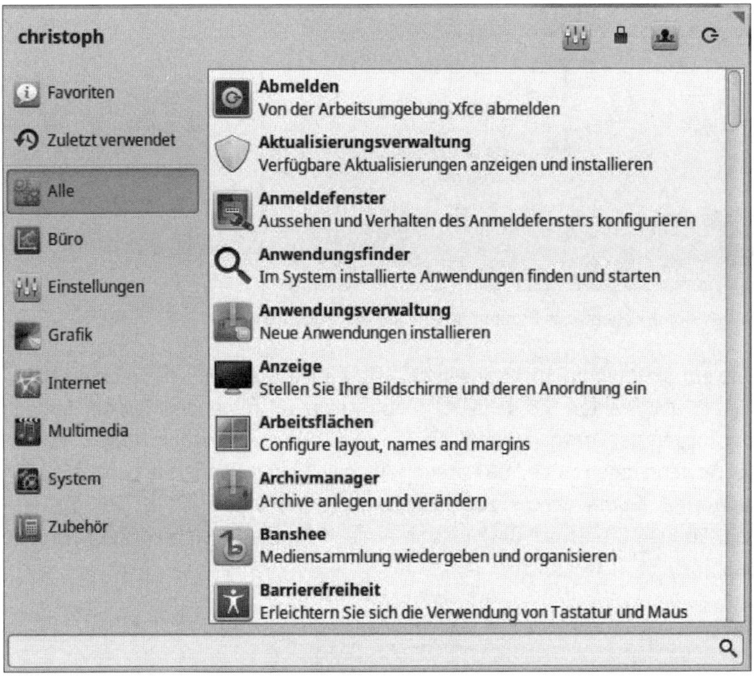

Abb. 5.15: Das Startmenü *Whisker* von Xfce

Das Startmenü mit Namen *Whisker* wirkt im ersten Eindruck ein wenig simpel, das Kontextmenü der rechten Maustaste erlaubt auch nur eine Anwendung zum Schreibtisch, der Leiste oder den Favoriten hinzuzufügen. Das Einstellfenster des Menüs hingegen verblüfft dann doch mit seinen Möglichkeiten und dem Design.

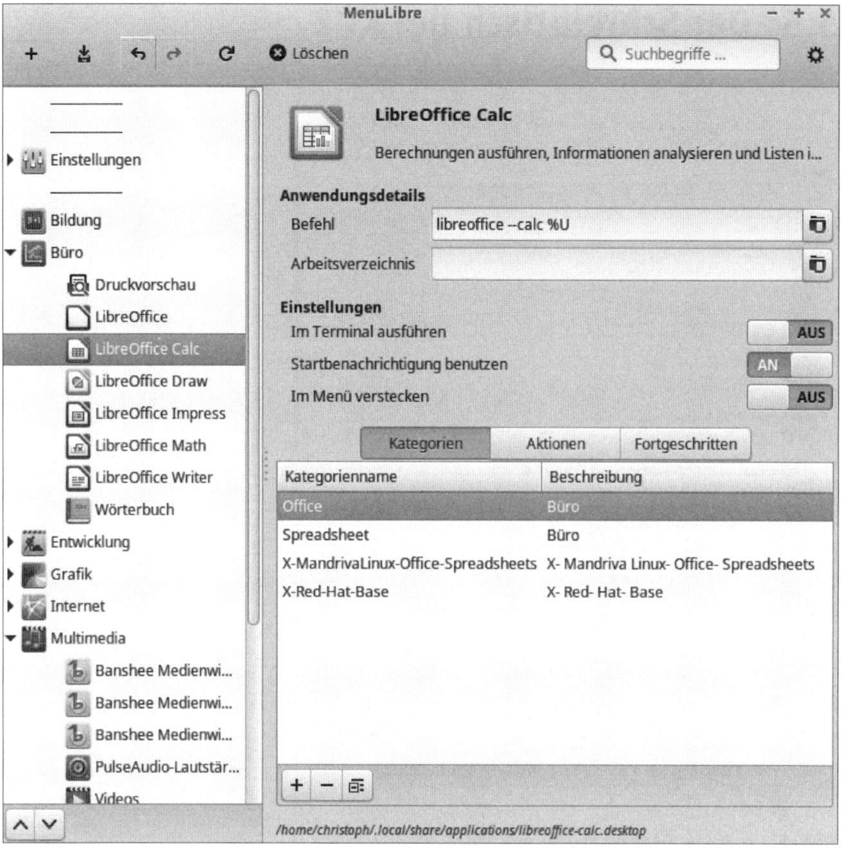

Abb. 5.16: Das Einstellfenster des Startmenüs bei Xfce

Hier können Sie Symbole aus dem Menü verschwinden lassen oder anderen Kategorien zuordnen.

Die Leiste funktioniert genau wie bei den anderen Versionen, die Auswahl an Applets, hier *Plug-Ins* genannt, ist übersichtlich und nicht erweiterbar.

5.5 Der Schreibtisch bei KDE

Abb. 5.17: Das Startmenü *Kickoff* von KDE

KDE ist dafür bekannt, den Desktop und die Ausstattung der Programme ein bisschen bunter und üppiger zu gestalten als die konkurrierenden Versionen. So ist natürlich auch der Schreibtisch ein Paradies für Nutzer, die ihr System gerne verschönern. Ich möchte dennoch auch betonen, dass die KDE-Versionen der meisten Anwendungen die Luxusausführungen darstellen. Die Anordnung der einzelnen Elemente gleicht der der vorher beschriebenen Versionen, nur der Weg, wie Sie an die Einstellungen kommen, ist manchmal ein bisschen anders.

Das Startmenü, dessen Aussehen Sie per Rechtsklick in einen nüchternen »klassischen Stil« umändern können, bearbeiten Sie, wie bereits gelernt, mit der rechten Maustaste. Hier finden Sie unter der Option Menüeinträge bearbeiten die Einstellmöglichkeiten, um Symbole verschwinden zu lassen, Programme mit anderen Icons zu versehen und vielerlei mehr.

KDE unterscheidet bei der Leiste, die hier *Kontrollleiste* heißt, einen Fenster- und einen Systemabschnitt. In ersterem werden alle geöffneten Fenster mit einem Symbol angezeigt, in der Kontrollleiste finden sich die Applets. Neue Applets werden auf zwei verschiedene Arten aus zwei Quellen hinzugefügt:

Klicken Sie einmal mit der rechten Maustaste auf das kleine Dreieck inmitten der Applets. Wenn Sie danach die Option SYSTEMABSCHNITTE DER KONTROLLLEISTE auswählen, öffnet sich ein Fenster, aus dem Sie einige Elemente direkt auswählen und in die Leiste integrieren können.

Abb. 5.18: Sie können einige Elemente direkt ...

Die andere Option EINSTELLUNGEN FÜR KONTROLLLEISTE | MINIPROGRAMME HINZUFÜGEN eröffnet Ihnen hingegen eine üppige Auswahl von Zusatzprogrammen, durch die Sie sich mit der mittleren Maustaste durchscrollen können. Die Programme sind sehr klein, schnell installiert und auch schnell entfernt.

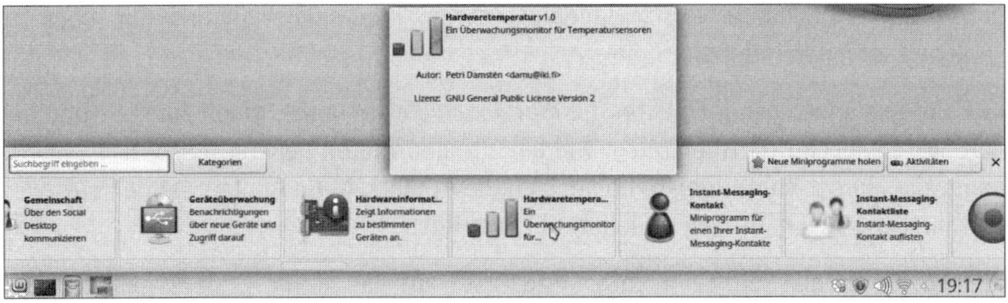

Abb. 5.19: ... oder als Miniprogramme ein die Leiste einfügen.

Um die Erscheinung des Schreibtisches einzustellen, klicken Sie entweder mit der rechten Maustaste auf eine freie Fläche oder auf das kleine Symbol in der rechten oberen Bildschirmecke. Sie gelangen nun in das Kontextmenü, mit dessen Hilfe Sie Desklets einfügen können. Desklets werden bei KDE ebenfalls *Miniprogramme* genannt und sind in der Tat die gleichen, die Sie auch zum Einfügen in die Leiste auswählen können. KDE macht hier keinen Unterschied.

Sollte Ihnen die Auswahl nicht ausreichen, klicken Sie auf NEUE MINIPROGRAMME HOLEN. In diesem Angebot, werden Sie ganz sicher fündig.

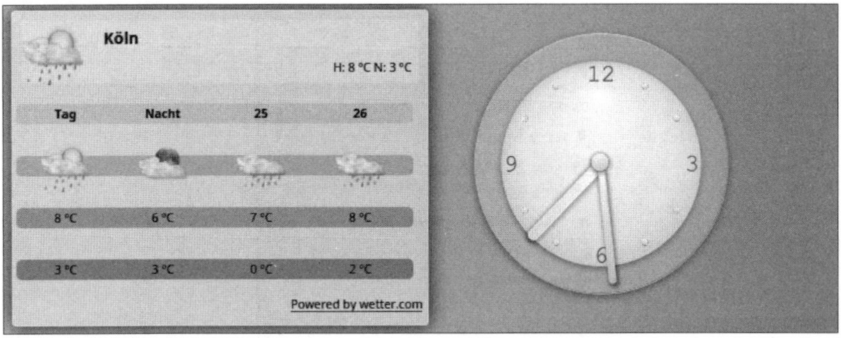

Abb. 5.20: Auch hier Uhren und Wetter: Desklets alias *Miniprogramme*

Das Ausprobieren der verschiedensten Einstellung zur Verschönerung des Schreibtisches kann verregnete Nachmittage füllen und sie sind an dieser Stelle nicht einmal ansatzweise erschöpfend zu beschreiben. Alleine die EINSTELLUNGEN der Standard-Arbeitsfläche, die Sie mit der rechten Maustaste aufrufen können, bieten jede Menge Raum zur kreativen Arbeitsplatz-Gestaltung. Ob Sie ein einzelnes Bild, eine Diashow, die interaktive Ansicht der Erde mit Tag- und Nachtgrenze als Hintergrund wünschen, alles ist möglich. Aber Vorsicht: Man lässt sich leicht von der eigentlichen Arbeit ablenken.

Einstellungen vornehmen

Die Einstellungen zu einzelnen Ebenen erreichen Sie, wie bereits gesehen, oft, indem Sie die rechten Maustaste bedienen: Sie können beispielsweise Einstellungen zum Schreibtisch oder zur Leiste vornehmen, indem Sie mit der rechten Maustaste hierauf klicken.

Um alle Einstellmöglichkeiten aufzurufen, klicken Sie im Menü auf den Button SYSTEMEINSTELLUNGEN STEUERZENTRALE.

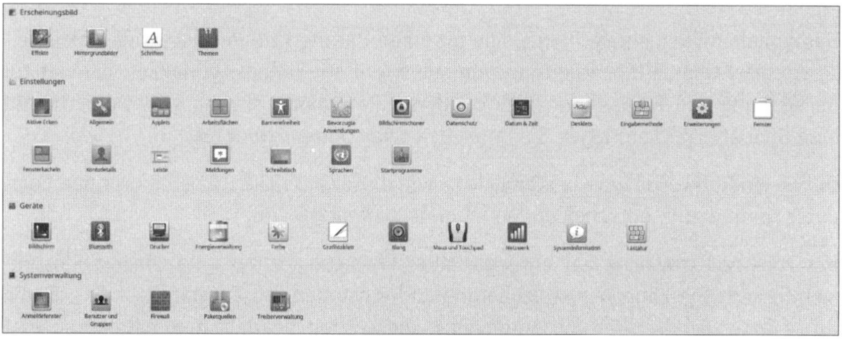

Abb. 5.21: Nicht ganz logisch: Die Einteilung der Einstellmöglichkeiten

Ein großer Teil der Einstellmöglichkeiten befasst sich mit dem Schreibtisch und seinen Gestaltungsmöglichkeiten. Einige davon habe ich bereits beschrieben, andere werden weiter hinten noch genauer thematisiert. Ich möchte Ihnen trotzdem hier eine kurze Übersicht über die Möglichkeiten geben, mit denen Sie Ihr System individualisieren können.

Die erste Anleitung befasst sich mit den Erscheinungsbild des Systems: Über EFFEKTE können Sie dafür beispielsweise dafür sorgen, dass ein Fenster nicht einfach verschwindet, wenn es geschlossen wird, sondern nach oben oder unten aus dem Bild fliegt.

Mithilfe der Einstellungen zu SCHRIFTEN können Sie die Art und die Größe beispiesweise der Iconunterschriften auf dem Schreibtisch verändern – sinnvoll, wenn der Bildschirm oder die hohe Auflösung des Monitores die Unterschriften winzig werden lässt. Auch die Bezeichnungen der Fenstertitel oder der Menüinhalte lässt sich hier bei Bedarf einstellen.

Die Einstellungen zu ALLGEMEIN sind verblüffend einfach gehalten. Die Skalierung der Benutzeroberfläche ermöglich es, bei älteren Systemen mit geringer grafischer Auflösung die Schriften und Abbildungen so zu verkleinern, dass die Übersicht nicht verloren geht, bei Computern mit sehr hoher Auflösung bei Grafikkarte und Monitor kann die Anzeige jedoch zu klein werden. Falls Fehler bei der Darstellung von Vollbildfenstern auftreten, können Sie hier das Komposit für Vollbildfenster deaktivieren oder eine Zeitverzögerung beim Herunterfahren des PC einstellen.

In den Einstellungen zur BARRIEREFREIHEIT können Sie Einstellungen vornehmen, die vor allem Menschen mit Sehbehinderung oder haptischen Einschränkungen zu Gute kommen. So kann beispielsweise der Kontrast stark angehoben oder eine Bildschirmlupe aktiviert werden. Die Maus kann so eingestellt werden, dass das Gedrückthalten der linken Taste einen Doppelklick auslöst und vieles mehr.

Häufig haben Sie mehrere Programme für einen Dateityp zur Verfügung, beispielsweise ein mächtiges Bildbearbeitungsprogramm und ein kleines, schlankes, das nur zur Betrachtung von Fotos dient. Welches dieser Programme starten soll, wenn Sie auf eine Bilddatei klicken, legen Sie unter BEVORZUGTE ANWENDUNGEN fest.

Ob Sie einen BILDSCHIRMSCHONER brauchen, wie dieser aussieht und ob dieser den Computer sperren soll, entscheiden Sie im gleichnamigen Menü.

Das Fenster DATENSCHUTZ hat entgegen aller Erwartungen nur eine winzige Einstellmöglichkeit: Sie können systemübergreifend einstellen, ob Programme, wie z.B. die Office- oder Bildbearbeitungsprogramme, die letzten bearbeiteten Dateien anzeigt oder nicht.

DATUM UND UHRZEIT sprechen eigentlich für sich. Wenn es Sie beispielsweise stört, dass in der Leiste nur die Uhrzeit, nicht aber das Datum angezeigt wird – hier können Sie das einstellen.

Wenn Sie mit dem Layout des Fensters unzufrieden sind und die Knöpfe zum Verkleinern und Schließen gerne auf der linken Seite haben möchten: Das FENSTER-Menü gibt Ihnen hier die Auswahl. Und noch vieles mehr: Fenster mit Doppelklick maximieren oder in den Hintergrund verschieben, das Verhalten neu geöffneter Fenster und Fensterkacheln – alles lässt sich, wenn Sie dies wünschen, auf Ihre Wünsche einstellen.

Die dritte Abteilung befasst sich mit eingebauten und angeschlossenen Geräten: Sie können, wenn nötig, Einstellungen zu BLUETOOTH-ADAPTERN, DRUCKERN oder der SOUNDKARTE vornehmen. Über die Energierverwaltung – wichtig bei Laptops – regeln Sie, was geschehen soll, wenn das Gerät für eine bestimmte Zeit nicht genutzt wurde. MAUS UND TOUCHPADS können beispielsweise für Linkshänder eingestellt werden, Anschlaggeschwindigkeit der Tastatur und selbstdefinierte Tastenkombinationen definieren Sie im Menü TASTATUR.

Die letzte Abteilung der Einstellungen betrifft sensiblere SYSTEMVERWALTUNGEN. Daher müssen Sie sich auch als Administrator legitimieren, bevor Sie hier etwas verändern können.

Das ANMELDEFENSTER setzt sich mit dem Design, aber auch mit dem Verhalten dieses Programmteiles auseinander. Sie können hier einstellen, welches Design mit welchen Hintergrundbildern der Anmeldebildschirm haben soll, was wohl weniger wichtig ist. Wichtiger ist jedoch, dass Sie den Anmeldevorgang ganz abschalten können, wenn Sie allein Zugang zum Computer haben.

Ebenso können Sie sich als root anmelden. Dies ist allerdings nicht empfehlenswert, beruht das Sicherheitskonzept von Linux unter anderem ja auch darauf, dass der Nutzer jede Veränderung des Systems legitimieren muss.

Ob Sie eine FIREWALL einrichten wollen, hängt von Ihren Gewohnheiten ab: Sind Sie in einem privaten Netzwerk unterwegs, befinden Sie sich hinter einem Router, dieser hat ohnehein eine Firewall installiert. Allenfalls wenn Sie oft in öffentlichen Netzwerken unterwegs sind und Programme wie P2P-Clients nutzen, sollten Sie die Firewall aktivieren. Dann allerdings kann die Firewall relativ leicht Dienste blockieren und zu Konflikten führen.

Kapitel 6

Linux Mint in der Gruppe

Ziel des Kapitels

- Richten Sie Linux Mint so ein, dass eine Gruppe von Benutzern mit jeweils eigener Privatsphäre am Computer arbeiten kann.

Schritte zum Erfolg

- Richten Sie andere Computernutzer als Standardbenutzer ein.
- Lernen Sie die Rechte der Benutzer und Besitzer kennen.
- Übernehmen Sie Aufgaben und Möglichkeiten des »Systemverwalters«.

Eines vorweg: Sollten Sie Ihren PC ausschließlich für sich alleine nutzen, können Sie dieses Kapitel gerne überspringen.

6.1 Warum ein Mehrbenutzersystem?

Wenn Sie als einzelner Nutzer vor Ihrem PC sitzen, haben Sie zunächst einmal Zugriff auf alle Ihre Daten, Textdokumente, Musik- und Bildersammlungen. Darüber hinaus haben Sie die Möglichkeit, diese Dokumente zu verändern, den Speicherort zu ändern und einiges mehr. Dies nennt man den »vollen Zugriff« auf Ihre Dateien. Als erster Benutzer dieses Systems, also als derjenige, der bei der Installation des Systems seinen Benutzernamen eingegeben hat, haben Sie außerdem die Möglichkeit, Einstellungen vorzunehmen, die das ganze System betreffen. Sie können Programme installieren und deinstallieren, den Zugang zum Netzwerk verändern und vieles mehr. Hierbei agieren Sie als so genannter Systemverwalter. Das ist problemlos, so lange nur Sie Ihren Computer nutzen und keine andere Person darauf Zugriff bekommt. In dem Fall können Sie dieses Kapitel getrost übergehen. Oftmals wird ein Computer allerdings nicht nur von einer Person genutzt, sondern gemeinsam beispielsweise von Schülern im Klassenverband, in der Familie oder von Arbeitsgruppen. Oder ein Freund bittet kurz um Zugang zum Internet, weil er auf eine wichtige E-Mail wartet. Kurzum: Die Wahrscheinlichkeit, dass ein Computer von mehreren Personen genutzt wird, ist recht hoch. Daher ist es sinnvoll, jedem Benutzer einen eigenen Zugang zum Computer einzurichten. Wenn eine ganze Benutzergruppe einen einzigen Computer regelmäßig nutzt, sollte jeder Benutzer die Möglichkeit haben, seine persönlichen Dokumente, Fotos, E-Mails etc. vor den anderen Nutzern schützen zu können.

6.2 Benutzer und Benutzergruppen

Jeder, der vor einem Computer sitzt und diesen nutzt, ist zunächst einmal ein *Nutzer*. Linux allerdings, dessen Wurzeln im Netzwerkbetrieb liegen, macht es ein klein wenig komplizierter und weist jedem Benutzer eine Identifikation zu, die mit bestimmten Rechten verbunden ist. Der Netzwerkbetrieb mit bis zu tausenden Rechnern und noch mehr Benutzern macht ein hochkomplexes System aus verschiedenen Rechtezuteilungen nötig. Die Möglichkeiten zur Verteilung von Zugriffsrechten sind prinzipiell ungeheuer weitläufig, für Linux Mint jedoch wurden diese sehr stark eingeschränkt.

Bereits die Benutzerverwaltung ist – im Hinblick auf die Zielgruppe – stark vereinfacht worden. Die Benutzergruppen sind hierbei allerdings bereits festgelegt, sie beschränken sich nur noch auf die Benutzergruppe *Systemverwalter* und die Benutzergruppe *Standardnutzer*.

6.3 Der Systemverwalter

Wenn Sie das System eingerichtet haben, sind zuerst einmal Sie der Systemverwalter. Der Systemverwalter hat die Möglichkeit, mit seinem Passwort alle Einstellungen am System bis in die Tiefe so vorzunehmen, wie Sie dies bei der Einrichtung von Linux Mint bis hierher praktiziert haben. Wie Sie sicher festgestellt haben, wurden Sie vor der Installation von Programmen und der Änderung systemwichtiger Einstellungen jedes Mal nach Ihrer Legitimation gefragt. Der Grund hierfür liegt in einem der Sicherheitsaspekte von Linux: Sie treten, auch wenn Sie eigentlich Systemverwalter sind, immer zuerst als Standardnutzer auf. Nur dann, wenn Sie Verwaltungsaufgaben übernehmen, werden Sie für einige Sekunden zum Administrator. Damit wird verhindert, dass heimlich Software installiert wird oder dass Systemeinstellungen ohne Ihre Zustimmung verändert werden. Der Standardnutzer hat diese Möglichkeiten zur Systemveränderung so ohne weiteres nämlich nicht.

HINWEIS

Einstellmöglichkeiten kann jeder Nutzer durchführen, der das Passwort des Systemverwalters kennt und bei dem Vorgang seine Legitimation vorweisen kann, auch wenn er sich mit einem Standard-Benutzerkonto eingewählt hat. Dies zeigt, wie verantwortungsvoll mit dem Administrator-Passwort umgegangen werden muss.

6.4 Die Benutzerverwaltung

Die Benutzerverwaltung ist über das Startmenü unter SYSTEMVERWALTUNG | BENUTZER UND GRUPPEN aufrufbar. Um einen Benutzer anzulegen, müssen Sie sich zuerst als Administrator legitimieren.

Danach können Sie neue Nutzer anlegen oder natürlich auch vorhandene löschen oder verändern. Auf der linken Seite des Fensters sieht man die bereits vorhandenen Konten.

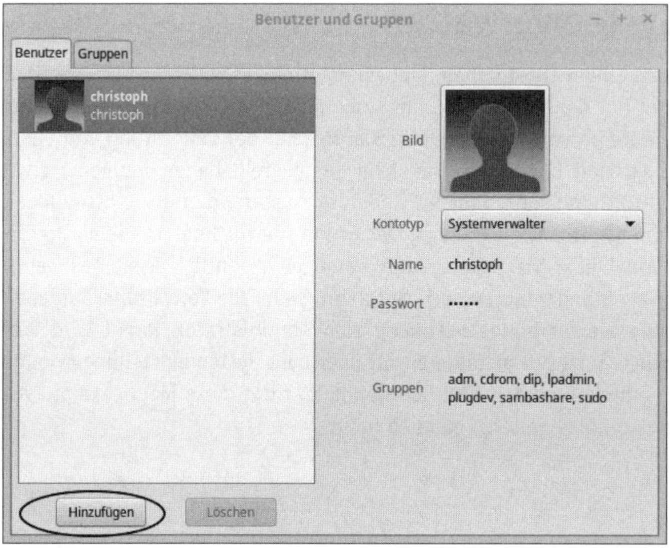

Abb. 6.1: Bislang ist nur ein Nutzer angelegt.

Mit einem Klick auf den Button HINZUFÜGEN links unten legen Sie als Systemverwalter ein neues Konto an. Hier tragen Sie dann den Namen und den gewünschten Nutzernamen ein.

HINWEIS

Der Nutzername muss kleingeschrieben werden.

Weiterhin müssen Sie den neuen Benutzer entweder dem Kontotyp STANDARD oder SYSTEMVERWALTER zuordnen. Das Anlegen eines Kontos beinhaltet, dass ein Nutzer einen eigenen *persönlichen Ordner* erhält sowie eigene Profile bei Firefox und Thunderbird. Er muss oder kann sein eigenes E-Mail-Konto einrichten, das von niemandem ohne seine Erlaubnis eingesehen werden kann (siehe Abbildung 6.2).

Gleichzeitig mit der Erstellung eines Nutzerkontos für Lena wird auch eine Gruppe *lena* angelegt. Sie ist dabei zunächst das einzige Mitglied dieser Gruppe. Dann können dieser Gruppe bestimmte Rechte und Privilegien eingeräumt werden (siehe Abbildung 6.3).

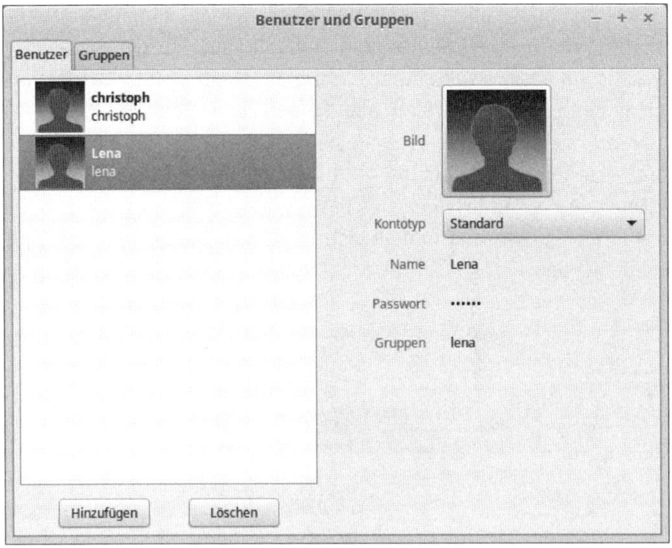

Abb. 6.2: Die Nutzerin Lena wurde als Standardnutzerin angelegt. Mit ihrem Passwort kann sie keine Systemveränderungen vornehmen.

Abb. 6.3: Gruppenzuordnung: zunächst unkomfortabel und irgendwie »unfertig«

Ein Passwort für Lena kann, muss aber nicht eingegeben werden. Ein Zugang ohne Passwort kann zum Beispiel für einen Gastzugang sinnvoll sein. Für die Benutzerin Lena wird hier allerdings ein passwortgeschützes Konto angelegt, als Standardbenutzerin hat sie Zugang zu ihren eigenen Dateien, aber keinen Zugang zu den Systemeinstellungen. Das bedeutet, sie kann keine Programme herunterladen und installieren, auch keine Updates bestehender Programme, und kann auch keine neuen Konten einrichten oder bestehende Konten löschen. Das Passwort richten Sie ein, indem Sie auf KEIN PASSWORT EINGESTELLT klicken und in dem sich öffnenden Dialog Lena ermöglichen, ein Passwort einzugeben.

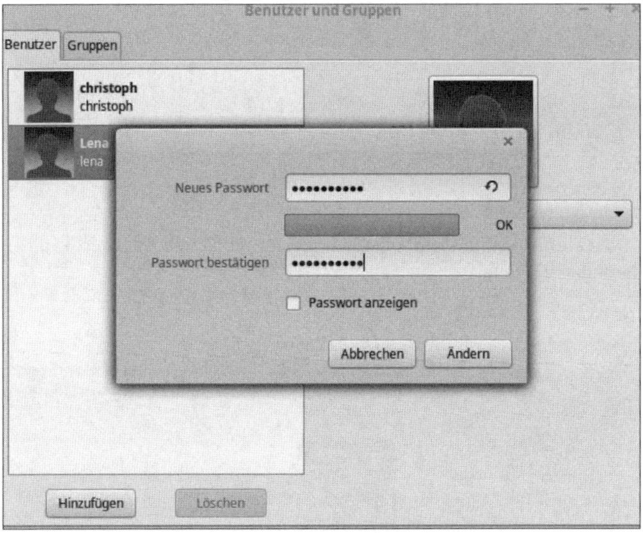

Abb. 6.4: Die Nutzerin Lena bekommt ihr Passwort.

TIPP

Es ist Ihnen auch als System-Administrator nicht möglich, dieses Passwort einzusehen.

Um einen Nutzer zu löschen, wählen Sie diesen zuerst aus und klicken dann auf den Button LÖSCHEN unten im Fenster. Daraufhin erscheint ein Dialog, in dem abgefragt wird, ob die Benutzerdaten, also alle erstellten Dokumente, ebenfalls gelöscht werden sollen.

6.5 Der Eigentümer

Während der Systemverwalter also Allmacht über das System hat – mit seinem Passwort kann er das ganze System von der Festplatte verschwinden lassen –, liegen alle Rechte über die Dateien, die jeder Nutzer in seinem persönlichen Ordner hat, ausschließlich bei diesem. Für die Vertreiber von Linux hat das Recht zur informationellen Selbstbestimmung oberste Priorität. Linux Mint geht davon aus, dass jeder Benutzer zuerst einmal der Eigentümer jeder Datei ist, die sich in seinem persönlichen Ordner befindet, unabhängig davon, ob er diese heruntergeladen oder selbst erstellt hat. Und jeder Eigentümer hat das alleinige Entscheidungsrecht, ob und in welchem Umfang er andere Nutzer an seinen Dateien teilhaben lässt. Auch die Nutzerin Lena stellt diese Rechte selbst ein. Daher können diese auch nicht in der Benutzerverwaltung, die ja Domäne des Systemverwalters ist, sondern nur in den Einstellungen des persönlichen Ordners, dem Terrain des Benutzers, vorgenommen werden.

Nachdem sich die Nutzerin Lena eingeloggt hat, legt sie mittels ihres Passwortes fest, welchen Zugriff die anderen Nutzer auf Ordner oder einzelne Dateien erhalten sollen. Dazu öffnet sie zuerst ihren persönlichen Ordner, markiert mit der rechten Maustaste den Unterordner oder die Datei, dessen bzw. deren Zugriffsrechte sie festlegen möchte, und klickt auf EIGENSCHAFTEN.

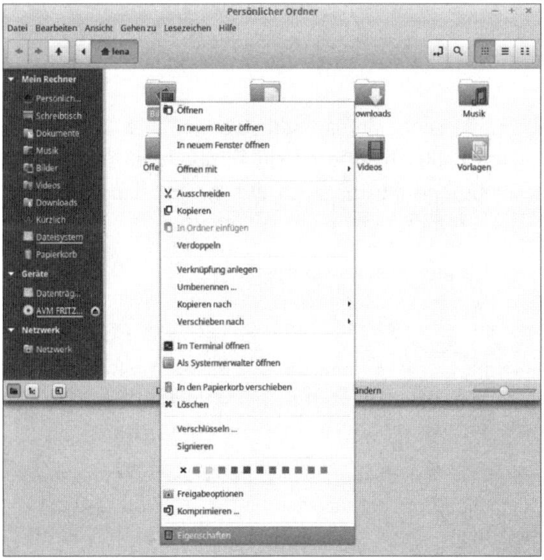

Abb. 6.5: Die Nutzerin Lena definiert hier, inwieweit andere Nutzer auf ihre Bilder zugreifen dürfen.

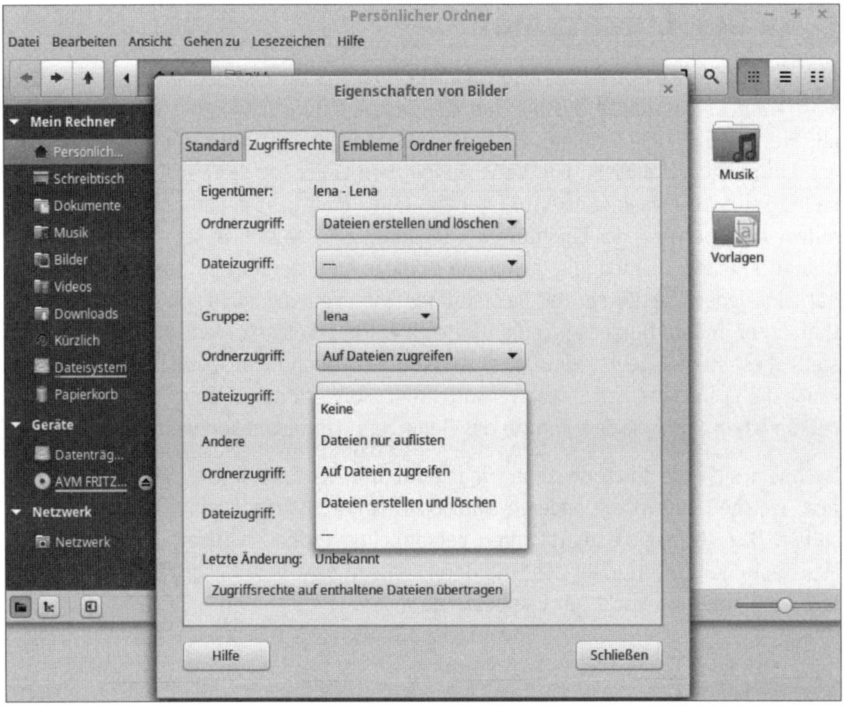

Abb. 6.6: Die Zugriffsrechte

Die Besitzerin dieses Ordners Bilder ist Lena, sie darf selbstverständlich Dateien erstellen und löschen (Zeile Eigentümer:). Gleichzeitig ist sie Mitglied der Gruppe *lena* und alle anderen Mitglieder dieser Gruppe dürften auch auf die Dateien zugreifen, dürfen also die Bilder ansehen, können diese aber nicht verändern.

Die Zeile Andere zeigt die Optionen für alle anderen Benutzer an:

Zugriffsoption	Das bedeutet:
Keiner	Kein anderer Benutzer kann diesen Ordner öffnen, alle Inhalte bleiben verborgen. Höchste Diskretion.
Dateien nur auflisten	Alle anderen Nutzer können sich die Namen der im Ordner vorhandenen Dateien anzeigen lassen, aber die Dateien nicht öffnen.

Zugriffsoption	Das bedeutet:
AUF DATEI ZUGREIFEN	Alle anderen Benutzer können ein Bild ansehen, aber nicht bearbeiten.
DATEI ERSTELLEN UND LÖSCHEN	Alle anderen Benutzer können auf die Bilddateien von Lena zugreifen, diese bearbeiten, neue erstellen und löschen.

Tab. 6.1: Zugriffsoptionen für die Dateien eines Benutzers

Diese Einstellungen kann Lena für ihren gesamten persönlichen Ordner, einzelne Unterordner oder auch nur für einzelne Dateien vornehmen.

Wie schon gesagt handelt es sich bei dieser Benutzerverwaltung um eine sehr stark eingeschränkte und in gewisser Weise unfertige Version. Folgende Optionen sind zwar möglich, aber nicht komfortabel gelöst:

- Neue Gruppen erstellen, zum Beispiel die Gruppe *Kinder* und *Eltern*, um die Nutzer hier zuzuordnen und die komplette Gruppe mit Rechten auszustatten,
- die Gruppenzugehörigkeit eines Nutzers ändern,
- als Besitzer eines Dokumentes Zugriffsrechte differenzierter gestalten, z.B. dem Nutzer Hannah den Zugriff auf Bilder zu gewähren, dem Nutzer Pepe hingegen nicht.

TIPP

Sollten Sie bevorzugen, die Zugriffsrechte differenzierter zu gestalten, sollten Sie sich die gnome-system-tools mit Hilfe der Synaptic-Paketverwaltung herunterladen.

Nach der Installation müssen Sie sich einmal neu anmelden, um die Benutzerdaten des Systems einmalig einzulesen. Nun finden Sie im Startmenü unter SYSTEMVERWALTUNG einen zweiten Button BENUTZER UND GRUPPEN, der leider genauso aussieht und direkt unter dem bisher benutzten platziert ist. Der untere der beiden Buttons führt Sie zum Fenster BENUTZEREINSTELLUNG. Bereits angelegte Nutzer sind hier selbstverständlich aufgeführt.

Mit der etwas erweiterten Funktionalität ist es viel leichter möglich,

- neue Gruppen zu erstellen,
- einzelne Nutzer den Gruppen zuzuordnen und
- den Nutzern differenzierte Benutzerrechte zu erteilen.

Das Hinzufügen und Entfernen von Nutzern funktioniert genauso wie vorher beschrieben. Allerdings ist der Umgang mit dieser Anwendung zur Benutzerverwaltung viel einfacher und schlüssiger. Durch einen Klick auf den Button ERWEITERTE EINSTELLUNGEN neben einem Nutzer können Sie nun im Klartext erkennen, welche Rechte und Privilegien Sie diesem Nutzer zugestehen wollen und inwieweit er auf Ressourcen des Systems zugreifen darf. Als Systemverwalter können Sie beispielsweise dem Nutzer Pepe erlauben, auf den Scanner zuzugreifen, während die Nutzerin Hannah dies nicht darf. Aber bitte sind Sie vorsichtig: Sie können sich selbst nämlich auch so einiges verbieten ... und dann wird es schwierig.

VORSICHT

Sie agieren als Systemverwalter. Es ist Ihnen erlaubt, das System durch unbedachte Einstellungen unbrauchbar zu machen!

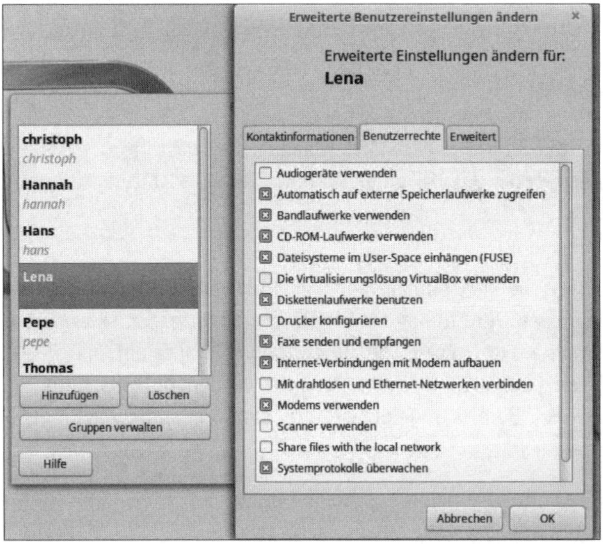

Abb. 6.7: Erweiterte Einstellmöglichkeiten für die Nutzerin Lena

Darüber hinaus können Sie Benutzergruppen anlegen und diesen Gruppen Nutzer individuell zuordnen. Dazu klicken Sie auf den Button GRUPPEN VERWALTEN.

Abb. 6.8: Die neu erstellte Benutzergruppe *Kinder*

Nun können Sie eine Gruppe hinzufügen, zum Beispiel *Kinder*, und dieser Gruppe gleich Nutzer zuteilen. Hier sind die Nutzer Hannah, Lena und Pepe der Gruppe *Kinder* zugeordnet.

Jetzt ist es der Nutzerin Lena möglich, ihre Bilder der Gruppe *Kinder* zugänglich zu machen, aber allen anderen, auch der Gruppe *Eltern,* nicht.

TIPP

Vielleicht möchten Sie diese Benutzerverwaltung weiter nutzen, es stört Sie aber, zwei gleiche Buttons im Startmenü vorzufinden. Wie Sie den überflüssigen Button aus dem Startmenü entfernen, ohne das System zu gefährden, habe ich in Kapitel 5 beschrieben.

Kapitel 7

Windows-Programme mit Linux Mint nutzen

Ziel des Kapitels

- Sie erfahren, wie Sie notwendige Programme anderer Betriebssysteme auch unter Linux Mint nutzen können.

Schritte zum Erfolg

- Sie lernen *Wine* kennen.
- Sie lernen eine virtuelle Maschine unter Linux einzurichten.
- Sie erfahren, wie Sie Windows aus dem System entfernen können.

7.1 Windows und Linux, schließt sich das nicht aus?

Nein, nicht zwangsläufig. Wenn Sie einen Blick in die Diskussionsforen der Linux-Gemeinde werfen, werden Sie feststellen, dass manche Linux-Nutzer ihre Distribution mit fast religiösem Eifer verteidigen. Bei aller Diskussion darf man allerdings nicht vergessen, dass auch Linux kein vollständiges, perfektes und fehlerfreies Betriebssystem ist und es durchaus passieren kann, dass Sie auf eine Software angewiesen sind, für die es kein Äquivalent gibt – sei es, dass Sie eine spezielle Software für die Arbeit brauchen oder sich auf eine besondere Software im Privatgebrauch eingearbeitet haben und diese nun nicht missen wollen.

Wenn Sie, wovon ich ausgehe, Linux parallel zu einer Windows-Installation einrichten, haben Sie bereits eine mögliche Lösung geschaffen, Windows-Programme weiterhin zu nutzen. Sie arbeiten im Normalfall unter Linux, und für den Fall, dass Sie auf ein nur unter Windows laufendes Programm zugreifen möchten, fahren Sie den Computer herunter, starten neu und wählen im Boot-Menü die Windows-Partition aus (siehe auch Kapitel 3). Man kann das so beschreiben, dass sich Linux und Windows buchstäblich die Festplatte teilen: Beim Computerstart weisen Sie Ihren Rechner an, ob die Linux- oder Windows-Seite gestartet werden soll, beide Seiten sind gleichwertig und voll funktional.

Allerdings hat diese Vorgehensweise auch einen Nachteil: Sie ist umständlich, da Sie den Computer immer wieder herunterfahren und neu starten müssen. Außerdem ist es schwierig, von der Windows-Seite auf die Linux-Seite zuzugreifen, etwa weil Sie mit Ihrem Windows-Programm Daten verarbeiten wollen, die Sie vorher unter Linux erstellt haben.

Es gibt zwei Möglichkeiten, den Zugriff auf Windows-Programme einfacher zu gestalten. Die erste von ihnen heißt *Wine*.

7.2 Wine (Wine is not an Emulator)

Wine ist ein Programm, mit dem man Windows-Software unter Linux laufen lassen kann. Sie benötigen keine Windows-Installation auf Ihrem Computer, um mit *Wine* Programme starten zu können, die für Windows programmiert wurden. Programme, die für Windows XP und Windows 7 programmiert wurden, funktionieren meistens flüssig, allerdings gilt: Je neuer das Programm ist, desto wahrscheinlicher treten Probleme auf. Die Entwicklung ist indes rasant, innerhalb weniger Wochen werden Programme nutzbar, die vorher nicht oder nur mit Tricks liefen.

Je nach Windows-Programm, das mithilfe von *Wine* ausgeführt wird, ist der Anspruch an die Ressourcen moderat bis sehr hoch.

TIPP

Wie gut *Wine* für die eigenen Zwecke funktionieren wird, kann man vor dem Testen durch Stöbern in der WineHQ-Datenbank unter der Webadresse *https://appdb.winehq.org/* herausfinden.

Sie können das Programm über die Anwendungsverwaltung leicht herunterladen und installieren. Nach dem Starten des Programms erhalten Sie folgendes Bild:

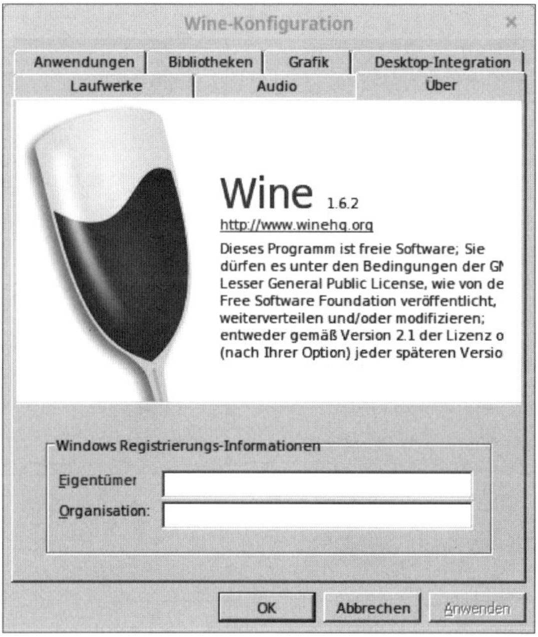

Abb. 7.1: Das Konfigurationsfenster von *Wine*

Sie müssen nicht zwingend etwas einstellen. Achten Sie jedoch darauf, dass das Laufwerk C: in keinem Fall auf das Windows-Laufwerk (z.B. `/media/sda1`) verweist, sondern so wie hier dargestellt `C../drive_c` heißt.

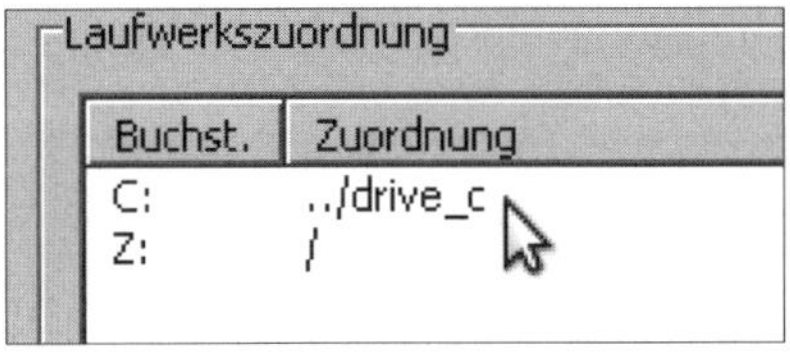

Abb. 7.2: So muss die Laufwerkszuordnung aussehen.

Um ein CD-ROM-Laufwerk einzurichten, klicken Sie zuerst auf den Reiter LAUFWERKE. Anschließend erscheint folgender Dialog:

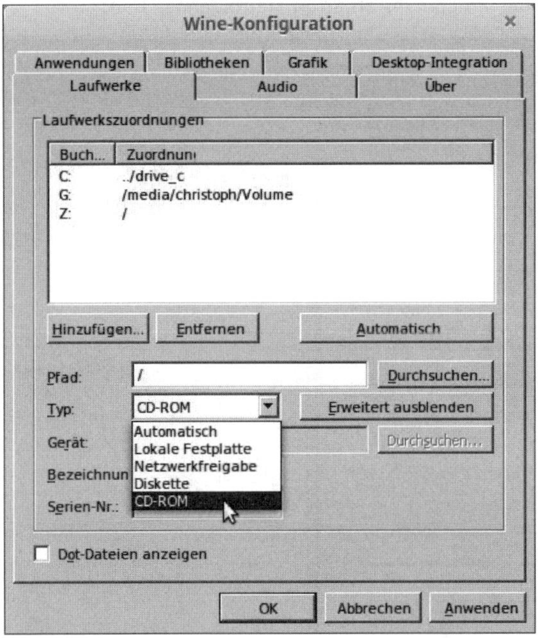

Abb. 7.3: Einrichtung eines CD-ROM Laufwerks

Hier bitte auf HINZUFÜGEN klicken, dann wird in der Liste der Laufwerke automatisch ein neues Laufwerk `D:` eingerichtet. Anschließend folgt ein Klick auf ZEIGE ERWEITERT. Hier muss noch ausgewählt werden, dass es sich um ein CD-ROM-Laufwerk handeln soll. Der Rest sollte so beibehalten werden. Sie müssen diese Einstellung vornehmen, wenn, wie in unserem Beispiel, *MS Office* von einer CD aus installiert werden soll.

Das CD-ROM-Laufwerk ist nun für Windows-Anwendungen als solches sichtbar. Mit einem Klick auf ANWENDEN übernehmen Sie die Änderungen und beenden den Dialog mit OK. Sollten Audio-Einstellungen notwendig sein, können Sie diese mit dem Reiter AUDIO vornehmen. Testen Sie, ob ein Sound zu hören ist; sollte es hier Probleme geben, können Sie die verschiedenen Ausgabegeräte durchprobieren. In der Regel sind aber die optimalen Einstellungen bereits vorgenommen worden.

Jetzt gilt es, ein Windows-Programm dazu zu bringen, mithilfe von *Wine* zu starten. Dazu benötigen wir die Windows-Installationsdatei. Ich zeige dies an einem Beispiel: einem Programm namens MyPhoneExplorer. Dies ist ein kleines Programm, das es mir ermöglicht, über den PC auf mein Old-School-Mobiltelefon zuzugreifen. Ich lade dieses Programm aus dem Internet herunter, es wird standardmäßig im persönlichen Ordner Downloads gespeichert.

Ich habe nun zwei Möglichkeiten die Installation des Programmes anzustoßen: Ich öffne im Datei-Manager Nemo den Download-Ordner und klicke die Datei `setup.exe` mit der rechten Maustaste an. Im Kontextmenü klicke ich auf ÖFFNEN MIT | WINE WINDOWS-PROGRAMMSTARTER und folge den Installationsanleitungen.

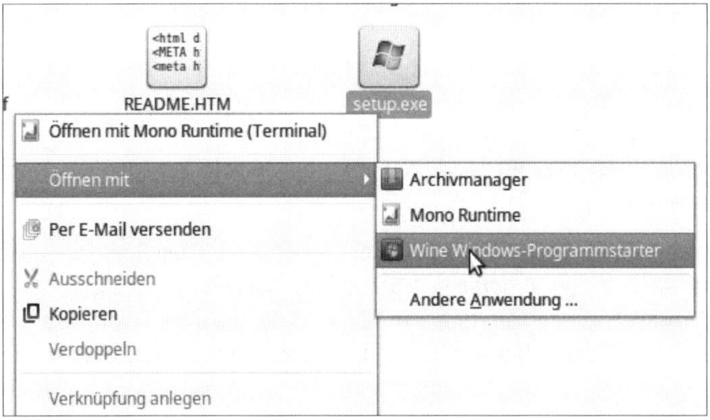

Abb. 7.4: Ich öffne die Installationsdatei mit *Wine* ...

TIPP

Die meisten Windows-Programme werden mit einer Datei namens `setup.exe` oder `install.exe` installiert.

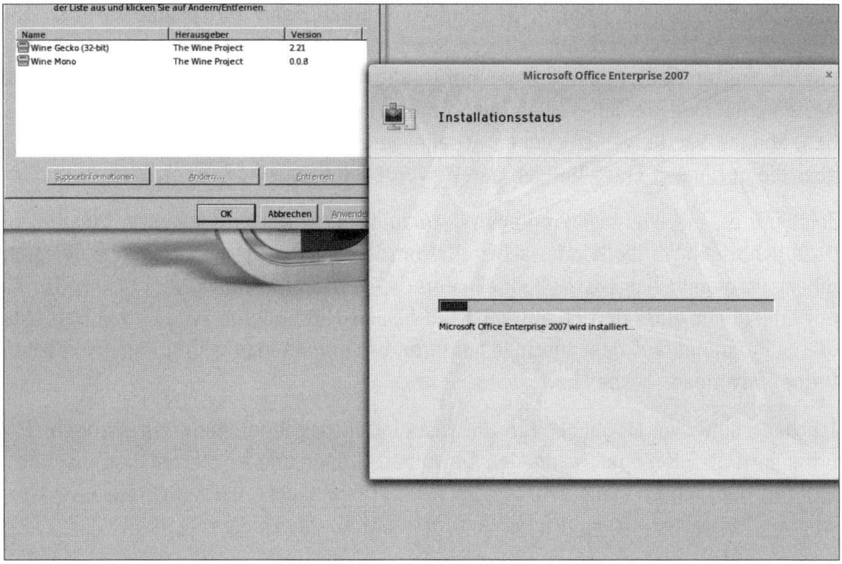

Abb. 7.5: ... und die Installation des Windows-Programms nimmt ihren Lauf.

Am Ende der Installation findet sich das Programmsymbol als Verknüpfung auf der Arbeitsfläche, sodass das Windows-Programm, das mit *Wine* verknüpft ist, sofort gestartet werden kann. Während des Installationsprozesses kann der Zielordner auf C:/PROGRAMME/ gekürzt werden, damit später keine Probleme beim Anlegen des Starters im Panel auftauchen.

Die zweite Möglichkeit finden Sie in dem Programm *Deinstalliere Wine Applikationen.* Interessanterweise dient dieses Programm trotz seines Namens nicht nur zur Deinstallation, sondern auch zur Installation von Windows-Programmen. Nachdem Sie das Programm gestartet haben, klicken Sie auf den Button INSTALLIEREN. Suchen Sie dann die Installationsdatei auf der CD und starten Sie auch hier die Installation (siehe Abbildung 7.6).

Wenn die Installation beendet ist, finden Sie das Programmsymbol als START-Menüpunkt unter WINE (siehe Abbildung 7.7).

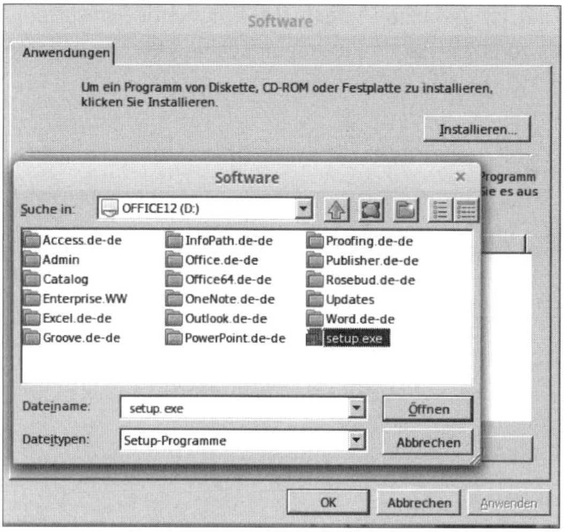

Abb. 7.6: Das Programm *Deinstalliere Wine Applikationen* dient auch zur Installation.

Abb. 7.7: Die Programmsymbole im START-Menü

Das Deinstallieren einer Anwendung ist genauso einfach: Im Programm *Deinstalliere Wine-Anwendungen* wählen Sie das zu entfernende Programm aus und klicken auf den Button ENTFERNEN.

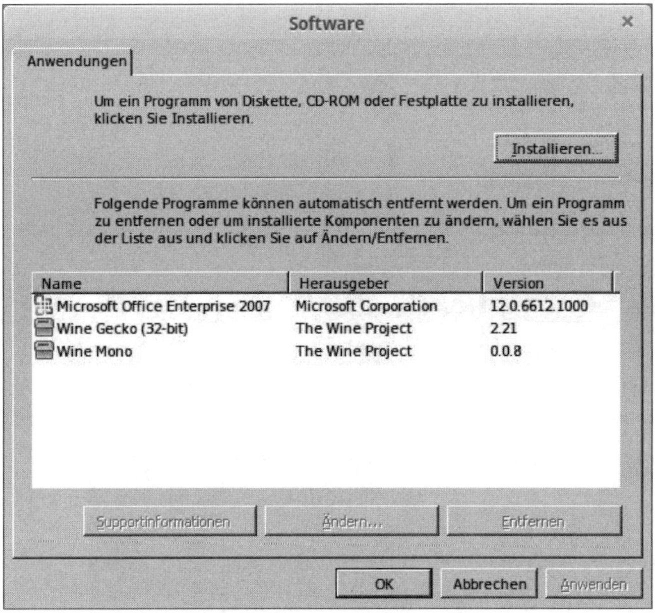

Abb. 7.8: Dialog zur Deinstallation von Windows-Programmen

Wine ist eine sehr komfortable Anwendung, allerdings hapert es gelegentlich bei der Nutzung und Programme starten nicht. Im Übrigen harmoniert auch längst nicht jede *Wine*-Version mit der zu installierenden Anwendung. Interessanterweise ist nicht immer die neueste *Wine*-Version die Beste, sondern die, mit der es funktioniert.

7.3 Windows-Programme mit PlayOnLinux installieren

Dies führt uns zu *PlayOnLinux*. Der Siegeszug des PC ist sicher eng verknüpft mit Spielen. Und so wundert es auch nicht, dass große Anstrengungen unternommen werden, Windows-Spiele unter Linux lauffähig zu machen. *PlayOnLinux* arbeitet eng mit *Wine* zusammen und tritt als *Frontend* für die manchmal etwas kniffeligen Einstellarbeiten in Erscheinung. Dabei hilft das Programm bei der Installation, Konfiguration und

Deinstallation von Windows-Anwendungen unter Linux. Außerdem ermöglicht es, jedem Windows-Programm gegebenenfalls eine andere *Wine*-Version zuzuweisen. So ist es zum Beispiel möglich, Spiele, die unter aktuellen *Wine*-Versionen nicht mehr laufen, mit einer älteren *Wine*-Version laufen zu lassen.

Das Ganze ist in sogenannten *Scripts* vorkonfiguriert, so dass die richtige *Wine*-Version, aber auch zusätzlich benötigte Programme, geladen und installiert werden. Dabei werden nicht nur Spiele unterstützt. Wenn Sie möchten, können Sie sogar den Internet-Explorer oder, falls Ihnen *Gimp* nicht ausreicht, den *Adobe Photoshop* starten.

Sie können das Programm mit Hilfe der Anwendungsverwaltung herunterladen.

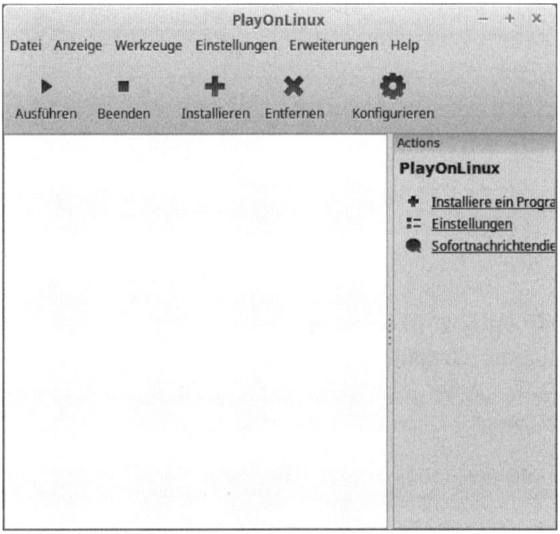

Abb. 7.9: Zuerst erscheint die Oberfläche sehr nüchtern.

Ein Klick auf Installiere ein Programm öffnet eine Übersicht über alle vorhandenen Installations-Scripts (siehe Abbildung 7.10). Als Beispiel installieren Sie *Office 2007*.

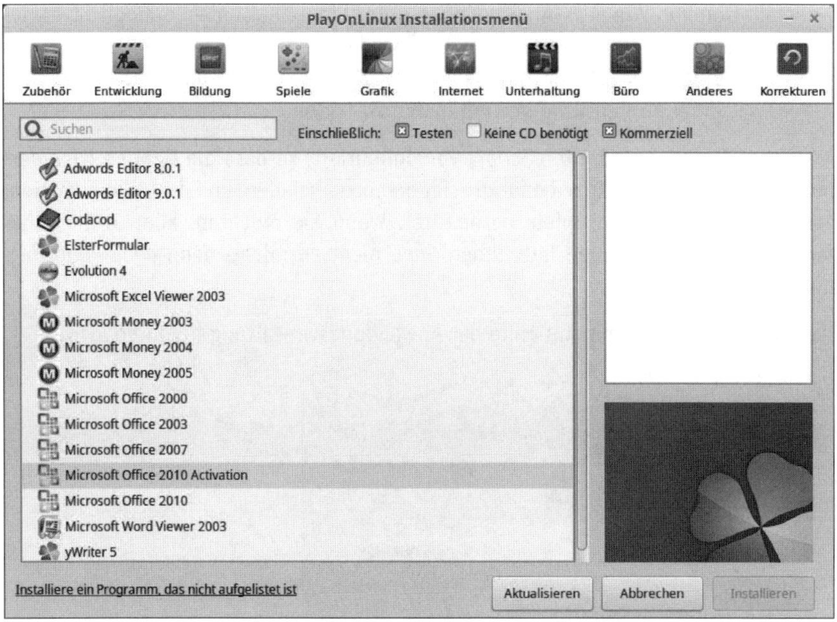

Abb. 7.10: Übersicht über alle Installationsroutinen

Wählen Sie den Eintrag Microsoft Office 2007 und bestätigen Sie die Wahl mit dem Klick auf Installieren. Die Installations-CD sollte jetzt bereits eingelegt sein und eine Internetverbindung bestehen. Während der Installation lädt *PlayOnLinux* die richtige *Wine*-Version und alle nötigen Zusatzprogramme, so z.B. das benötigte *Service-Pack 3*.

Am Ende des Vorganges finden Sie drei Icons auf dem Desktop, die *MS Word, Excel* und *PowerPoint* starten.

Sollten Sie keine Programmstarter auf Ihrem Desktop wünschen, löschen Sie diese einfach. Sie können die Programme auch aus dem Startmenü unter Spiele | PlayOn-Linux starten.

Abb. 7.11: Nun können Sie die gewünschten Programme starten.

7.4 Die Königsdisziplin: die virtuelle Maschine

Sollte das Windows-Programm, das Sie gerne nutzen würden, mit *Wine* trotz aller Anstrengung nicht funktionieren, bietet sich immer noch die sogenannte *virtuelle Maschine* an. Während *Wine* einem Programm »vorgaukelt«, es befände sich in einer Windows-Umgebung, schafft die virtuelle Maschine tatsächlich eine neue Umgebung, eingebettet in Linux. Dies kann Windows, aber auch ein anderes Betriebssystem sein, wie eine andere Linux-Distribution, *Android*, *DOS* oder *Solaris*. Dieses »Gastsystem« wird innerhalb eines Fensters einer VM (virtuellen Maschine) aufgerufen, was bedeutet, dass der Wechsel zwischen einem Programm, das unter Linux Mint läuft, und einem Programm eines anderen Betriebssystems nichts anderes ist als der Wechsel zwischen zwei Fenstern.

Möglicherweise haben Sie sich auch an Ihr Windows und die entsprechenden Office-Programme gewöhnt. Sie können sogar dieses Betriebssystem völlig sicher nutzen, wenn Sie die Internetverbindung nicht zulassen und das System offline nutzen. Der Autor dieses Buches arbeitet genau so: Das Host-System heißt Linux Mint, in der virtuellen Umgebung läuft, zum Beispiel bei der Erstellung dieses Buches, Windows 7. Dabei kann die Windows-Welt ohne ressourcenhungrige Virenscanner und Firewall auskommen. Meine Windows-Welten haben seit Jahren kein Internet mehr gesehen.

Abb. 7.12: Mein Arbeitsplatz: Im rechten Monitor läuft Windows in einer VM, im linken Linux Mint, ebenfalls in einer VM.

WEB

Sollten Sie auch ohne Internetverbindung Wert auf Updates Ihrer Windows-Installation legen, können Sie Update-Packs auf der Seite *http://www.winfuture.de* kostenlos und völlig legal herunterladen.

Voraussetzung ist allerdings ein leistungsstärkerer PC, da vor allem der Arbeitsspeicher zwischen dem Host, also dem Gastgeber (in unserem Falle Linux Mint) und dem Gastsystem (z.B. Windows) geteilt werden muss. Grob gesagt sollten schon 2, besser 4 GB Ram zur Verfügung stehen, damit flüssiges Arbeiten in der virtuellen Umgebung möglich ist.

Darüber hinaus benötigen Sie eine Installations-CD oder -DVD des Gastsystems, da Sie das Betriebssystem neu installieren müssen. Eine Virtuelle Maschine, die dem Open-Source-Gedanken entspricht und zudem überaus anfängerfreundlich ist, finden Sie in der Anwendungsverwaltung: Es ist die *VirtualBox*. Wie Sie ein Programm über die Anwendungsverwaltung herunterladen, haben Sie mittlerweile mehrfach probiert. Die *VirtualBox* wird genauso installiert.

VirtualBox installieren

TIPP

Da die Updates der *VirtualBox* häufig sind, ist die Version der Anwendungsverwaltung nicht immer aktuell.

Sie können das Programm auch von der Internetseite *https//www.virtualbox.org/wiki/Downloads* herunterladen. Klicken Sie dazu den Eintrag FOR LINUX DISTRIBUTIONS an und wählen beim Eintrag UBUNTU 16.10 aus, ob Sie ein 32- oder 64-Bit-System haben. Klicken Sie auf den Eintrag und beantworten Sie die Frage, was nun geschehen soll, mit ÖFFNEN MIT GDEBI-GTK (STANDARD). Um die weitere Installation der *VirtualBox* kümmert sich das Paketinstallationsprogramm. Nach der Installation finden Sie das Programm nun im Startmenü unter SYSTEMVERWALTUNG

Extension-Packs installieren

Als zweites sollten Sie das *Extension-Pack* installieren: Dies ermöglicht Ihrem Gastsystem unter anderem auf die USB-Schnittstellen zuzugreifen. Dies geschieht wie folgt: Klicken Sie neben dem Eintrag VIRTUAL-BOX EXTENSION PACK auf den Link ALL SUPPORTED PLATFORMS und laden Sie die Datei herunter. Die Frage, was mit dieser Datei zu tun ist, beantworten Sie mit ÖFFNEN MIT ORACLE VIRTUALBOX. Das Programm pflegt die Erweiterung nun selbständig ein.

Gasterweiterungs-CD erstellen

Danach sollten Sie eine CD erstellen, die Sie später benötigen, um die sogenannten *Gasterweiterungen* zu installieren. Die Gasterweiterungen ermöglichen Ihnen die nahtlose Einbindung des Gastsystems (hier: Windows) in das Gastgebersystem (hier: Linux Mint). Wenn Sie zwei Monitore an Ihrem PC angeschlossen haben, können Sie mit der Maus ganz einfach aus dem VM-Fenster von einem Monitor zu dem anderen wechseln, Drag & Drop zwischen den Fenstern und Systemen wird möglich und Sie können einen gemeinsamen Ordner benennen, auf den beide Systeme zum Datenaustausch gemeinsam zugreifen können. Sehr komfortabel ist zudem der Seamless-Windows-Modus, der das Gastsystem mit der originalen Auflösung im Vollbildmodus laufen lässt.

Die Erstellung der CD ist sehr einfach mit Bordmitteln möglich. Starten Sie das Brennprogramm Brasero und klicken Sie auf den Button ABBILD BRENNEN. Legen Sie eine beschreibbare CD-ROM ein. Jetzt müssen Sie nur noch die `.iso`-Datei finden, aus der die Gasterweiterungs-CD erstellt werden soll. Diese finden Sie, indem Sie zuerst in der linken Spalte auf RECHNER klicken und dann auf USR/SHARE/VIRTUALBOX. Hier finden Sie dann die Datei `VBoxGuestAdditions.iso`. Wählen Sie diese Datei aus und starten Sie den Brennvorgang.

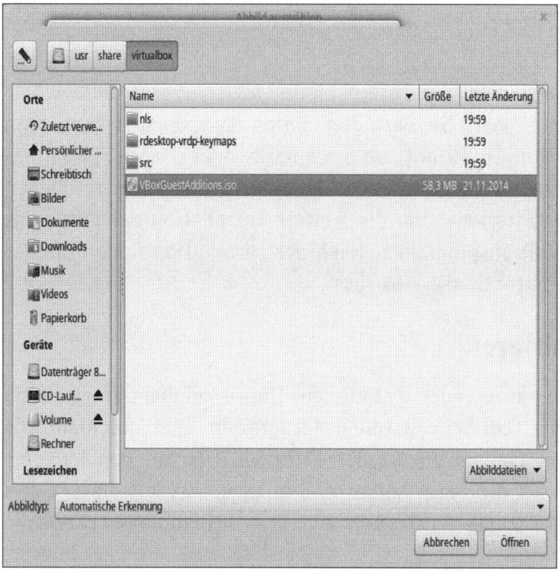

Abb. 7.13: Die gesuchte `.iso`-Datei verbirgt sich in den Tiefen des Systems.

DKMS installieren

Als letzte, vorbereitende Maßnahme sollten Sie das Modul *DKMS (**D**ynamic **K**ernel **M**odul **S**upport)* installieren. Dies ist zwar nicht zwingend notwendig, erleichtert die Arbeit mit der VirtualBox allerdings enorm.

TIPP

Immer dann, wenn ein Kernel-Update im Rahmen der Systemaktualisierung erfolgt, verweigert die *VirtualBox* zuerst den Betrieb. Das ist jedoch keine große Sache: Starten Sie in diesem Falle das Terminal und geben Sie den Befehl `sudo /etc/init.d/vboxdrv setup` ein.

Um diesen Umstand nicht einmal im Monat durchführen zu müssen, überwacht *DKMS* die Updates und installiert die notwendigen Kernelmodule automatisch. Sie installieren dieses Modul einfach mit dem Befehl

```
sudo apt-get install build-essential dkms
```

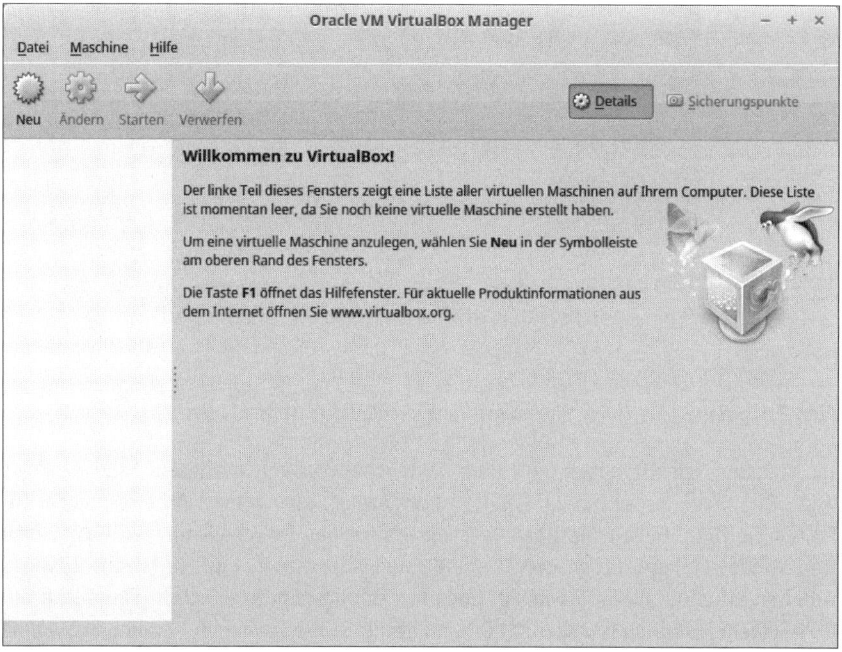

Abb. 7.14: Der Willkommensbildschirm

Nun wird es aber Zeit, ein Gastsystem zu installieren. Hierzu nehmen wir doch einfach Windows 7. Nach dem Klick auf den Button NEU werden Sie durch den sehr einfachen Installationsvorgang geleitet.

Geben Sie der virtuellen Maschine einen Namen. Sie können so viele virtuelle Maschinen mit so vielen Betriebssystemen installieren, wie Sie wollen. Damit Sie diese leicht auseinanderhalten können, vergeben Sie einen eindeutigen Namen, z.B. `Windows7`. Klicken Sie darüber hinaus im Dropdown-Menü an, welches Betriebssystem Sie installieren wollen, die *VirtualBox* bereitet alles dafür vor.

Abb. 7.15: Weisen Sie einen eindeutigen Namen und das gewünschte Betriebssystem zu.

Im nächsten Schritt weisen Sie Ihrem Gastbetriebssystem, in diesem Falle Windows 7 (32 Bit), Arbeitsspeicher zu. Rechts ist angezeigt, über wieviel Arbeitsspeicher Ihr System verfügt. Geben Sie höchstens die Hälfte des Speichers für das Gastsystem frei. Windows7 benötigt in der 32-Bit-Version mindestens 1 GB RAM, ein flüssiges Arbeiten ist dann allerdings immer noch nur schwer möglich. Sollten Sie jedoch ein DOS-System installieren wollen, z. B. um alte PC-Spiele zu spielen, brauchen Sie dem Gastsystem nur einige wenige MB zuzuweisen (siehe Abbildung 7.16).

Wenn Sie auf WEITER klicken, werden Sie zu Einstellungen bezüglich der Festplatte gefragt.

Klicken Sie bitte auf die Optionen BOOTFESTPLATTE | FESTPLATTE ERZEUGEN, DATEITYP: VDI (VIRTUALBOX DISK IMAGE) und ART DER ABSPEICHERUNG: DYNAMISCH ALLOZIERT. Klicken Sie auf WEITER, bis Sie zu diesem Bildschirm kommen (siehe Abbildung 7.17):

Sie sehen nun, dass alles für eine Windows-Installation vorbereitet ist, also legen Sie die CD oder DVD in Ihr Laufwerk ein. Nach Anklicken des Buttons STARTEN im oberen Menü werden Sie narrensicher durch den Installationsvorgang für Windows geleitet.

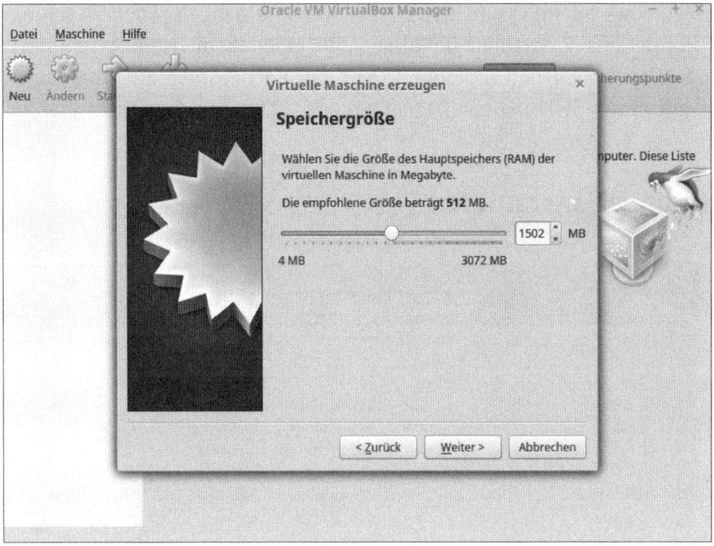

Abb. 7.16: Zuweisung des Arbeitsspeichers

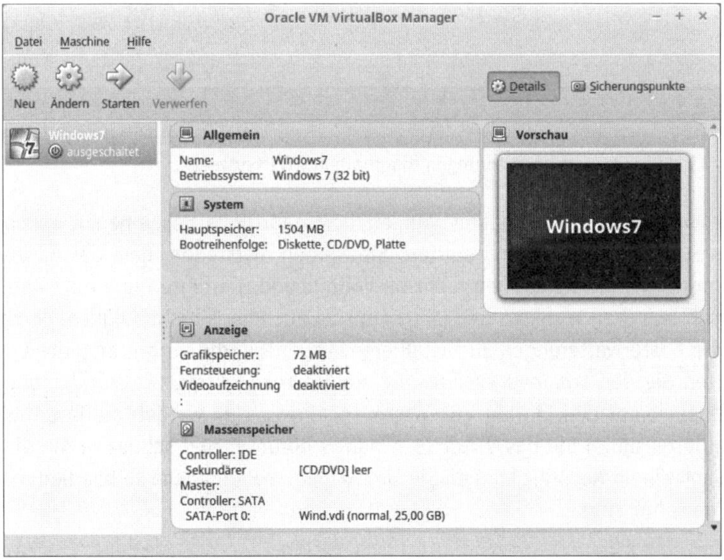

Abb. 7.17: Jetzt ist alles so vorbereitet, dass Sie Windows innerhalb der Virtuellen Maschine installieren können.

Da es sich bei Windows allerdings nicht um freie Software handelt, sondern um ein sogenanntes proprietäres Programm, benötigen Sie einen Registrierungsschlüssel. Diesen haben Sie beim Kauf des Computers oder des Betriebssystems erhalten, er klebt meistens mit einem Sicherheitsaufkleber am oder unter dem Computer oder auf der CD-ROM.

Gasterweiterungen installieren

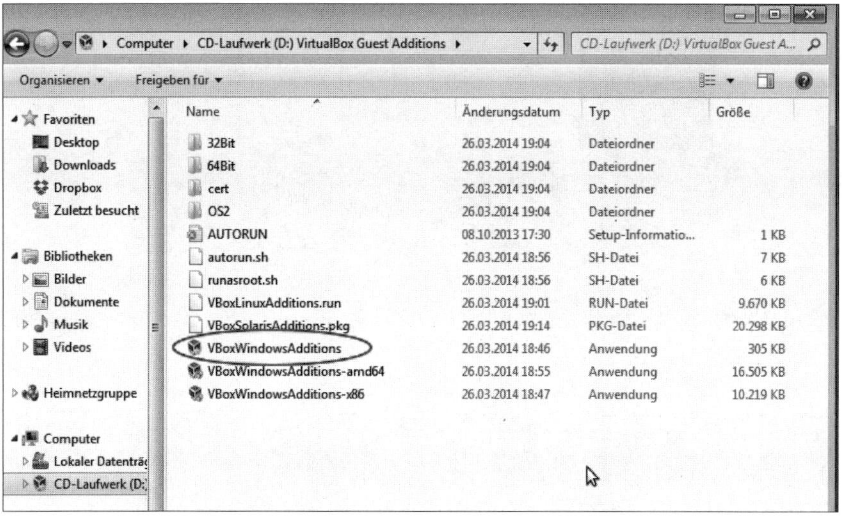

Abb. 7.18: Installation der Gasterweiterungen innerhalb des Gastsystems

Nachdem Sie Windows installiert haben, können Sie die Virtuelle Maschine mit einem Klick auf das Symbol im START-Menü starten. Sie werden feststellen, dass das Ganze noch sehr unfertig wirkt. Sie können nicht im Vollbildmodus arbeiten und ein nahtloser Austausch zwischen Windows und Linux Mint ist auch noch nicht möglich. Jetzt ist es Zeit, die Gasterweiterungen zu installieren. Legen Sie die vorhin erstellte CD ein und starten Sie den *Windows Explorer*. Gehen Sie zum Eintrag CD-LAUFWERK und klicken Sie doppelt auf den Eintrag VBOXWINDOWSADDITIONS. Nun werden die Erweiterungen installiert. Fahren Sie das Virtuelle Windows herunter und schließen Sie die *VirtualBox*. Nach einem Neustart können Sie Ihre Windows-Programme so bearbeiten, wie Sie dies gewohnt sind.

Alternativ können Sie die Gasterweiterungen auch installieren, indem Sie das virtuelle Windows starten und im Menü der Maschine den Punkt GERÄTE | CD-LAUFWERKE | DATEI FÜR VIRTUELLES CD-MEDIUM auswählen. Gehen Sie zu USR/SHARE/VIRTUALBOX und klicken auf die Datei `VBoxGuestAdditions.iso`. Nach einem Moment wird der Installationsprozess in Gang gesetzt.

Drei verschiedene Möglichkeiten, Windows-Programme zu nutzen		
Parallele Installation	Beide Systeme arbeiten mit voller Funktionalität.	Umständlich zu wechseln, zwei vollständig installierte Betriebssysteme nötig
Wine	Einige Programmes arbeiten nicht mit vollem Umfang.	Kein Windows-Betriebssystem nötig
Virtuelle Maschine	Zwei vollständig installierte Betriebssysteme nötig Funktioniert nur auf leistungsstärkeren Rechnern	Benutzte Software funktioniert zuverlässig. Fließender Wechsel zwischen den Systemen

Tab. 7.1: Vergleich der Parallelsysteme

WEB

Eine sehr anschauliche Anleitung, wie man Linux in einer virtuellen Maschine unter Windows laufen lassen kann, findet man unter *http://www.cpf.de/das-unzerstoerbare-system-ein-virtualisiertes-ubuntu-schritt-fur-schritt-erklart-teil-1/219/*.

7.5 Die Windows-Partition von der Festplatte entfernen

Natürlich ist es nicht sinnvoll, Windows sowohl in der VirtualBox als auch in einer zweiten Partition auf dem Rechner zu belassen. Wenn die Programme in der *VirtualBox* oder unter *Wine* zu Ihrer Zufriedenheit laufen, können Sie die Festplatte auch vollständig für Linux Mint freigeben. Dazu benötigen Sie eine Software, mit der man seine Partitionen, also die Teilbereiche der Festplatte, die für Linux und Windows reserviert sind, einsehen kann. Ein Programm namens *GParted* schafft dies recht einfach.

Machen Sie aber zuerst unbedingt ein Backup aller wichtigen Dateien. Falls Sie mit einem Laptop arbeiten, stellen Sie die Stromversorgung sicher, ein Stromausfall könnte den Computer unbrauchbar machen. Schauen Sie im persönlichen Ordner nach, wie groß Ihre Windows-Partition ist, Sie müssen sie unter *GParted* erkennen können.

Abb. 7.19: Die angeschlossenen Speicher und erreichbaren Partitionen werden unter *Nemo* in der Seitenleiste angezeigt.

Da Sie ja bereits wie in einem der vorherigen Kapitel beschrieben eventuell auf Ihre Windows-Daten zugreifen mussten, kennen Sie nun Ihre Windows-Partition und wissen, wie groß diese ist.

Die Benutzung von *GParted* ist relativ einfach, da das Programm komplett über ein Fenster bedient wird. In diesem Fenster sieht man die Aufteilung der aktuell gewählten Festplatte. Alle möglichen Optionen und Aktionen sind über die Menüleiste erreichbar. Nicht verfügbare Optionen bzw. Aktionen werden von *GParted* automatisch ausgeblendet. Starten Sie *GParted* und inspizieren Sie die Partitionen Ihrer Festplatte. Die erste dürfte Ihre Windows-Systempartition sein. Achten Sie aufs Dateisystem, dies heißt bei Windows ntfs, und auf die Größe der Partition.

TIPP

Der Punkt Bearbeiten enthält zwei Aktionen: Über Rückgängig können die zuletzt durchgeführten Aktionen rückgängig gemacht werden, über Anwenden werden die eingegebenen Änderungen auf der gewählten Partition durchgeführt. *GParted* speichert alle Änderungen zunächst in einem Zwischenspeicher und führt diese erst dann aus, wenn Sie auf Anwenden klicken. Löschen Sie nun die Partition, auf der sich Windows befindet, indem Sie die Partition mit der Maus markieren und den Menüpunkt Löschen wählen. Jetzt ist der gesamte Windows-Bereich der Festplatte gelöscht; Windows, aber auch sämtliche unter Windows gespeicherten Daten existieren nicht mehr. Sie können auch noch andere Partitionen, die vielleicht im Laufe des Windows-Lebens entstanden sind, löschen. Keinesfalls jedoch dürfen Sie die Partitionen *Linux-swap* und *ext4* löschen.

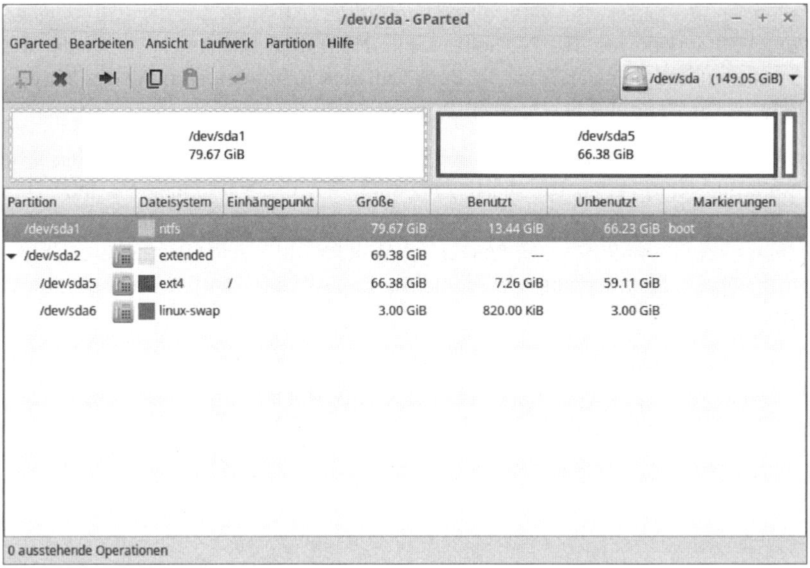

Abb. 7.20: Die Aufteilung einer Festplatte in verschiedene Partitionen

Nun lesen Sie die Partitionen neu ein. Öffnen Sie das Terminal und geben Sie den Befehl

```
sudo update-grub
```

ein, drücken die [↵]-Taste und legitimieren sich mit Ihrem Passwort.

Starten Sie nun den PC neu. Windows gehört nun der Vergangenheit an, der Bereich, der von Windows genutzt wurde, ist leer. Mit *GParted* können Sie also die Windows-Partition recht einfach von Ihrem Laufwerk entfernen. Das Problem besteht allerdings darin, dass der frei gewordene Platz nicht so ohne weiteres Ihrer Linux-Mint-Partition zugeschlagen werden kann. Denn die Linux-Partition kann nur verändert werden, wenn sie nicht genutzt wird. Aber genau dies tun Sie ja, wenn Sie Linux-Mint gestartet haben.

Also benötigen Sie wieder einmal eine Live-Installation, so wie Sie sie bereits anfangs des Buches kennengelernt haben.

Eine Mini-Live-Installation, auf der dann auch nur noch *GParted* läuft und sonst gar nichts, erhalten Sie unter *http://gparted.sourceforge.net/livecd.php*.

Erstellen Sie aus dieser .iso-Datei einen bootfähige USB-Stick mit der *USB-Abbilderstellung* und starten Sie den PC. Sollte Linux Mint starten, müssen Sie wieder das BIOS aufrufen und den USB-Stick als Boot-Laufwerk definieren. Wie Sie das bewerkstelligen, ist in Kapitel 2 beschrieben.

Nun starten Sie innerhalb dieser Live-CD GParted und wählen das richtige physische Laufwerk aus (Ihre Festplatte, meist /dev/sda). Auf diesem können Sie jetzt Ihre Linux-Partition einfach vergrößern, indem Sie sie mit der rechten Maustaste anklicken und die Option GRÖSSE DER PARTITION ÄNDERN ODER VERSCHIEBEN auswählen. Übernehmen Sie die Änderung wieder übers grüne Häkchen, warten Sie ab, bis diese geschrieben sind.

Nun haben Sie Windows entfernt und den freien Festplattenplatz Linux zugeschlagen. Entfernen Sie den Stick wieder und stellen Sie gegebenenfalls im BIOS die Festplatte als erstes Boot-Laufwerk ein.

Sie sind jetzt in der Linux-Welt angekommen. Herzlich willkommen!

Kapitel 8

Mit Linux Mint in der Cloud

Ziel des Kapitels

- Sie lernen die Vorteile und die Grundlagen des Cloud Computing kennen.

Schritte zum Erfolg

- Was ist die »Cloud«?
- Was ist ein Client und was ein Server?
- Einrichtung und Nutzung der Client-Software
- Installation und Einrichtung von Tahoe-LAFS als freie Open-Source-Alternative

8.1 Die Cloud: Daten online speichern und aktualisieren

Wäre das nicht eine schöne Vorstellung: Alle digitalen Fotos, die Musiksammlung und die Textdokumente würden ständig automatisch gesichert, ohne lästige Backup-Verfahren durchführen zu müssen, die man so oft vergisst und während deren Verlauf die Computerleistung in die Knie geht? Alle wichtigen Daten nicht nur sicher gespeichert zu wissen, sondern sie auch von überall aus abrufen zu können? Das ist mittlerweile eine ganz einfache Angelegenheit und nennt sich *Cloud Computing*.

HINWEIS

Cloud Computing beschreibt, vereinfacht gesagt, IT-Dienste, die aus dem Internet heraus angeboten werden. Es können Rechen- und Systemleistungen sein, mit denen große Firmen Spitzenlasten bewältigen können, oder aber auch nur ein Online-Speicherplatz für den Privatanwender, auf dem er seine Dateien speichern kann.

Cloud-Speicher sind teilweise kostenlose, teilweise kommerzielle Dienste, die im im Internet Speicherplatz anbieten. Die Vorgehensweise ist dabei völlig unkompliziert: Wenn Sie sich erstmalig mit dem Dienst verbinden, wird eine vollständige Kopie der von Ihnen freigegebenen Dateien in den Internetspeicher geladen. Das bedeutet natürlich, dass Sie nach wie vor das Original der Dateien auf Ihrem lokalen Rechner zu Hause behalten. Sie sollen Ihre Dateien ja nicht völlig aus der Hand geben! Verändern Sie nun eine Datei, z.B. die Textdatei Ihres ersten Romans, wird die Kopie, die auf dem Speicher im Internet liegt, ebenfalls automatisch verändert. Diesen Vorgang, der von einer so genannten *Client-Software* automatisch besorgt wird, nennt man *Synchronisation*. Aber das ist nicht alles: Sie können von irgendeinem Computer auf der Welt, auch wenn dieser Client dort nicht installiert ist, trotzdem auf Ihren Roman zugreifen. Es ist nämlich möglich, sich mit Hilfe eines Webbrowsers auf Ihrem Konto einzuloggen, Ihren Roman herunterzuladen und weiterzuschreiben. Und diese Veränderung, obwohl an einem anderen Computer vorgenommen, wird wieder mit dem Speicherort der Datei im Internet synchronisiert.

8.2 Server und Client

Zwei Begriffe tauchen dabei immer wieder auf: der *Server* und der *Client*. Unter einem *Server* (»Diener, Anbieter«) versteht man einen Computer und/oder eine Software, der bzw. die mit anderen Computern, den Clients (»Kunden«), kommuniziert, um Dienstleistungen anzubieten. In unserem Falle ist der Server ein Computer-Netzwerk, das irgendwo in einem Rechenzentrum steht und Speicherplatz anbietet. Auf diesen Speicher und die darauf abgelegten Dateien können Sie nach Ihrer Registrierung nicht nur mit Ihrem PC, sondern auch mit dem Smartphone oder Tablet zugreifen. Dies können Sie auf jeden Fall, wenn Sie sich mit einem Webbrowser auf der Serverseite einloggen, allerdings ist es sicherer und zuverlässiger, wenn Sie diese Verbindung und die Synchronisation durch ein Programm organisieren lassen. Dieses Programm bezeichnet man dann als *Client*. Ich stelle Ihnen hier einige Clients vor, die von Ihrem Computer aus die automatische Kommunikation mit den jeweiligen Servern übernehmen, um den Kontakt herzustellen und den Transfer von Daten zu überwachen. Der Autor hat keinerlei Werbe-Vertag mit einem dieser Anbieter.

Alle diese Programme sind proprietäre Software, der Quellcode ist nicht einsehbar. Daher sind Aussagen über die Sicherheit nur schwer zu treffen.

Der kostenlose Speichplatz variiert zwischen 2 und 15 GB. Diese Angebote können relativ leicht erweitert werden: Machen Sie Werbung bei Ihren Bekannten, die sich bei der Einrichtung Ihres Onlinespeichers auf Sie beziehen, bekommen Sie zusätzlichen Speicherplatz. Angesichts der Tatsache, dass die Speicherkapazität Ihrer Festplatte ein Vielfaches dieser wenigen GB ist, könnte man sich schon die Frage stellen, ob das Verfahren denn überhaupt lohnt. Schauen Sie sich jedoch einmal den Umfang Ihres Dateispeichers an, also die Texte und Fotos. Wenn Sie nicht gerade ein exzessiver Filmesammler sind, werden Sie feststellen, dass der allergrößte Teil der Festplatte mit Software belegt ist, mit dem Sie einen verschwindend kleinen Anteil an Daten produzieren.

Die Einrichtung und der Umgang mit der Client-Software ist überraschend einfach und setzt keinerlei Netzwerkkenntnisse voraus.

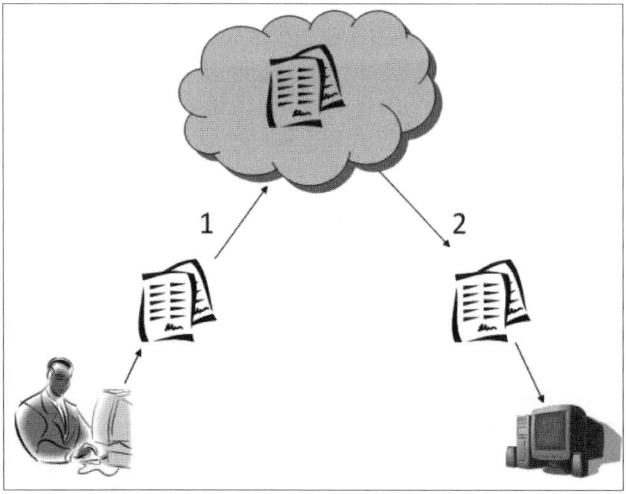

Abb. 8.1: Client / Server

In Abbildung 8.1 sehen Sie wie einfach das funktioniert: Im ersten Schritt erstellt der Benutzer ein Dokument, das er via Internet durch einen Server in die Cloud – z. B. die *Dropbox* – kopiert. Im zweiten Schritt wird diese Datei automatisch auf den zweiten Computer geladen, sobald eine Internetverbindung besteht. Diese Datei kann bei Bedarf vom anderen Computer aus weiter bearbeitet werden, wobei die Veränderung automatisch auf dem Ausgangs-Computer 1 aktualisiert würde.

Cloud Computing kann Ihnen also bei drei wichtigen Dingen helfen:

- Ihre Dokumente online zu sichern,
- Ihre Dokumente auf verschiedenen Computern stets auf dem gleichen Stand zu halten und
- Ihre Dokumente von überall aus mit einem Webbrowser abzurufen, sofern eine Internetverbindung besteht.

8.3 Sicherheit

Einige Tests renommierter Fachzeitschriften zeigten Sicherheitsmängel bei allen Cloud-Speicher-Anbietern auf. Auch wenn in den letzten Jahren stark nachgebessert wurde, gilt folgendes:

Speichern Sie niemals streng vertrauliche Dateien auf einem Online-Speicher. Jeder Speicher, der sich auf dem Territorium der USA befindet, kann nach den Enthüllungen der letzten Jahre von Nachrichtendiensten ausgelesen und die erhaltenen Informationen können also genutzt werden.

Sollten Sie den Cloud-Speicher als Lagerplatz für Ihr Backup nutzen, verwenden Sie die eingebaute Verschlüsselung.

8.4 Der Klassiker: Dropbox

https://www.dropbox.com

Die *Dropbox* ist so weit verbreitet, dass sie fast so etwas wie einen Standard darstellt. *Dropbox* ist nämlich plattformübergreifend, das heißt auf Linux, Windows, MacOS und auch auf mobilen Geräten lauffähig. Kostenlos bekommen Sie 2 GB (Stand Januar 2017) Festplattenspeicher, den Sie allerdings durch häufig stattfindende Werbeaktionen leicht vergrößern können. Sie können den *Dropbox*-Client über die Anwendungsverwaltung installieren, allerdings sollten Sie dann auch noch das Paket *nemo-dropbox* installieren. Dies ermöglicht Ihnen die nahtlose Einbeziehung der *Dropbox* in das gleichnamige Datei-Verwaltungsprogramm. Nahtlose Einbindung sieht zum Beispiel vor, dass Sie Dateien mit der rechten Maustaste markieren und in die *Dropbox* verschieben können.

Linux Mint MATE

Falls Sie Linux Mint in der MATE-Version nutzen, installieren Sie stattdessen bitte das Paket *caja-dropbox*.

Linux Mint Xfce

Etwas aufwändiger ist es für Nutzer der Version *Xfce*. Um das Plug-in über die Paketverwaltung installieren zu können, müssen Sie die Paketquelle erst bei der Anwendungsverwaltung einbinden.

Starten Sie dazu das Terminal und geben Sie folgende Befehle ein:

```
sudo add-apt-repository ppa:xubuntu-dev/extras
sudo apt-get update
sudo apt-get install thunar-dropbox-plugin
```

Nun erlaubt Ihnen auch die *Xfce*-Dateiverwaltung namens *Thunar* den nahtlosen Zugriff auf den Ordner.

Linux Mint KDE

Auch hier funktioniert die Installation wie oben beschrieben, für die Einbindung in den Dateiverwalter *Dolphin* ist ein so genanntes *KDE-Service-Menü* nötig. Dies laden Sie von der Webseite *http://www.kde-apps.org* herunter. Das Archiv, wieder mit einer `tar.gz`-Endung, entpacken Sie, wechseln in das dadurch erstellte Verzeichnis und klicken mit der rechten Maustaste auf die Datei namens `install-it.sh`. Wählen Sie im Kontextmenü die Option ADMINISTRATOR-AKTIONEN | IN DER KONSOLE ÖFFNEN aus.

Die Dropbox einrichten

Die Einrichtung ist völlig unproblematisch und selbsterklärend. Während der Installation des Clients wird ein Ordner namens `/Dropbox` erstellt und Dateien, die Sie in diesen Ordner kopieren, werden automatisch auf den Server kopiert. Dabei können Sie anhand zweier Symbole leicht erkennen, ob die Dateien bereits synchronisiert sind oder ob der Prozess noch läuft.

Abb. 8.2: Der Ordner wird synchronisiert.

Abb. 8.3: Die Synchronisation ist fertig.

Außerdem wird in der Leiste ein weiteres Applet hinzugefügt, mit dem Sie einen Schnellzugang zu den wichtigsten Funktionen der *Dropbox* haben.

TIPP

Bitte seien Sie sich dessen gewahr, dass die Daten, die Sie in die *Dropbox* laden, nicht verschlüsselt sind. Vertrauliche Dokumente sollten Sie hier nicht speichern oder zumindest sicher in einem Archiv verschlüsseln. Hierzu mehr in Kapitel 10.

Abb. 8.4: Schnellzugriff zu den Funktionen der *Dropbox*

Um auf Ihren Roman zurückzukommen: Sie haben im Urlaub an Ihrem Werk geschrieben und es per *Dropbox* in der Cloud gespeichert. Dabei überschreiben Sie die alte Version; es sei denn, Sie speichern den Roman unter *Ver.1*, *Ver2* etc. Zu Hause fällt Ihnen aber auf, dass Sie sich in der Urlaubsstimmung zu einem Happy End haben hinreißen lassen, und Sie müssen Teile des Romans umarbeiten. Jetzt wäre es praktisch, eine ältere Version des Textes zur Verfügung zu haben. *Dropbox* scheint hier ein Herz für Romanciers zu haben, es speichert nämlich nur die Änderungen einer bereits bestehenden Datei. Einerseits reduziert dies die Menge der übertragenen Daten, andererseits können Sie ältere Versionen eines Textes ganz leicht wieder hervorzaubern:

Klicken Sie dazu mit der rechten Maustaste in *Nemo* auf die Roman-Datei, die im *Dropbox*-Ordner liegt. Wählen Sie den Menüpunkt Frühere Versionen ansehen aus und stellen Sie die Datei so wieder her, wie sie vor dem Urlaub ausgesehen hat.

Dateien zum Download freigeben

Ihr Roman ist fertiggestellt und Sie wollen die Datei Ihrem Verleger schicken. Nun ist diese aber so groß geraten, dass Ihr E-Mail-Provider einen Mail-Anhang dieser Größe nicht duldet. Oder Sie haben eine 50 MB große Sammlung Urlaubsbilder, die Sie einem Bekannten gerne schicken würden. Auch einen solch großen Anhang werden Sie nicht als Mail-Anhang verschicken können. Sie können aber die *Dropbox* benutzen, um Ihrem Verleger oder Ihren Bekannten den Zugang zu großen Dateien zu ermöglichen.

Klicken Sie dazu mit der rechten Maustaste auf eine Datei oder ein Verzeichnis und wählen Sie aus dem Kontextmenü die Option Dropbox-Link freigeben. *Dropbox* erstellt nun einen Downloadlink und speichert ihn in der Zwischenablage. Sie verschicken diesen Link, indem Sie eine E-Mail erstellen und den Link mit Hilfe der Tasten `Strg`

+ V einfügen. Öffnet Ihr Verleger die Mail und klickt auf den angezeigten Link, kann er den Roman von Ihrem *Dropbox*-Speicher herunterladen.

TIPP

Es empfiehlt sich der Übersichtlichkeit halber, die zum Download freigegebenen Dateien im `Public`-Ordner zu speichern. Möchten Sie nun den Zugriff auf die Datei rückgängig machen, entfernen Sie sie einfach aus dem `Public`-Ordner.

Dropbox bietet diesen Client auch für Android- oder iPhone-Smartphones und Tablets an. Dies ermöglich es Ihnen, Fotos, die Sie mit Ihrem Smartphone geschossen haben, bei bestehender Internetverbindung gleich online zu speichern und den knappen Speicherplatz auf dem mobilen Gerät zu schonen. Oder Sie laden den Roman auf Ihr Tablet und bearbeiten ihn dort weiter.

8.5 Speicherriese: Magentacloud

https://cloud.telekom-dienste.de/

Auch wenn Sie kein Kunde der Telekom sind, stellt der größte deutsche Telefonanbieter Ihnen 10 GB Speicherplatz zur Verfügung. Als Telekom-Kunde sind es sogar 25 GB. Das reicht, um sehr viele Urlaubsfotos online zu sichern.

Eine Clientsoftware wie bei der *Dropbox* gibt es allerdings nicht. Sie können aber ganz einfach mit Hilfe des Webbrowsers auf Ihre Dateien zugreifen. Geben Sie *https://webdav.magentacloud.de* in die Adresszeile ein und nach Abfrage von Benutzername und Passwort sehen Sie Ihre Dateien. Diese können Sie per Drag & Drop lokal auf Ihrem Computer speichern, per rechtem Mausklick teilen und vieles mehr.

Komfortabler ist es allerdings, den Cloudspeicher direkt in Ihre Dateiverwaltung *Nemo* einzubinden. Hierzu klicken Sie auf DATEI | MIT SERVER VERBINDEN. Wählen Sie als Server-Typ SICHERES WEBDAV (HTTPS). Nun geben Sie als Serveradresse `davs://IHREEMAILADRESSE@webdav.magentacloud.de` ein. Das Kennwort wird dann beim Zugriff jedesmal erneut abgefragt.

Vielleicht möchten Sie Ihre Zugangsdaten nicht bei jedem Zugriff auf Ihre online gespeicherten Dateien eingeben. Dann können Sie das Online-Mediencenter mit ein bisschen Handarbeit auch direkt ins lokale Datensystem einhängen. Das ermöglicht es Ihnen, Ihren Cloudspeicher wie eine Festplatte zu nutzen, also Backups anzulegen, Dateien hin- und herzukopieren, ohne jedes Mal das Passwort eingeben zu müssen.

Zuerst installieren Sie *davfs2*, ein Programm, das es ermöglicht, WebDAV-Speicher als lokales Dateisystem zu installieren und einzuhängen. Am einfachsten geht dies mit Hilfe des Terminals: Hier geben Sie folgende Befehle ein:

```
sudo apt-get install davfs2

sudo chmod u+s /usr/sbin/mount.davfs

sudo usermod -a -G davfs2 IHR BENUTZERNAME
```
(hier kommt Ihr Linux-Benutzername hin)

Nun erstellen Sie ein neues Verzeichnis namens `Mediencenter`.

Dies können Sie mit Hilfe der Dateiverwaltung *Nemo* tun, indem Sie zuerst auf PERSÖNLICHER ORDNER klicken, und hier auf DATEI | NEUER ORDNER ERSTELLEN. Benennen Sie den Ordner `Mediencenter`.

Als nächstes geht es darum, eine Datei namens `/etc/fstab` zu bearbeiten: Wenn Sie dies mit Hilfe von *Nemo* machen möchten, müssen Sie sich zuerst Systemadministratorenrechte zur Bearbeitung des Ordners beschaffen. Dazu klicken Sie mit der rechten Maustaste auf den Ordner `/etc` und wählen ALS SYSTEMVERWALTER ÖFFNEN.Klicken Sie mit der rechten Maustaste auf die Datei FSTAB und wählen Sie aus dem Kontextmenü MIT EDITOR BEARBEITEN. Nun öffnet sich die ganz einfache Textverarbeitung gedit und hier tragen Sie ganz am Ende der Textdatei

```
https://webdav.mediencenter.t-online.de/ /home/IHR BENUTZERNAME/
Mediencenter davfs rw,noauto,user 0 0
```

ein.

Speichern Sie die Datei und schließen Sie den Editor.

Nun legen Sie eine Datei mit dem Namen `secrets` im Verzeichnis `/.davfs2` an, die gleich mit Zugriffsrechten versehen und bearbeitet wird:

```
cd ~

mkdir ~/.davfs2

touch ~/.davfs2/secrets

chmod 600 ~/.davfs2/secrets
```

Sie bearbeiten diese Datei mit *Nemo* und DATEI MIT DEM EDITOR BEARBEITEN.

Nun öffnet sich wieder der Texteditor und Sie fügen folgendes ein:

```
/home/IHR BENUTZERNAME/Mediencenter anmeldung@t-online.de
PASSWORT (hier kommt Ihr Passwort hinein, mit dem Sie sich bei
der Telekom-Cloud anmelden)
```

Speichern Sie und schließen Sie den Editor.

Als nächstes kopieren Sie die Datei `davfs2.conf` aus dem Verzeichnis `/etc/davfs2` in das Verzeichnis `/.davfs2`.

Auch diese Datei wird nun bearbeitet. Im Texteditor suchen Sie in der Abteilung `WebDAV Related Options` die Zeilen, die folgenden Text enthalten, und entfernen die # am Anfang der Zeilen. Außerdem tragen Sie die Ziffern `0` oder `1` entsprechend der Anleitung ein.

```
use_locks 0

if_match_bug 1

cache_size 1 # MiByte

table_size 4096

delay_upload 1

gui_optimize 1
```

Speichern Sie die Veränderungen und fahren Sie den Computer herunter.

Nach einem Neustart finden Sie in *Nemo* unter GERÄTE einen neuen Eintrag: MEDIENCENTER. Dieser hat eine kontinuierliche Verbindung zu Ihrem Cloudspeicher und Sie können den Speicher gleich einer lokalen Festplatte nutzen.

8.6 Microsoft OneDrive

https://onedrive.live.com

Der Marktführer für Betriebssysteme aus Redmond bietet selbst einen Cloudspeicher an, den Sie auch mit Mint uneingeschränkt nutzen können. In der kostenlosen Grundversion stehen Ihnen 5 GB Speicherplatz zur Verfügung. Da Microsoft und seine Firmenpolitik der natürliche Gegner von Linux ist, wird wohl eher die Hölle zufrieren, als dass jemals ein Linux-Mint-Client angeboten werden wird.

Dennoch ist der Speicherplatz über den Webbrowser jederzeit erreichbar. Über die Sicherheit des Speicherplatzes kann man keine sichere Aussage treffen.

8.7 Verschlüsselt: TeamDrive

http://www.teamdrive.com/de/home.html

Teamdrive ist ein deutscher kommerzieller Anbieter für Onlinespeicher, der 2 GB Speicherplatz kostenlos anbietet. Können Sie weitere Nutzer gewinnen, winken Ihnen 250 MB zusätzlicher Speicher. *TeamDrive* stellt einen Linux-Client *Teamdrive 3* zur Verfügung, den Sie von der Webseite herunterladen und installieren können. Alle Dateien werden von der Software vor dem Hochladen auf die Server mit dem Chiffre AES-256 verschlüsselt, was dazu führte, dass die Software mit dem Datenschutzgütesiegel des Landes Schleswig-Holstein ausgezeichnet wurde. *Teamdrive* legt einen eigenen Ordner ähnlich wie die *Dropbox* an, der über mehrere Systeme, also PC, Smartphone, Laptops, synchron gehalten wird.

8.8 Sicher: Seafile

https://seafile.de

Der deutsche Anbieter *Seafile* erregte im Juni 2016 Aufmerksamkeit, als er der Aufforderung des US-Bezahlservices *PayPal* eine Absage erteilte, Nutzerdaten preiszugeben. *PayPal* drohte mit Kontosperrung, *Seafile* kündigte die Nutzung eines alternativen Bezahlservices an. *Seafile* stellt zurzeit 2 GB kostenlosen Speicherplatz zur Verfügung. Dabei wird auch ein Open-Source-Client-Programm angeboten, das von der Website heruntergeladen und installiert werden muss.

Im Unterschied zu den anderen hier vorgestellten Clients wird kein Ordner oder Laufwerk erstellt, der bzw. das online gespeichert wird, sondern Sie können als Nutzer selbst bestimmen, welche Ordner oder Dateien online gespeichert werden sollen.

8.9 Eine Alternative: Spideroak

https://spideroak.com

Einen Dienst, den ich nur noch kurz vorstellen möchte, ist *Spideroak*. Der Anbieter, der Ihnen 2 GB kostenlosen Festplattenspeicher zur Verfügung stellt, wirbt mit maximaler Sicherheit, da die Dateien beim Upload verschlüsselt werden. Da der Server Ihr Passwort nicht im Klartext speichert, ist ein unbefugter Zugriff zuerst einmal nicht möglich. Allerdings befindet sich der Sitz des Unternehmens in den USA, sodass amerikanisches Recht gilt und ein Schutz der Inhalte vor dem interessierten Blick der US-Behörden nicht gegeben ist.

Die Installationsdatei für den Client laden Sie von der Internetseite des Anbieters *https://spideroak.com/opendownload/* herunter. Es handelt sich um eine .deb-Datei, die sich automatisch mit *GDebi* installieren lässt.

Danach installiert sich ein Icon, mit dessen Hilfe Sie alle Einstellungen vornehmen können. Die Handhabung ist identisch mit *Dropbox* etc.

Kapitel 9

LibreOffice, das Heimbüro

Ziel des Kapitels

- Sie lernen die wichtigsten Anwendungen und Möglichkeiten dieses Office-Paketes kennen.

Schritte zum Erfolg

- *LibreOffice* anpassen und einstellen
- Erweiterungen laden
- Die Textverarbeitung *Writer* kennenlernen
- Die Tabellenkalkulation *Calc* kennenlernen
- Das Präsentationsprogramm *Impress* kennenlernen
- Das Grafikpaket *Draw* kennenlernen

9.1 LibreOffice, die Microsoft-Office-Alternative?

Mitte der 1990er-Jahre betrat *StarOffice*, eine Office-Version der Hamburger Entwicklerfirma Star Division, den Markt, um dem übermächtigen, aber sehr teuren Office-Paket von Microsoft Paroli zu bieten. *StarOffice* war sehr bald auf mehreren Betriebssystemen, also auch unter Linux, lauffähig. Nach Aufkäufen durch Sun Microsystems und Oracle wurde der im Jahre 2000 freigegebene Quellcode von der 2010 gegründeten Organisation *The Document Foundation* übernommen. Diese Stiftung fördert und koordiniert die Weiterentwicklung des Office-Pakets und beteiligt sich an der Weiterentwicklung des offenen Dateiformatstandards *OpenDocument*. *LibreOffice* ist standardmäßig als Büropaket bei Linux Mint in allen Versionen installiert und liegt nun in der Version 5.1 vor.

LibreOffice bietet nicht ganz den Funktionsumfang von *Microsoft Office*, eingedenk der Statistik, dass 95% aller Benutzer 5% der Office-Funktionen nutzen, ist der Umfang jedoch mehr als ausreichend. Die wichtigste Eigenschaft von *LibreOffice* ist die derzeit maximale Kompatibilität mit Microsoft-Produkten. Das heißt, Dateien, die mit dem einen Office-Programm erstellt wurden, können mit dem anderen Programm hervorragend gelesen und weiterverarbeitet werden.

TIPP

Bevor Sie starten: Da die installierten Schriften nicht dieselben sind wie unter *Microsoft Office*, werden Dokumente oft ein wenig verfälscht dargestellt. Installieren Sie den *ttf-mscorefonts-installer*, ein kleines Programm, das die gewünschten und fehlenden Schriftarten aus dem Internet herunterlädt und installiert, mit Hilfe der Synaptic Paketverwaltung.

HINWEIS

Sollten Sie das deutsche Sprachpaket noch nicht installiert haben, wird es jetzt Zeit, dies zu tun, ansonsten bleibt die Sprache der Menüs, aber auch der Rechtschreibprüfung, Englisch. Installieren Sie die Sprach-Module unter *Einstellungen / Sprachen*.

Natürlich kann man alleine über dieses Programm Bücher verfassen, die den Umfang dieses Buches hier bei weitem sprengen würden. Daher muss ich mich auf die allereinfachsten Funktionsbeschreibungen beschränken.

TIPP

Eine detaillierte Einführung in dieses enorm vielseitige Programmpaket erhalten Sie durch das in diesem Verlag erschienene Buch *LibreOffice 5* von Winfried Seimert (ISBN 978-3-95845-215-2).

9.2 LibreOffice starten

Nach der Installation von Linux Mint finden Sie im Startmenü unter dem Menüpunkt BÜRO Symbole für für die einzelnen Programmteile: *Base*, *Calc*, *Draw*, *Writer*, *Math* und *Impress* als die am häufigsten genutzten Anwendungen. Sie können eine Anwendung starten, indem Sie auf das entsprechende Symbol klicken. Alternativ können Sie auch das *Start-Center*, die Oberfläche für das gesamte *LibreOffice*-Paket, starten.

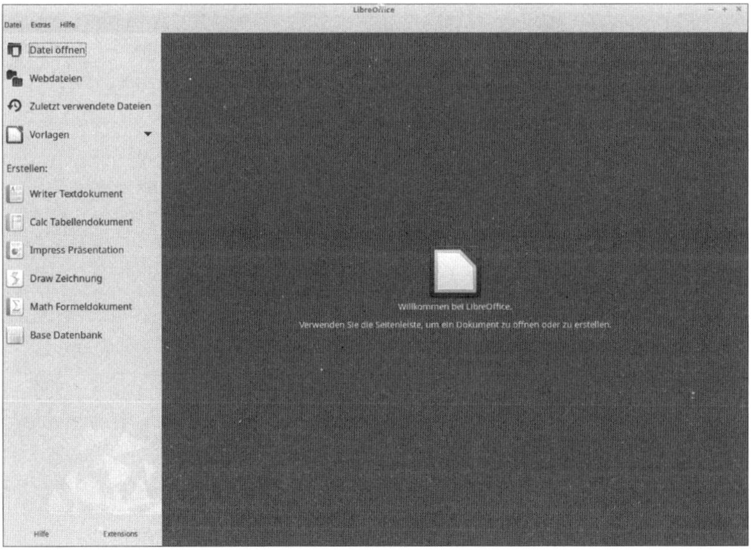

Abb. 9.1: Das *Start-Center* von *LibreOffice*

Klicken Sie nun auf den Bereich, mit dem Sie arbeiten wollen.

9.3 LibreOffice anpassen

Wie die meisten Anwendungen, so ist auch *LibreOffice* durch den Benutzer sehr genau an seine eigenen Bedürfnisse anzupassen. Einige Einstellungen, die alle Module von *LibreOffice* betreffen, stellt man im *Start-Center* ein. Um den Dialog Optionen zu öffnen, klicken Sie bitte auf Extras | Optionen und die Übersicht über alle einstellbaren Optionen erscheint. Auch wenn diese sehr unübersichtlich und unverständlich erscheint, keine Sorge: Die meisten Einstellungen braucht man im Normalfall nicht zu verändern.

Einstellen sollten Sie allerdings Ihre persönlichen Daten. Alle Komponenten speichern die Daten des Verfassers, wie z. B. den Vor- und Nachnamen, unsichtbar in den Dokumenten ab. Ebenso können Sie z. B. eine Briefvorlage nach DIN benutzen und *LibreOffice* trägt Ihren Namen und Anschrift als Absenderangaben an die dafür vorgesehene Stelle ein. Ihre Benutzerdaten tragen Sie unter dem gleichnamigen Reiter ein.

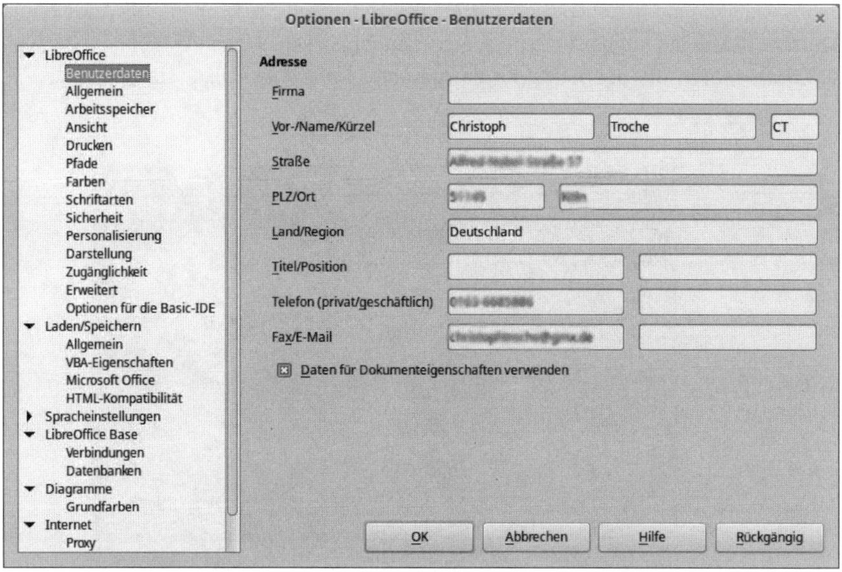

Abb. 9.2: Benutzerdaten können hier eigegeben werden.

Überprüfen Sie gegebenenfalls, ob die Pfade, in denen die Dokumente gespeichert werden sollen, so korrekt sind. Befinden Sie sich innerhalb eines Netzwerkes und die Dateien sollen auf einem zentralen Server gespeichert werden, können Sie hier Ihre Einstellung vornehmen.

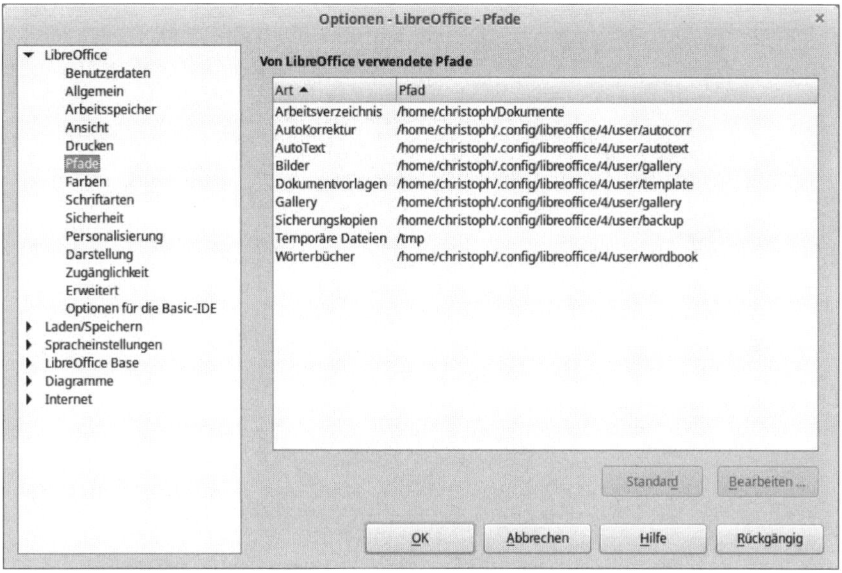

Abb. 9.3: Einstellung der Pfade

Die letzte Option, die Sie überprüfen sollten, sind der Bereich der SPRACHEINSTELLUNGEN. Schauen Sie bitte nach, ob die gewünschten Spracheinstellungen geladen sind. Im Untermenü LINGUISTIK finden Sie noch weitere Einstellungen zum Thema SILBENTRENNUNG, THESAURUS und RECHTSCHREIBUNG, die Sie Ihren Wünschen anpassen können. Diese Einstellungen sind selbsterklärend.

Es wirkt ein wenig unlogisch, dass die Einstellungen, die das Arbeiten an sich betreffen, unter dem Menüpunkt EXTRAS | ANPASSEN zu finden sind. Hier passen Sie die Inhalte der Menüs und der Symbolleisten an Ihre Bedürfnisse an. Sie können Menüs und Symbolleisten neu erstellen, verändern und löschen.

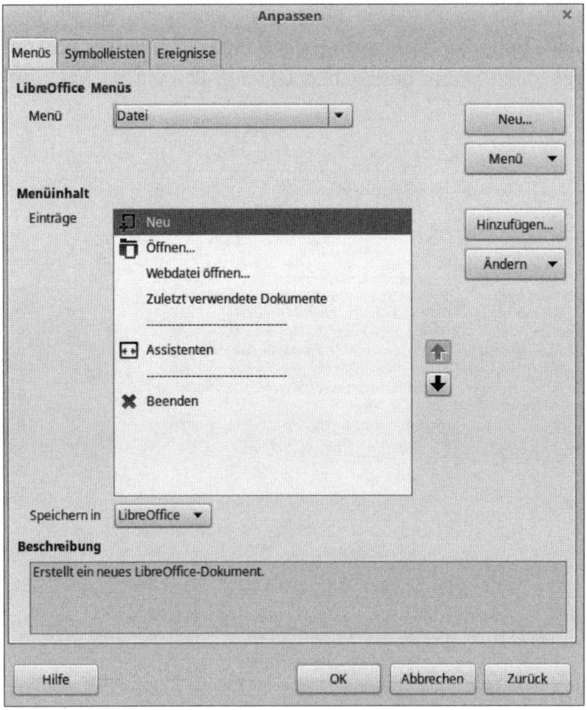

Abb. 9.4: Hier können Sie gegebenenfalls Ihre Menü- und Symbolleisten anpassen.

LibreOffice wird zunächst noch mit einigen wenigen Dokumentvorlagen ausgeliefert. Eventuell haben Sie aber bereits welche mit *Microsoft Office* erstellt und gespeichert. Wenn Sie diese Dokumentvorlagen nutzen möchten, müssen Sie sie zuerst in *LibreOffice* importieren.

TIPP

Dokumentvorlagen sind ein sehr hilfreiches Tool, um einheitlich gestaltete Dokumente, z.B. Briefe, Lebensläufe, Faxe, Protokolle, Broschüren und vieles mehr zu gestalten. Alle Formatierungen sind bereits erstellt, der Benutzer muss nur noch den Text eintragen.

Diesen Assistenten zum Import starten Sie ebenfalls direkt aus dem *Startcenter* heraus. Klicken Sie dazu auf DATEI | ASSISTENTEN | DOKUMENTEN-KONVERTER.

Abb. 9.5: Der DOKUMENTEN-KONVERTER wandelt Ihre *Microsoft*-Dokumentvorlagen in *LibreOffice*-Vorlagen um.

Wenn Sie nur die Vorlagen importieren möchten, setzen Sie das Häkchen in die oberen Kästchen und suchen unter IMPORTIEREN VON den Datenträger, auf dem Sie Ihre Dokumentvorlagen beim Sichern (Kapitel 3) gespeichert haben.

WEB

Sollten Sie noch keine Vorlagen haben, aber solche gerne nutzen wollen, finden Sie eine große Auswahl unter *http://templates.libreoffice.org/*, diese werden nach dem Herunterladen in Ihrem Download-Ordner gespeichert. Ebenso finden Sie Tausende von kostenlosen Microsoft-Office-Vorlagen, die Sie nach dem obigen Muster einfach importieren können.

9.4 Textverarbeitung LibreOffice Writer

Writer ist die Textverarbeitungskomponente von *LibreOffice*. Es bietet die üblichen Funktionen einer Textverarbeitung wie Rechtschreibprüfung, Thesaurus, Silbentrennung, Autokorrektur, Suchen und Ersetzen, automatische Erzeugung von Inhaltsverzeichnissen und die Erstellung von Indizes oder Serienbriefen.

Nach dem Starten sehen Sie die *Writer*-Oberfläche.

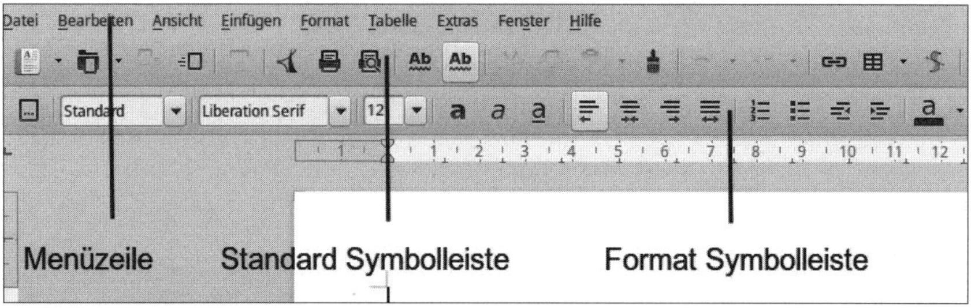

Abb. 9.6: *Writer* Oberfläche

9.5 Menüleiste

Die Menüleiste ist am oberen Rand des *LibreOffice*-Fensters zu finden. Wenn Sie eines der nachfolgenden Menüs auswählen, öffnet sich ein Untermenü mit weiteren Einträgen.

- DATEI: Enthält Befehle, die das ganze Dokument betreffen wie z. B. ÖFFNEN, SPEICHERN und der PDF-EXPORT.
- BEARBEITEN: Enthält Befehle, die für das Bearbeiten des Dokumentes nützlich sind, wie RÜCKGÄNGIG oder SUCHEN & ERSETZEN. Dieses Menü enthält außerdem Befehle zum AUSSCHNEIDEN, KOPIEREN und EINFÜGEN von ausgewählten Teilen des Dokuments.
- ANSICHT: Enthält Befehle für die Steuerung der Anzeige des Dokuments wie MASSSTAB und WEB-LAYOUT.
- EINFÜGEN: Enthält Befehle zum Einfügen von ANSICHT: Enthält Befehle für die Steuerung der Anzeige des Dokuments wie MASSSTAB und WEB-LAYOUT. Elementen in das Dokument wie z. B. Kopfzeilen, Fußzeilen und Bilder.
- FORMAT: Enthält Befehle, die für die Formatierung des Dokumentes nützlich sind, sowie die Autokorrektur.
- TABELLE: Zeigt Befehle für das Bearbeiten einer Tabelle in einem Textdokument an.
- EXTRAS: Enthält die Grammatik- und Rechtschreibprüfung sowie das Optionsmenü und die Möglichkeit zur Anpassung der Symbolleisten.

- Fenster: Enthält eine Übersicht aller offenen Fenster und eine Möglichkeit, das aktuelle Fenster zu schließen.
- Hilfe: Enthält Links zu den *LibreOffice*-Hilfedateien sowie Informationen über *LibreOffice* selbst.

Wie ich oben beschrieben habe, sind die Inhalte der Menüleiste bearbeitbar.

9.6 Symbolleisten

Die *Haupt-* oder *Standard-Symbolleiste* ist die oberste Leiste. Sie ist in allen *LibreOffice*-Komponenten gleich. Hier werden die häufigsten Menübefehle als Icon angezeigt. Dies funktioniert zwar intuitiv, das Bildchen eines Druckers bedeutet, dass ein Dokument gedruckt werden soll, ist aber vielleicht doch nicht immer auf Anhieb verständlich. Halten Sie den Mauszeiger einen Moment auf das Icon, um zu erfahren, welcher Befehl sich dahinter verbirgt.

Abb. 9.7: Die Standard-Symbolleiste ist bei allen *LibreOffice*-Komponenten gleich.

Die zweite Symbolleiste von oben ist die *Formatleiste*. Diese ist kontextabhängig und zeigt die am besten geeigneten Werkzeuge für das jeweils ausgewählte Element an. Klickt man zum Beispiel eine Grafik an, werden Grafik-Bearbeitungswerkzeuge angezeigt, bei Text entsprechend Werkzeuge zur Textformatierung. Den Inhalt der Symbolleisten können Sie ebenfalls, wie oben beschrieben, anpassen.

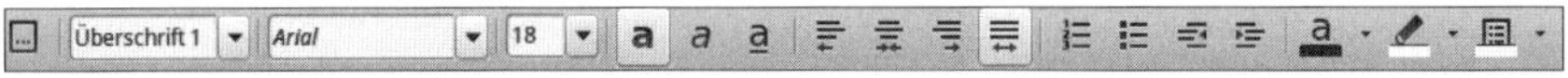

Abb. 9.8: Klicken Sie eine Grafik innerhalb eines Dokumentes an, verändert sich die Symbolleiste und bietet Tools zur Bearbeitung der Grafik.

9.7 Statusleiste

Die *Statusleiste* befindet sich am unteren Rand des Fensters. Sie enthält Informationen über das jeweilige Dokument und bietet eine einfache Möglichkeit, einige Einstellungen für das Gesamtdokument zu ändern.

9.8 Ein neues Dokument erstellen

Es gibt mehrere Möglichkeiten, ein leeres Dokument zu erstellen.

- Wenn bei gestartetem *LibreOffice* noch kein Dokument geöffnet worden ist (z. B. wenn Sie alle Dokumente geschlossen, aber *LibreOffice* nicht beendet haben), wird das *Start-Center* angezeigt (siehe Abbildung 9.1). Um ein neues Dokument zu erstellen, klicken Sie auf eines der Symbole. Wenn Sie auf das Symbol VORLAGEN klicken, wird ein neues Dokument mit den Einstellungen der gewählten Vorlage erstellt.
- Benutzen Sie die Pfeiltaste direkt neben der NEU-Schaltfläche auf der Standard-Symbolleiste. In der erscheinenden Auswahlliste können Sie die Art des neuen Dokumentes auswählen.
- Drücken Sie die Tastenkombination [Strg] + [N].
- Über den Assistenten: Die dort angebotenen Auswahlmöglichkeiten sind selbsterklärend (z. B. Erstellung eines Briefes oder Faxes).

9.9 Ein Dokument öffnen

Wenn kein Dokument geöffnet ist, bietet das *Start-Center* ein Symbol für das Öffnen eines vorhandenen Dokuments an. Des Weiteren können Sie über einen Klick auf das Dreieck am rechten Rand der Schaltfläche die Liste der zuletzt bearbeiteten Dokumente aufklappen.

Sie können ein vorhandenes Dokument auch auf einem der folgenden Wege öffnen: Starten Sie *Writer* und

- wählen Sie DATEI | ÖFFNEN.
- klicken Sie auf die Schaltfläche ÖFFNEN auf der Haupt-Symbolleiste.
- drücken Sie [Strg] + [O] auf der Tastatur.

Wählen Sie die gewünschte Datei und klicken Sie dann auf die Schaltfläche ÖFFNEN. Wenn bereits ein weiteres Dokument in *LibreOffice* geöffnet ist, wird das zweite Dokument in einem neuen Fenster geöffnet.

Im Dialog ÖFFNEN können Sie die Liste der Dateien durch Angabe der Art der Datei, die Sie suchen, einschränken. Wenn Sie zum Beispiel Textdokumente als Dateityp auswählen, sehen Sie nur Dokumente, die *Writer* öffnen kann.

9.10 Rechtschreib- und Grammatikprüfung

Writer bietet eine Rechtschreibprüfung, die auf zwei verschiedene Arten genutzt werden kann.

Die *automatische Rechtsschreibprüfung* überprüft Ihre Eingaben beim Tippen automatisch auf Rechtschreibfehler und markiert Wörter, die möglicherweise falsch geschrieben sind, mit einer roten Wellenlinie.

Sie können aber auch eine *manuelle Rechtschreibprüfung* durchführen lassen, indem Sie die Maus an einer beliebigen Stelle platzieren und EXTRAS | RECHTSCHREIBUNG UND GRAMMATIK aufrufen. *LibreOffice* überprüft jetzt Ihr Dokument und bietet bei möglichen Fehlern Verbesserungsvorschläge an.

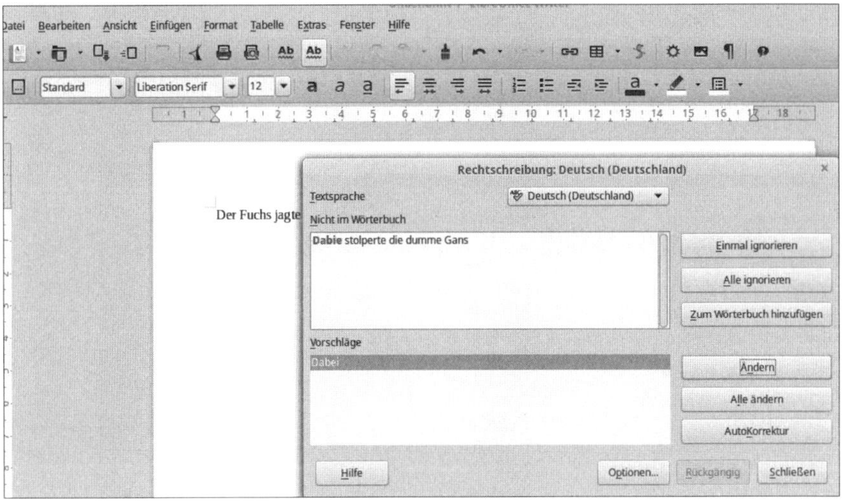

Abb. 9.9: Die Rechtschreibprüfung: Das Wort *Dabie* wird als möglicher Fehler erkannt und angezeigt.

Rechts erkennen Sie Ihre Möglichkeiten: Sie können den Verbesserungs-Vorschlag ignorieren, einen der Vorschläge annehmen oder das gegen Ihre Absicht als falsch erkannte Wort in Ihr Wörterbuch aufnehmen.

Darüber hinaus können Sie einzelne, mit einer Wellenlinie markierte Wörter überprüfen lassen, um Korrekturvorschläge zu erhalten. Wenn Sie ein Wort aus der Vorschlagliste für die Korrektur auswählen, dann ersetzt dieses das Wort in Ihrem Text.

TIPP

Ihr Wörterbuch ist übrigens lernfähig: Nicht der komplette Wortschatz findet sich in den eingesetzten Wörterbüchern. Fügen Sie ein als falsch markiertes, aber richtiges Wort einfach zum Wörterbuch hinzu.

Die Funktion AutoKorrektur ermöglicht die automatische Korrektur von häufig vorkommenden Rechtschreib- und Tippfehlern. Z. B. wird *nciht* automatisch in *nicht* geändert, sofern diese Änderung in den Einstellungen der Funktion hinterlegt worden ist.

Abb. 9.10: Tippfehler, die immer wieder erscheinen, werden mit der AutoKorrektur ohne Ihr Zutun berichtigt.

Wenn Ihnen auffällt, dass Sie immer wieder die gleichen Tippfehler machen, können Sie diese zur Autokorrektur eintragen, Rufen Sie dazu den Menüpunkt FORMAT | AUTOKORREKTUR | OPTIONEN auf und wechseln Sie in das Register ERSETZUNG. Geben Sie im Feld KÜRZEL Ihren Tippfehler ein und im Feld ERSETZUNG die Korrektur. Diese Funktion ist standardmäßig eingeschaltet.

9.11 Ein Dokument schließen

Mit DATEI | SCHLIESSEN wird ein Dokument geschlossen. Alternativ können Sie auf das SCHLIESSEN-Symbol klicken. Wenn Sie mehr als ein *LibreOffice*-Fenster geöffnet haben, kann jedes Fenster separat geschlossen werden, während die anderen Fenster geöffnet bleiben. Wenn nur noch ein *LibreOffice*-Fenster geöffnet ist, haben Sie die Möglichkeit, *LibreOffice* ganz oder nur das Dokument zu schließen. In letzterem Fall bleibt *LibreOffice* geöffnet und das *Start-Center* wird angezeigt.

Falls das Dokument noch ungespeicherte Änderungen enthält, erscheint eine Warnung. Sie können dann wählen, ob Ihre Änderungen gespeichert oder verworfen werden sollen:

- SPEICHERN: Das Dokument wird gespeichert und dann geschlossen.
- VERWERFEN: Das Dokument wird ohne die Veränderungen geschlossen.
- ABBRECHEN: Nichts passiert und Sie kehren zum Bearbeiten in das Dokument zurück.

9.12 Ein Dokument als Word-Dokument speichern

Microsoft Word kann in Versionen vor 2010 das offene Format *.odt* nicht lesen. Daher sollten Sie, wenn Sie eine Textdatei anderen zum Lesen und Bearbeiten zugänglich machen wollen, diese im Word-Format abspeichern.

- Speichern Sie das Dokument aber erst als WRITER-DOKUMENT (.ODT).
- Wählen Sie erst dann über DATEI SPEICHERN UNTER... das Word-Format, das Sie verwenden möchten.

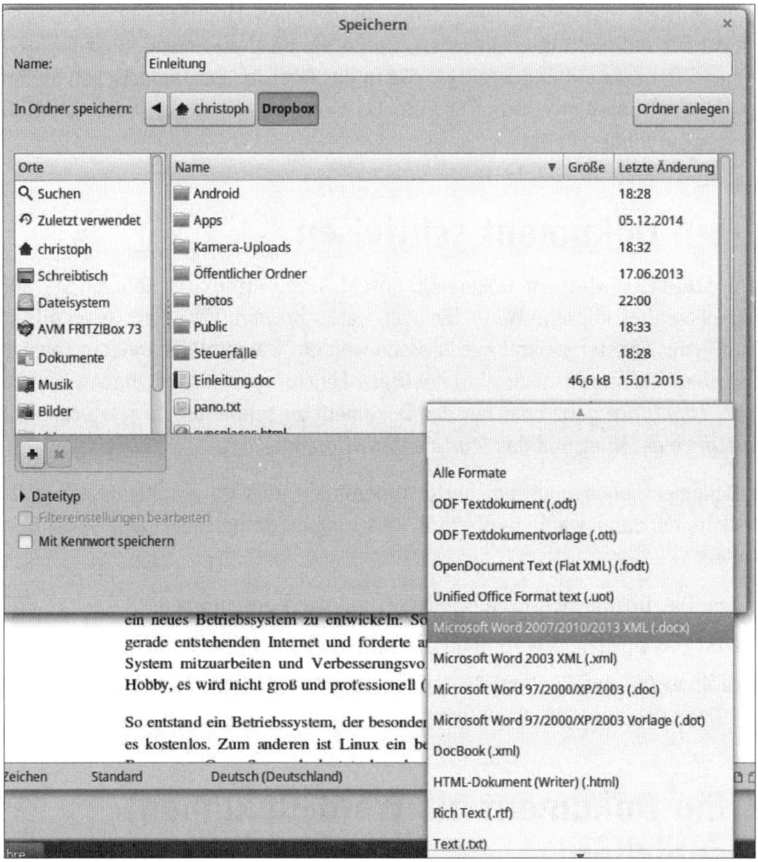

Abb. 9.11: Die Option Speichern unter... ermöglicht das Speichern in einer Vielzahl von Formaten.

9.13 Ein Inhaltsverzeichnis erstellen

Mit der Inhaltsverzeichnisfunktion in *Writer* können Sie ein automatisches Inhaltsverzeichnis aus den Überschriften in Ihrem Dokument erstellen. Bevor Sie beginnen, stellen Sie sicher, dass die Überschriften konsequent als solche formatiert sind. Zum Beispiel können Sie die Formatvorlage Überschrift 1 für Kapitel-Überschriften und die Formatvorlage Überschrift 2 für eine zweite, untergeordnete Überschriften-Ebene verwenden.

Das schnelle Erstellen eines Inhaltsverzeichnisses ist einfach:

Wenn Sie Ihr Dokument erstellen, verwenden Sie die folgenden Absatz-Formatvorlagen für verschiedene Überschrift-Ebenen (wie Kapitel- und Abschnitts-Überschriften): Überschrift 1, Überschrift 2, Überschrift 3 und so weiter. Diese werden dann in Ihrem Inhaltsverzeichnis angezeigt.

Setzen Sie den Cursor an die Stelle, an der das Inhaltsverzeichnis eingefügt werden soll.

Wählen Sie Einfügen | Verzeichnisse | Verzeichnisse...

Ändern Sie nichts im Dialog Verzeichnis einfügen. Klicken Sie auf OK.

Wenn Sie danach Text hinzufügen oder entfernen, sodass sich Überschriften evtl. auf andere Seiten verschieben, oder auch nach dem Hinzufügen, Löschen oder Ändern von Überschriften müssen Sie das Inhaltsverzeichnis aktualisieren.

Um dies zu tun, gehen Sie wie folgt vor:

- Platzieren Sie den Cursor in das Inhaltsverzeichnis.
- Klicken Sie mit der rechten Maustaste und wählen Sie aus dem Kontext-Menü den Eintrag Verzeichnis aktualisieren.

9.14 Rechnen mit Calc, der Tabellenkalkulation

Eine Tabellenkalkulation empfiehlt sich für den Normalanwender dort, wo er einfachere mathematische Aufgabenstellungen lösen möchte. Allerdings sind alle auf dem Markt befindlichen Tabellenkalkulationen mittlerweile so komplex, dass man ganz leicht dem Phänomen erliegt, dass der Computer Arbeit erspart, die man ohne den Computer gar nicht erst gehabt hätte. Man muss das Rad nicht neu erfinden – im Internet tummeln sich Tausende von vorgefertigten Tabellen, die alle vor allem eines tun: rechnen.

Ein Dokument aus einer Vorlage heraus erstellen

Ich möchte Sie gar nicht in die Tiefen der Tabellenkalkulation einführen, sondern Ihnen zeigen, wie Sie mit einer vorgefertigten Tabelle ein Haushaltsbuch führen. Da in der aktuellen Version von *LibreOffice* keine Vorlagen für eine Tabellenkalkulation mitgeliefert sind, müssen wir uns eine passende besorgen. Die bereits erwähnet Internetseite *http://templates.libreoffice.org* bietet eine Auswahl an Templates, also Vorlagen an. Laden Sie sich hier das *Personal Budget Template* herunter. Klicken

Sie auf Datei speichern. Sie finden diese Datei dann in Ihrem Ordner `Downloads`. Sie müssen sie danach allerdings noch in den Ordner kopieren, in dem *LibreOffice* nach den Vorlagen sucht. Dieser ist in den *Pfaden* (siehe Abbildung 9.3) eingestellt. Wenn Sie die Vorgaben hier belassen haben, handelt es sich dabei um den Pfad `Persönlicher Ordner /.config/libreoffice/4/user/template`. Um diesen Ordner zu finden, müssen zuerst die verborgenen Dateien sichtbar gemacht werden (Menü Ansicht | Verborgene Dateien sichtbar). Öffnen Sie also im Dateiverwaltungsprogramm *Nemo* eine zweite Leiste, indem Sie entweder die Taste F3 betätigen oder unter dem Menüpunkt Ansicht die Option Zusätzliche Leiste anklicken. Nun haben Sie eine Übersicht, die entfernt an den beliebten Norton Commander aus den 1990ern erinnert. In einer der beiden Fensterhälften öffnen Sie den `Download`-Ordner, in der anderen den Ordner, in dem sich die Vorlagen befinden. Dann ziehen Sie mit der linken, gedrückten Maustaste die Datei `personal-budget.ods` aus dem `Download`-Ordner in den `Template`-Ordner.

Starten Sie nun *Calc*, die Tabellenkalkulation, und laden Sie mit Datei | Neu | Vorlagen eine Auswahl, bei der die gespeicherten Vorlagen angezeigt werden. Klicken Sie nun auf Meine Vorlagen und der Eintrag Personal Budget erscheint. Ein weiterer Doppeklick öffnet die Vorlage.

Sie können die Vorlage auch laden, indem Sie das *LibreOffice*-Startfenster öffnen und die Vorlagenverwaltung starten. Sie finden die Vorlagenverwaltung, indem Sie auf den abwärts gerichteten Pfeil ▾ neben dem Menüpunkt Vorlagen klicken.

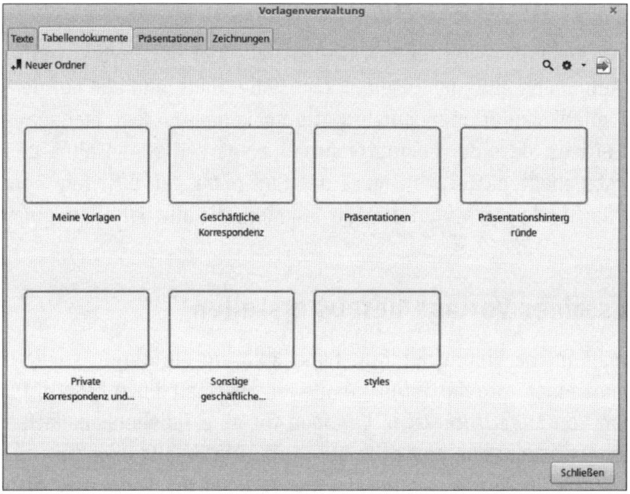

Abb. 9.12: Die Vorlagenverwaltung

Sie können nun Vorlagen importieren, indem Sie auf den kleinen blauen Pfeil rechts oben auf der Seite klicken. Sie werden auf die *LibreOffice*-Seite weiterleitet, wo Sie aus einer großen Auswahl von Vorlagen die besten herunterladen können. In erster Linie dient die Verwaltung allerdings dazu, bereits bestehende Vorlagen zu bearbeiten und sie an Ihre Bedürfnisse anzupassen.

Jetzt müssen Sie allerdings zuerst einmal feststellen, dass es sich um einen Budget-Rechner von 2014 handelt. Kein Problem.

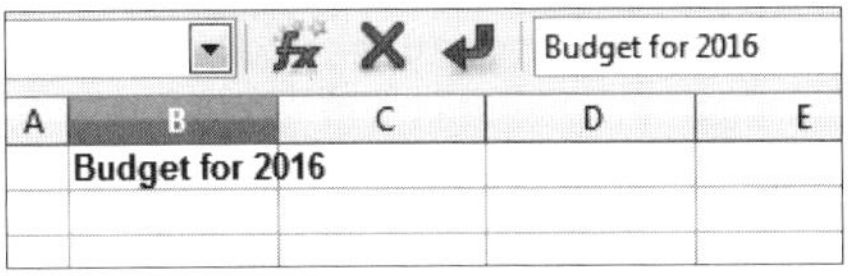

Abb. 9.13: Anpassung der Vorlage

Klicken Sie einmal auf das Feld B1. Dieses Feld finden Sie in der Zeile 1 und der Spalte B. Der schriftliche Eintrag »Budget for 2014« erscheint in der oben angelegten Schriftzeile. Korrigieren Sie hier zu 2016.

Ebenso werden Sie feststellen, dass die Währung in Dollar angegeben ist. Markieren Sie alle Felder mit dem Eintrag $0,00, indem Sie mit der linken Maustaste einmal in das Feld *C7* klicken und dann mit gedrückter Maustaste die komplette Reihe *7* entlangfahren. Die Reihenbezeichnungen finden Sie ganz links im Fenster. Alle Kästchen sollten nun markiert sein. Lassen Sie die Maustaste los und klicken Sie einmal mit der rechten Maustaste in das markierte Gebiet. Wählen Sie im Kontextmenü die Eintrag ZELLEN FORMATIEREN. Es erscheint folgender Dialog:

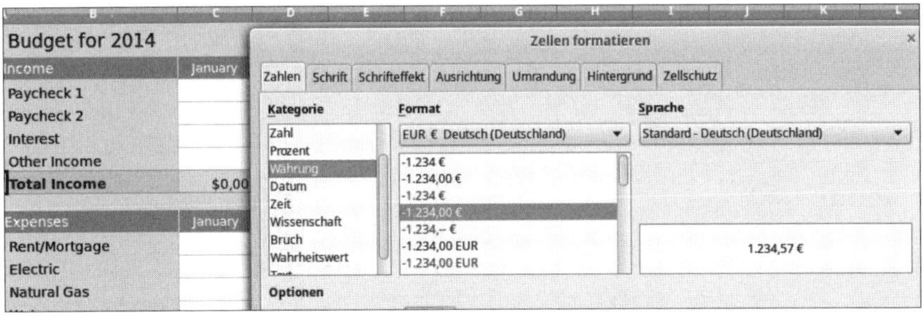

Abb. 9.14: Der Dialog zur Formatierung von Zellen

Hier wählen Sie WÄHRUNG und EURO DEUTSCH aus. Wiederholen Sie dies in den Zeilen 28 und 33 und 35. Das war es eigentlich schon. Speichern Sie die Datei jetzt unter einem

Namen, den Sie später wiederfinden können. Z.B. DATEI SPEICHERN UNTER | DOKUMENTE | HAUSHALTSKASSE.

9.15 Eindrucksvolle Präsentationen mit Impress

Vielleicht erinnern Sie sich auch an endlose Folienpräsentationen aus der Schulzeit, eng beschriebene Bleiwüsten mit dem Unterhaltungswert des Fernsehtestbildes. Präsentationsprogramme wie *Impress* haben die Overheadprojektorfolien als visuelles Präsentationsmedium längst abgelöst. Was früher einschläfernd und langweilig war, kann allerdings durch die mittlerweile enormen Gestaltungsmöglichkeiten von Folien leicht ins Gegenteil umschlagen und die bunten Präsentationen lassen den Inhalt manchmal in den Hintergrund treten. Ich möchte Ihnen daher eine einfache und effektive Möglichkeit vorstellen, Präsentationen zu erstellen, die weder Sie noch Ihr Publikum überfordern.

Starten Sie das Programm *Impress* oder – wenn Sie sich im *Start-Center* von *LibreOffice* befinden – klicken Sie auf den Button PRÄSENTATION.

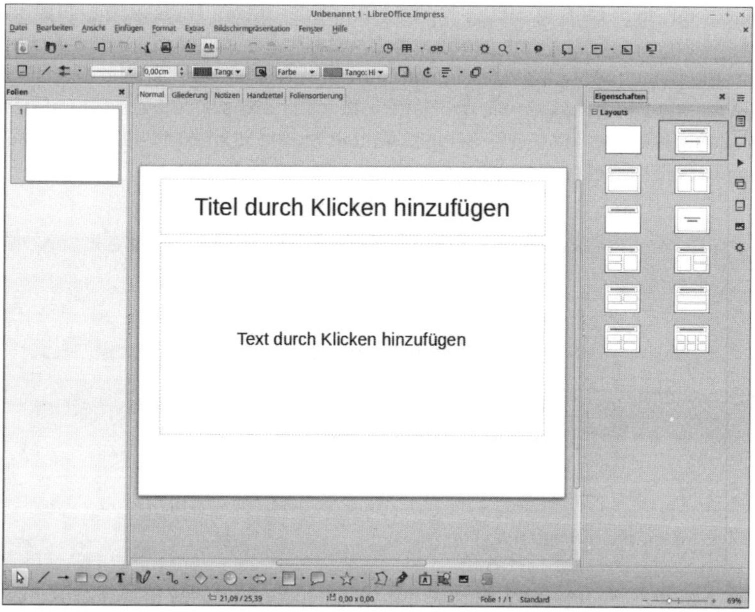

Abb. 9.15: Die Arbeitsoberfläche von *Impress*

Die Oberfläche von *Impress* ist wenig ermutigend, Sie wirkt sehr voll, aber erklärt sich fast von selbst: Ganz links finden Sie eine Voransicht auf bereits erstellte Folien, in der Mitte die Folie, die Sie gerade gestalten, und im rechten Drittel diverse Einstellungen wie Folienlayouts und Hintergründe.

TIPP

Sie können die Größe der einzelnen Bereiche verändern oder z. B. die Voransicht ganz verschwinden lassen, indem Sie auf das kleine Kreuz oben rechts in der Ecke klicken.

Ein Dokument mit Hilfe eines Assistenten erstellen

Für einen einfachen Einstieg bedienen Sie sich eines Assistenten, der das Erstellen einer Präsentation erleichtert. Den Assistenten finden Sie unter DATEI | ASSISTENTEN | PRÄSENTATION.

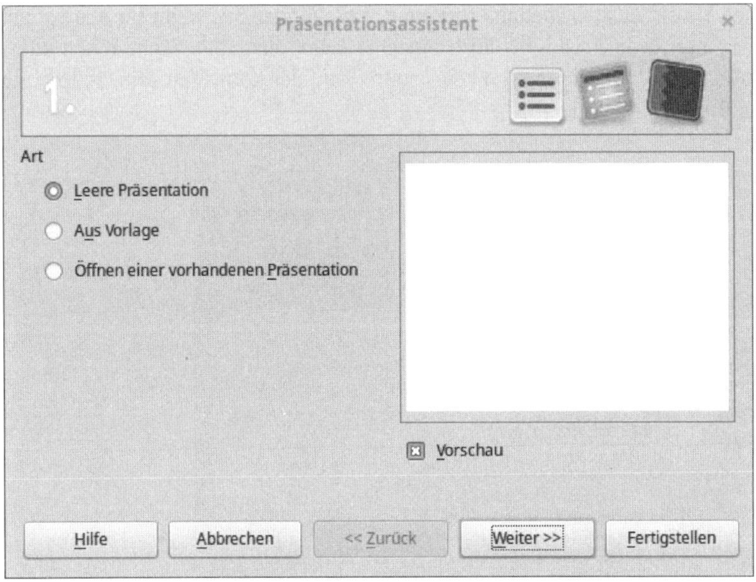

Abb. 9.16: Der Assistent zur Erstellung einer Präsentation

Wenn Sie bereits eine Formatvorlage haben, wählen Sie diese, ansonsten wählen Sie die Option LEERE PRÄSENTATION.

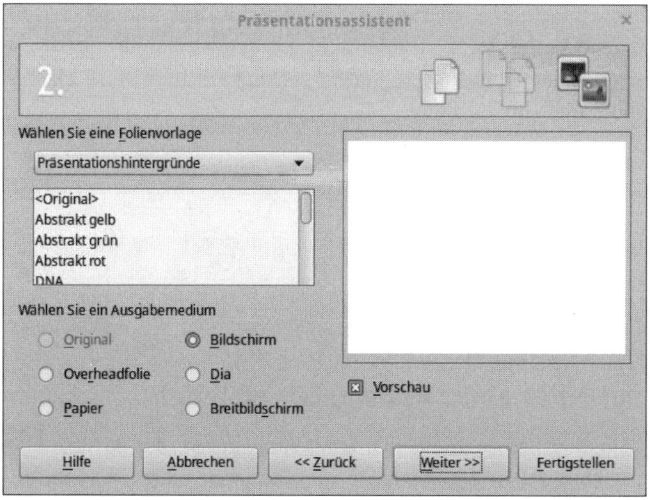

Abb. 9.17: Hier wählen Sie Folienhintergrund und Ausgabemedium.

Nun können Sie ein Ausgabemedium festlegen, z. B. können Sie, wenn Ihr Auditorium nicht über einen Beamer verfügt, auch einzelne Folien erstellen. Steht Ihnen allerdings ein Beamer zur Verfügung, und dies sollte wohl der Normalfall sein, sollten Sie diesen als Bildschirm definieren.

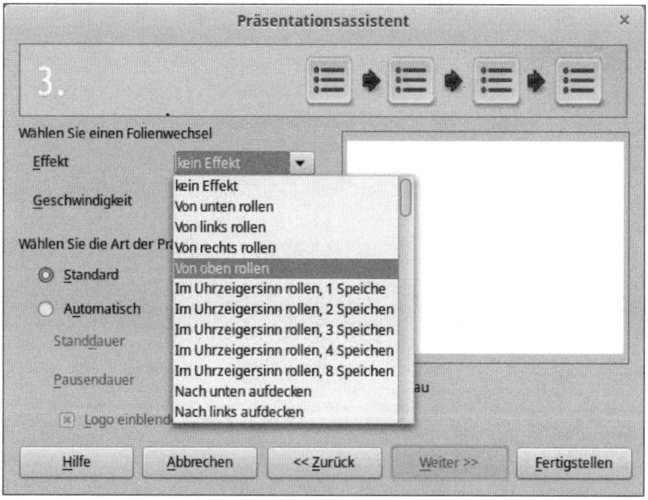

Abb. 9.18: Der dritte und letzte Teil des Assistenten

Hier legen Sie noch fest, wie und in welcher Geschwindigkeit die Folienwechsel erfolgen sollen. Jetzt haben Sie die wichtigsten Parameter festgelegt.

Wählen Sie jetzt im rechten Bereich den Reiter Layout. Der Hintergrund jeder einzelnen Folie ist zwar festgelegt, aber jede einzelne Folie verlangt eventuell eine eigene Gestaltung. Sie können nun Ihrer Kreativität freien Lauf lassen: Fügen Sie Bilder, Filme, Tabellen ein, indem Sie auf dieses Symbol klicken.

TIPP

Wenn Sie häufig mit Elementen arbeiten, die Sie aus anderen Anwendungen übernehmen – z. B. Fotos, Textpassagen, Tabellen –, sollten Sie sich überlegen, ob ein zweiter Monitor Ihnen hier hilfreich sein könnte. In dem einem wäre dann die Quellanwendung aktiv, z.B. eine Bildbearbeitung, im anderen *Impress*. Linux Mint gibt die Möglichkeit hierfür her, wie in Kapitel 4 beschrieben.

Im mittleren Bildabschnitt finden Sie hinter den Reitern eine Anzahl von Arbeitshilfen.

- Foliensortierung: Hier können Sie die erstellten Folien in eine andere Reihenfolge bringen.
- Gliederung: Erfasst die Überschriften der Folien und gibt dem Vortragenden einen Leitfaden über die erscheinenden Folien an die Hand.
- Notizen: Jede Folie wird auf einer Seite ausgedruckt, darunter bleibt Platz für Notizen.
- Handzettel: Hier stehen Ihnen Layouts zur Verfügung, mit denen Sie ein Handout für Ihre Zuhörer fertigen können.

Zum Speichern bietet Impress eine ganze Reihe von Optionen: Sie können die Präsentation nicht nur als *LibreOffice*-Datei, sondern auch im *HTML*- oder *PDF*-Format speichern, wenn Ihre Kollegen evtl. nicht über eine Präsentationssoftware verfügen. Oder Sie erstellen eine automatisch ablaufende Präsentation, die Sie als *Flash*-Film speichern und zum Beispiel auf einem Messestand als Hintergrundfilm immer wieder neu ablaufen lassen.

9.16 Diagramme erstellen mit Draw

Ob Sie eine schnelle Skizze oder eine komplexe Zeichnung benötigen, *Draw* gibt Ihnen die nötigen Werkzeuge an die Hand. Sehr typische Einsatzbereiche sind die Erstellung von Organigrammen und Flowcharts. Es ist mit *Draw* möglich, sehr einfache Diagramme sehr schnell zu erstellen, aber auch Zeichnungen mit der Einbindung von 3D-Objekten sind möglich. Im Wesentlichen erschließen sich dem Benutzer die Möglichkeiten von *Draw* fast von selbst.

Nachdem Sie *Draw* gestartet haben, erscheint eine aufgeräumte Arbeitsoberfläche:

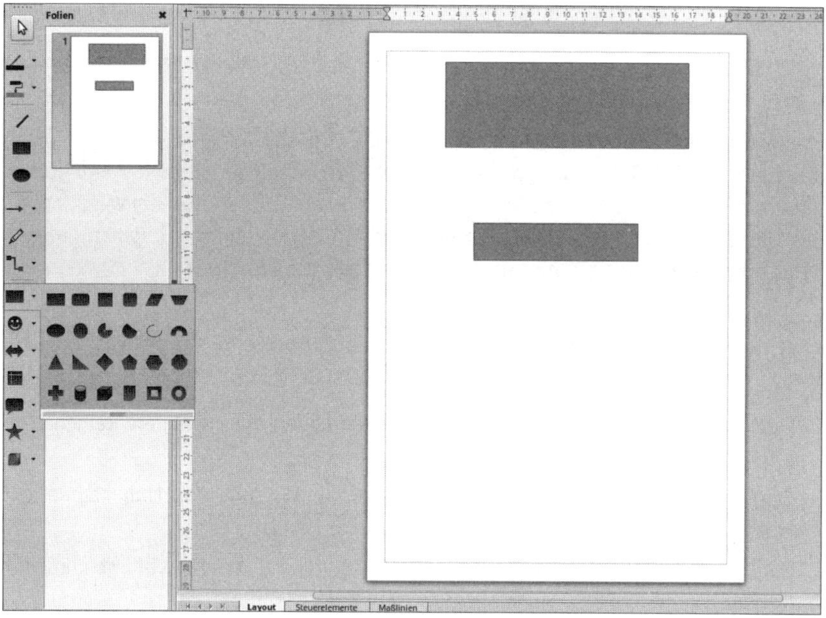

Abb. 9.19: Spartanisch: Die Arbeitsoberfläche von *Draw*

Am linken Bildrand erkennen Sie, in Abbildung 9.19 bereits aufgeklappt, eine Auswahl an Rechtecken und anderen Formen. Stellen Sie sich diese Rechtecke als Papptafeln vor, die Sie zu einem Organigramm auf eine große Unterlage heften wollen. Sie haben mehrere Formen zur Auswahl, es muss nicht immer zwingend ein Rechteck sein. Heften Sie nun diese Papptafeln an, indem Sie ein Modell auswählen und ungefähr an der richtigen Stelle mit der linken Maustaste aufziehen. Es muss nicht die endgültige Größe und Position sein, Sie können später alle Tafeln noch verschieben und in der Größe verändern. Möglicherweise empfiehlt es sich aus Gründen der Übersichtlichkeit, mehrere Farben zu verwenden, hinterlegen Sie also die Tafeln bunt. Dazu klicken Sie doppelt mit der linken Maustaste auf ein Feld, das auf diese Weise markiert wird. Halten Sie den Mauszeiger in das Feld und klicken Sie mit der rechten Maustaste. Im jetzt erscheinenden Menü wählen Sie zuerst die FLÄCHE... und dann die gewünschte Farbe.

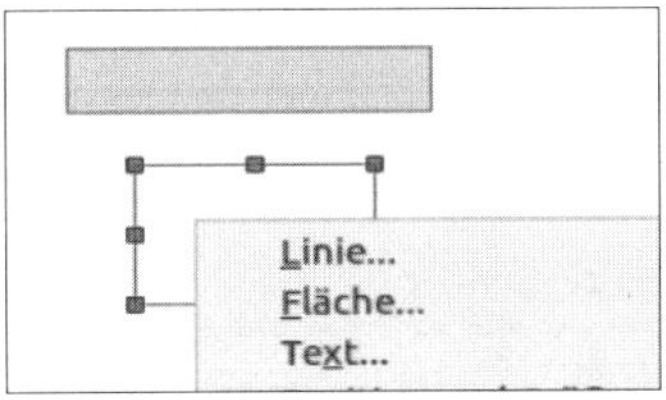

Abb. 9.20: Sie können die Hintergründe der Felder farbig gestalten

Würden Sie ein Flussdiagramm an einer echten Wand mit realen Papptafeln erstellen, würden Sie selbstverständlich etwas auf die Tafeln schreiben wollen. Der dicke Filzstift ist hier allerdings nicht nötig, geben Sie den Text einfach ein, indem Sie mit der linken Maustaste einmal in das Feld hinein klicken und dann auf das T in der Leiste am unteren Bildrand klicken. Jetzt können Sie Ihren Text in das Feld hineinschreiben. Selbstverständlich können Sie auch die Textgröße und die Schriftart formatieren. Markieren Sie den Text mit der linken Maustaste. Klicken Sie jetzt mit der rechten Maustaste einmal auf den Text und wählen Sie aus dem Menü den Punkt SCHRIFT. Hier können Sie bestimmen, wo innerhalb des Feldes die Schrift erscheinen soll. In der Formatleiste am oberen Bildrand wählen Sie Schriftart und Größe aus.

Vielleicht haben Sie in der Zwischenzeit eine Menge roter, gelber und grüner Karten beschrieben und an die virtuelle Wand gehängt.

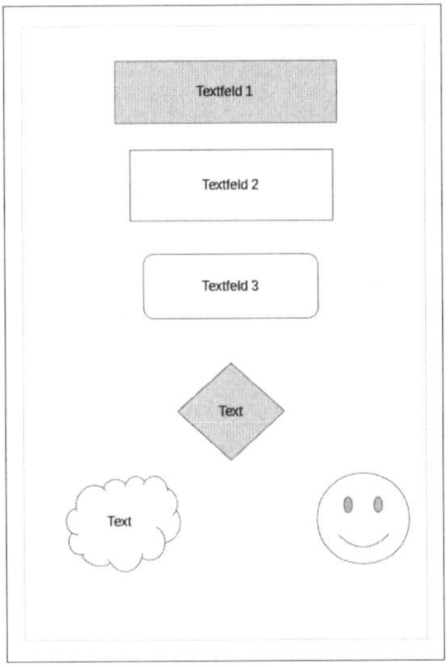

Abb. 9.21: *Draw* ist zuerst einmal nicht viel mehr als bunte, beschriftete Karten an einer Tafel.

Um einen Gedankenfluss darzustellen, verbindet man nun die gewünschten Felder miteinander. Hier hat der Wollfaden ausgedient, *Draw* stellt die Verbindungselemente natürlich zur Verfügung.

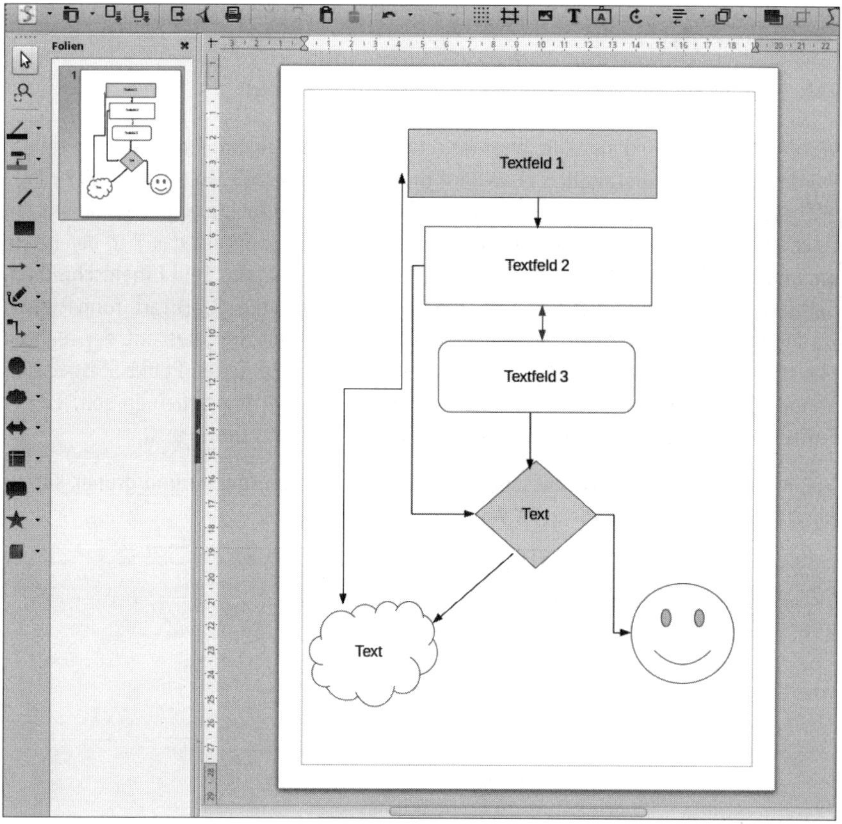

Abb. 9.22: Ein schnell erstelltes Flussdiagramm

Diese fertig erstelle Grafik können Sie unter dem *LibreOffice*-Format speichern, aber Sie können Ihr Dokument auch in nahezu jedes Grafikformat wie *BMP, GIF, JPEG, PNG, TIFF* und *WMF* exportieren. Aufgrund der sehr engen Verknüpfungen innerhalb von *LibreOffice* können Sie dieses Flowchart aber auch in ein Textdokument einbinden oder per Drag & Drop in eine *Impress*-Folie einfügen. Ihrer Kreativität sind keine Grenzen gesetzt.

Zur *LibreOffice*-Suite gehören noch zwei weitere Anwendungen, die Datenbank *Base* und der Formeleditor *Math*. Mit diesen Programmen möchte ich mich in diesem Rahmen allerdings nicht befassen. Datenbanken waren immer schon ein wenig das Stiefkind, schon bei *StarOffice*. Zu verschieden sind die Formate und viel zu komplex ist die Materie. Alleine über die Programmierung von SQL-Datenbanken, und dies ist nur eine von vielen Möglichkeiten, können 1000-seitige Bücher geschrieben werden.

Math hingegen ist ein so spezielles Programm, dass die wenigsten Leser jemals Bedarf danach haben werden.

Kapitel 10

Nicht nur Thunderbird und Firefox: Kommunikation mit Linux Mint

Ziel des Kapitels

- Sie ziehen mit Ihrem E-Mail-Account und den Browserdaten von Windows nach Linux Mint um.
- Sie lernen die wichtigsten Eigenschaften von *Thunderbird, Firefox* und den anderen Internet-Programmen kennen.

Schritte zum Erfolg

- Einrichten von *Thunderbird* und *K-Mail* sowie Transfer der Daten aus einem anderen E-Mail-Programm
- Einrichten von *Firefox* und Migration der Daten aus einer Windows-Umgebung
- Kennenlernen der Chatprogramme *Pidgin* und *HexChat*
- Kennenlernen von *Skype*, dem Programm für die Videotelefonie

10.1 Das bisher vorhandene E-Mail-Konto nutzen

Wenn Sie Linux Mint und Windows parallel betreiben, können Sie Ihre Windows-Umgebung mit minimalem Aufwand sehr viel sicherer gestalten, indem Sie von nun an Windows gar nicht mehr für Internetaktivitäten nutzen. Da Linux das sehr viel sicherere Betriebssystem für den Einsatz im Internet ist, wäre es doch sinnvoll, auch die E-Mails innerhalb der Linux-Umgebung zu verwalten.

Das standardmäßige Programm bei Linux Mint heißt *Thunderbird*. Dieses ist auch innerhalb der Windows-Welt weit verbreitet und gilt als sehr sicher und komfortabel.

TIPP

Ebenso wie der Webbrowser *Firefox* ist auch *Thunderbird* ein Programm, das der gemeinnützigen Mozilla-Stiftung entstammt. Natürlich sind sowohl *Firefox* als auch *Thunderbird* Open-Source Programme, also freie Software, die beliebig verändert und verbreitet werden dürfen.

Sollten Sie *Thunderbird* bereits nutzen, ist es ein Kinderspiel, mit Ihrem bereits bestehenden Profil nach Linux Mint umzuziehen. All Ihre E-Mails, Kontoeinstellungen und Erweiterungen sind in sogenannten *Profilordnern* gespeichert. Wo diese zu finden sind, habe ich bereits im *dritten Kapitel* beschrieben, als es um die Sicherung ging. Es gibt jetzt mehrere Möglichkeiten, dieses Profil weiter zu nutzen.

Die für den Anfang einfachste Möglichkeit ist, die Inhalte dieses Ordners nach Linux umzuziehen. Sollten Sie sich später entscheiden, Linux Mint doch nicht mehr nutzen zu wollen, können Sie den Inhalt einfach ohne Verlust wieder zurückkopieren.

Thunderbird ist bereits installiert, Sie müssen also nur auf das Symbol im Startmenü klicken. Da *Thunderbird* bis zu diesem Zeitpunkt keinerlei Informationen darüber hat, bei welchem E-Mail-Anbieter Sie registriert sind und mit welchem Passwort Sie sich einwählen, passiert erst einmal nicht viel. Deswegen müssen Sie zuerst einmal ein neues Konto erstellen. Klicken Sie also im ersten Fenster auf den Eintrag ÜBERSPRINGEN UND MEINE EXISTIERENDE E-MAIL-ADRESSE VERWENDEN.

Geben Sie im nächsten Reiter Ihren Namen, Ihre E-Mail-Adresse und das Passwort ein. Lassen Sie das Häkchen bei der Optionsauswahl PASSWORT SPEICHERN gesetzt, sonst müssen Sie es jedes Mal beim Einwählen neu eingeben.

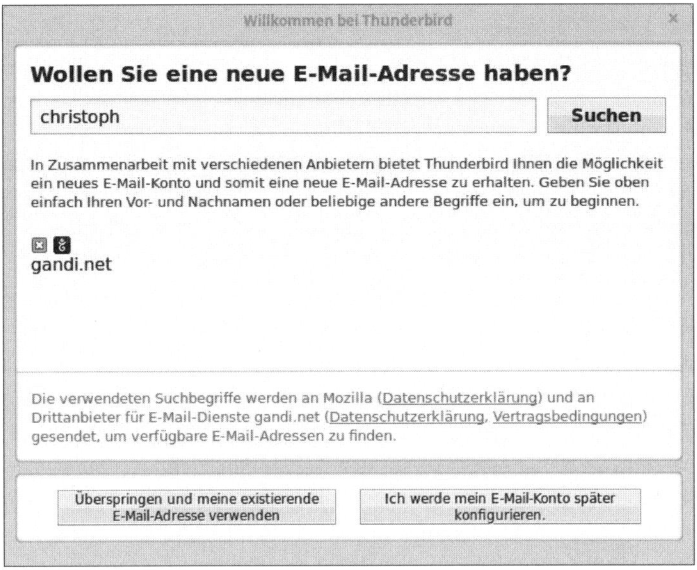

Abb. 10.1: Sie richten ein neues Konto ein

Nachdem Sie die Daten eingegeben haben, sucht *Thunderbird* in einer Datenbank nach den Einstellungsdaten Ihres Anbieters. Sie haben nun die Auswahl zwischen *IMAP* und *POP3*. Der Unterschied ist recht einfach.

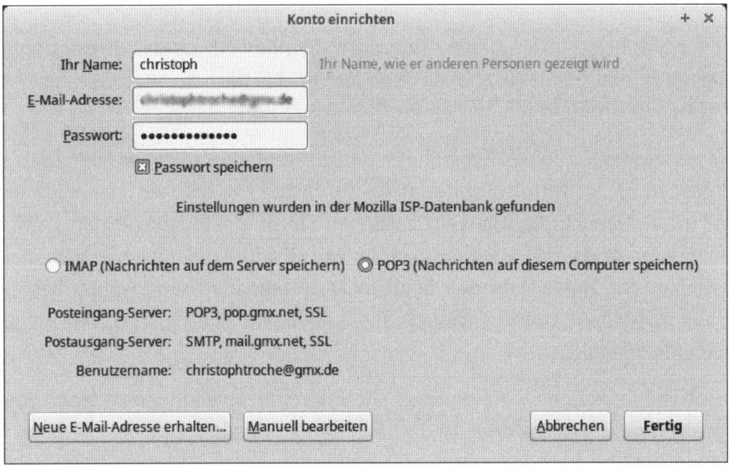

Abb. 10.2: Wählen Sie zwischen POP3 und IMAP.

POP3-Konto

Bei einem POP3-Konto werden die neuen E-Mails vom Server in *Thunderbird* heruntergeladen. Standardmäßig werden die E-Mails dabei auf dem Server gelöscht – dies kann man durch eine Option in den Konteneinstellungen in *Thunderbird* bei einigen E-Mail-Anbietern verhindern. Möchte man nun an einem anderen Ort, z. B. an einem anderen Computer oder mit einem anderen Programm, die E-Mails noch einmal herunterladen, sind die diese bereits gelöscht und können nicht noch einmal abgerufen werden. Das heißt, dass alle Nachrichten auf einem Rechner lokal gespeichert sind.

IMAP-Konto

Dies ist bei einem IMAP-Konto besser gelöst: Die E-Mails bleiben immer auf dem Server, auf dem eigenen Computer in *Thunderbird* wird eine Kopie der Nachrichten auf dem Rechner erstellt. Wenn man nun in *Thunderbird* eine E-Mail liest, beantwortet, verschiebt oder löscht, wird dies genau so auf dem Server durchgeführt. *Thunderbird* ist quasi die »Fernsteuerung«. Egal von welchem Gerät oder Programm man nun sein E-Mail-Konto betrachtet, es ist durch IMAP von allen Stellen gleichermaßen zugänglich und identisch. Das gilt sogar für die gesendeten Nachrichten.

Welche Wahl Sie treffen, hängt von Ihren Gewohnheiten ab. Wenn Sie über Mobiltelefone, Tablet-PC und heimischen Computer auf dasselbe E-Mail-Konto zugreifen, bietet sich IMAP an, weil Sie dann immer denselben Aktualisierungsstand haben. POP3 ist eigentlich nur dann die bessere Wahl, wenn Sie nur sehr wenig Speicherplatz bei Ihrem E-Mail-Anbieter haben oder die Einrichtung von IMAP mit hohen Kosten verbunden ist.

Nachdem Sie Ihre Wahl getroffen haben, überprüft *Thunderbird*, ob das eingegebene Passwort stimmt. Schließen Sie jetzt bitte *Thunderbird*. Als Nächstes kopieren Sie die Inhalte des Windows-Profilordners in den Profile-Ordner unter Linux.

Klicken Sie dazu zweimal auf das Symbol *Persönlicher Ordner* im Starter. Der Datei-Explorer mit Namen *Nemo* startet. Betätigen Sie die Taste [F3] oder aktivieren Sie im Menü *Ansicht* die Option *Zusätzliche Leiste*. Suchen Sie in einem Fenster den Profil-Ordner von Windows, in dem anderen den von Linux. Alternativ können Sie auch den gesicherten Ordner auf Ihrem externen Speicher aufrufen. Die Ordnernamen bestehen jeweils aus verschlüsselten Buchstaben und Zahlen wie zum Beispiel: *lhw4mlio.default* und *klplhlhz.default*.

Den Linux-Mint-Ordner können Sie allerdings nur dann finden, wenn Sie im Menü von *Nemo* die Option ANSICHT | VERBORGENE DATEIEN ANZEIGEN aktivieren.

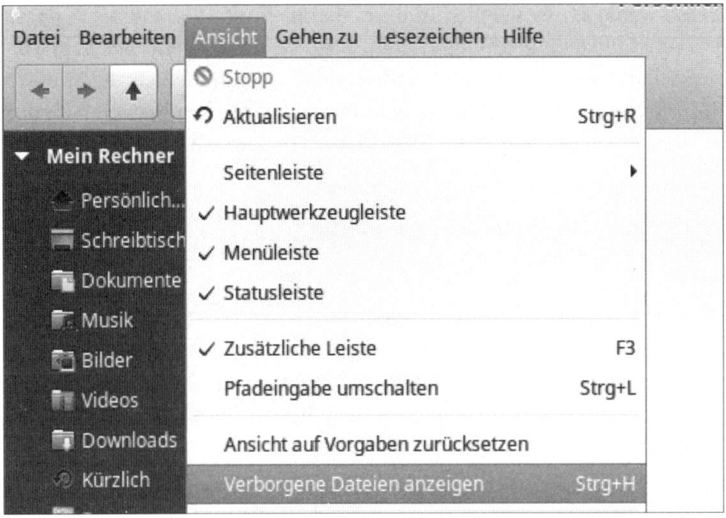

Abb. 10.3: Ohne diese Option können Sie den Linux-Ordner nicht finden.

Markieren Sie alle Dateien und Ordner in dem Windows-Ordner und ziehen Sie sie mit der gedrückten linken Maustaste in den Linux-Mint-Ordner. Sie werden öfter gefragt werden, ob Sie die Datei XY überschreiben wollen, dies können Sie beruhigt bejahen. Je nach Größe des E-Mail-Ordners werden jetzt bis zu einige Hundert MB kopiert.

WICHTIG

Kopieren Sie nicht den Profilordner, sondern nur die Inhalte!

Wenn Sie jetzt wieder *Thunderbird* öffnen, liegen hier genau dieselben Einstellungen, E-Mails und Termine vor wie in Ihrer Windows-Version von *Thunderbird*.

10.2 Von Outlook und Co. zu Thunderbird

So unkompliziert wie hier ist es allerdings nur, wenn Sie von *Thunderbird* zu *Thunderbird* umziehen. Haben Sie bisher auf andere E-Mail-Clients wie *Outlook*, *Outlook-Express* oder *Lotus Notes* zurückgegriffen, so müssen Sie dem obigen Procedere noch einen Schritt voransetzen. Leider ist es nämlich nicht möglich, über die Windows-Linux Grenze hinweg die Daten aus einem anderen Programm in *Thunderbird* zu importieren. Ebenso wenig ist es möglich, die *.pst*-Datei, in der *Outlook* seine Daten speichert, direkt in *Thunderbird* zu importieren. Dies ist ein Nachteil der proprietären, also der verschlüsselten, nicht-freien Software. Sie müssen folglich zuerst einen Profilordner für *Thunderbird* unter Windows herstellen. Das ist allerdings einfach und schnell getan. Zu diesem Zweck müssen Sie in Ihrer Windows-Partition *Thunderbird* installieren.

WEB

Sie bekommen dieses Programm unter *http://www.mozilla.org/de/thunderbird.*

Laden Sie das Programm herunter und installieren Sie es durch Doppelklick auf INSTALL.EXE. Es startet ein Assistent, der durch die Installation führt. Die Frage, ob Sie *Thunderbird* jetzt starten wollen, sollten Sie allerdings verneinen.

Abb. 10.4: Bei THUNDERBIRD JETZT STARTEN sollte das Häkchen entfernt werden

Den Import-Assistenten von *Thunderbird* finden Sie unter EXTRAS | IMPORTIEREN. Dort haben Sie die Möglichkeit, Adressbücher, Nachrichten oder Einstellungen zu importieren.

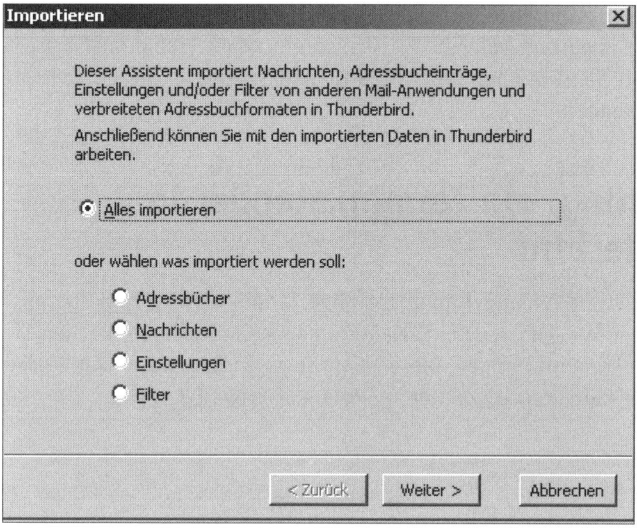

Abb. 10.5: Importmanager

Wählen Sie danach aus, aus welchem Programm Sie die Daten übernehmen möchten.

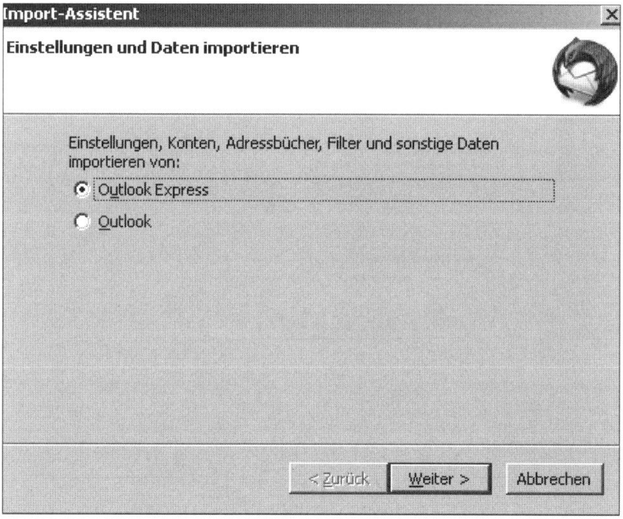

Abb. 10.6: *Thunderbird* listet alle E-Mail-Programme auf, aus denen er Daten importieren kann.

Nachdem Sie auf den Button Weiter geklickt haben, erscheint die Meldung,, dass die Daten erfolgreich importiert wurden. Es ist also ein neuer Profilordner erstellt worden, dessen Inhalt Sie, wie oben beschrieben, kopieren und in der Linux-Mint-Umgebung einfügen können.

10.3 Lightning, ein Terminkalender in Thunderbird

Thunderbird wird zuerst als reiner E-Mail-Client ohne Terminkalender-Funktion ausgeliefert. Um sich dem Standard anderer E-Mail-Programme anzupassen, können Sie auch eine Kalenderfunktion hinzufügen. Diese ist ein sogenanntes Add-on mit Namen *Lightning*. Um es zu installieren, klicken Sie im Menü auf Extras | Add-ons.

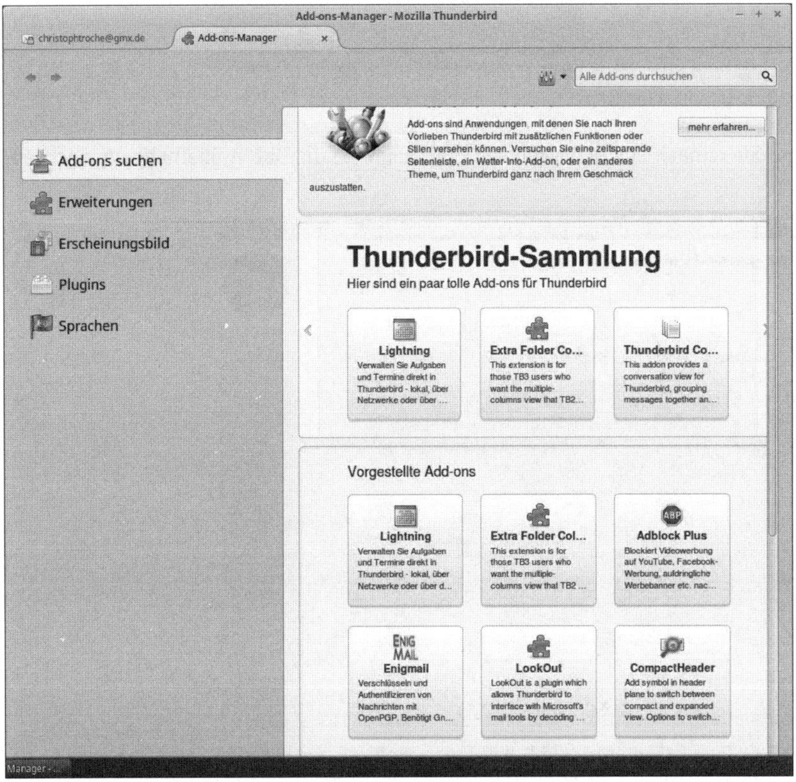

Abb. 10.7: Add-ons sind die Besonderheit von *Thunderbird*

TIPP

Firefox und *Thunderbird* sind in ihrer Grundausstattung recht simpel gestaltet. Richtig interessant werden beide Programme erst durch ihre enorme Anpassungsfähigkeit. Einige Tausend sogenannter Add-ons, also kleiner Zusätze, sorgen dafür, dass Sie das Programm genau an Ihre individuellen Wünsche und Bedürfnisse anpassen können.

Ihnen wird *Lightning* als das meistgeladene Add-on wohl als Erstes zum Download angeboten werden. *Lightning* herunterzuladen gestaltet sich nicht schwierig, es reicht ein Klick auf den grünen Button ZU THUNDERBIRD HINZUFÜGEN. *Lightning* installiert sich dann selbständig. Danach müssen Sie *Thunderbird* schließen und neu starten.

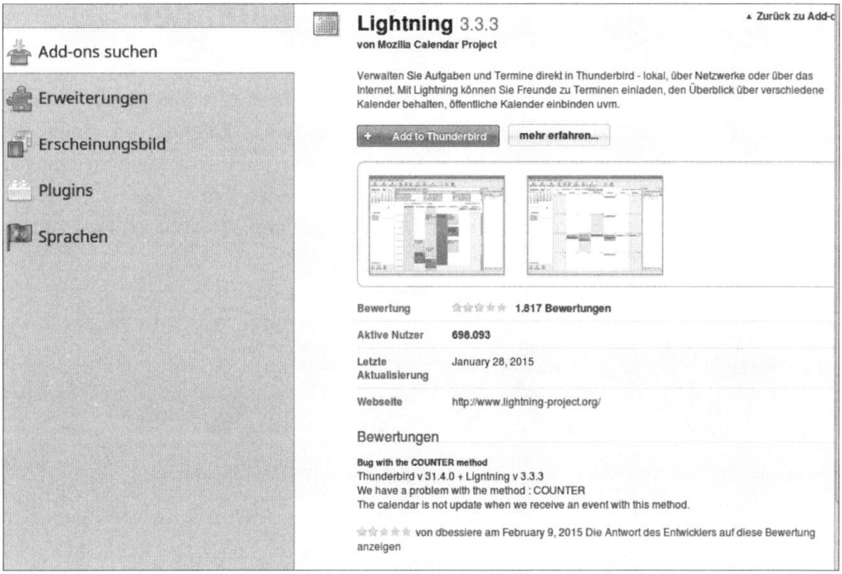

Abb. 10.8: Die Installation der Add-ons gestaltet sich sehr einfach.

Jetzt sehen Sie, dass die Menüzeile eine zusätzliche Spalte hat: TERMINE UND AUFGABEN. Klicken Sie darauf, können Sie den Kalender aufrufen. Alternativ können Sie die Taste [F11] betätigen. Jetzt wird der Kalender in einer Spalte rechts am Bildrand eingeblendet.

Im Unterschied zu den Nachrichten und Adressbüchern ist es einfach, Kalenderdaten aus *Outlook* zu übernehmen. Im Kapitel 2 habe ich Ihnen erklärt, wie man diese Daten aus *Outlook* exportiert und Sie haben eine Datei mit der Endung *.csv* erhalten, die sich auf dem externen Speicher befinden sollte. Wie bekommen Sie aber nun diese Termine in *Thunderbird/Lightning* zu sehen? Rufen Sie dazu TERMINE UND AUFGABEN im Menü auf und hier den Punkt IMPORTIEREN. Im nächsten Bild werden Sie nach der zu importierenden Datei gefragt, ganz unten rechts befindet sich ein Auswahlmenü, aus dem Sie mehrere Kalendertypen auswählen können. Wählen Sie die Option OUTLOOK, KOMMA GETRENNTE WERTE*.CSV aus, und dann die in Kapitel 2 erstellte Datei, hier als *test.csv* zu sehen. Nachdem Sie auf den Button ÖFFNEN gedrückt haben, sind nun Ihre Kalender aus *Outlook* in *Lightning* umgezogen. Sie können Ihren Kalender nun ganz einfach nutzen, indem Sie neue Termine eingeben, löschen und verändern.

10.4 Der online gespeicherte Kalender

Möglichweise benutzen Sie ein Smartphone, mit dem Sie ebenfalls die Kalenderfunktion bedienen. Oder Sie haben mehrere Kalender, einen fürs Büro, einen für den Sport, einen Familienkalender? Und Sie möchten all diese Kalender an einem Ort speichern und wenn möglich sollen Veränderungen sofort in allen Kalendern sichtbar sein. Hier bietet sich auch das zentrale Speichern von Kalendereinträgen an, ähnlich wie beim zentralen Speichern von E-Mails, Was vor wenigen Jahren noch eine Utopie war, wird heute immer mehr zum Alltag.

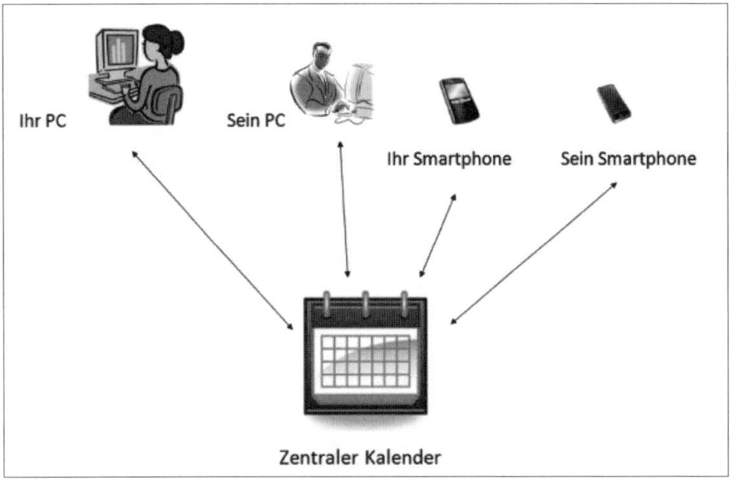

Abb. 10.9: Speicherung von Kalendern auf einem zentralen Server

Der Vorteil liegt auf der Hand: Der Kalender wird in Echtzeit auf all Ihren Endgeräten gespeichert, unabhängig davon, welches Betriebssystem zugrunde liegt, und ist für alle Beteiligten immer auf dem neuesten Stand. Ein zentral gespeicherter Kalender ist wesentlich sicherer vor Verlust als der Kalender auf der heimischen Festplatte. Mir sind einmal durch Festplattencrash nicht nur meine Daten, sofern ich sie nicht gesichert hatte, sondern – und das war viel schlimmer – mein kompletter Kalender abhanden gekommen. Zahnarzt- und TÜV-Termine, Geburtstage und Feiertagstermine waren nicht mehr greifbar. Seitdem speichere ich meine Termindaten online.

Den Nachteil will ich nicht verschweigen. Man bewegt sich wieder ein Stückchen näher hin zum gläsernen Menschen, indem Sie private Daten, und seien es Kalendereinträge, einem Internetdienst anvertrauen. Die Anbieter, ganz gleich, welchem Dienst Sie sich anvertrauen, lesen mit Hilfe von Algorithmen die Kalenderinhalte und nutzen die Einträge, um ein Profil Ihrer Lebensgewohnheiten zu erstellen.

Wenn Sie die zentrale Speicherung ihrer Kalender nutzen wollen – es ist nämlich wirklich recht einfach –, können Sie den Google-Calendar nutzen. Hierfür bietet *Thunderbird* ebenfalls ein sehr gutes Add-on an, den *Provider für Google Calendar*. Wie Add-ons installiert werden, haben Sie eben schon erfahren, klicken Sie auf Extras | Add-ons. Der Provider kann mittels des Suchfeldes rechts oben gefunden werden. Nach der Installation ist ein Neustart von *Thunderbird* notwendig.

Nun muss im *Google Calendar* ein Kalender erstellt werden, den Sie später synchronisieren wollen. Dazu benötigen Sie einen kostenlosen Google-Account.

Gehen Sie dazu auf die Google-Startseite und klicken Sie auf Anmelden | Kostenloses Konto erstellen. Füllen Sie den Fragenbogen aus und lassen Sie sich durch den Anmeldevorgang leiten. Sie sollten sich dabei auch mit den Datenschutzbestimmungen auseinandersetzen. Nun haben Sie ein Google-Konto. Die für Sie wichtige Applikation ist der *Google Kalender* (siehe Abbildung 10.10).

Wenn Sie sich bei Ihrem neuen Konto angemeldet haben, sehen Sie zuerst einen großen, leeren Kalender. Rechts oben, ein wenig versteckt, finden Sie den Button für die Einstellungen (siehe Abbildung 10.10).

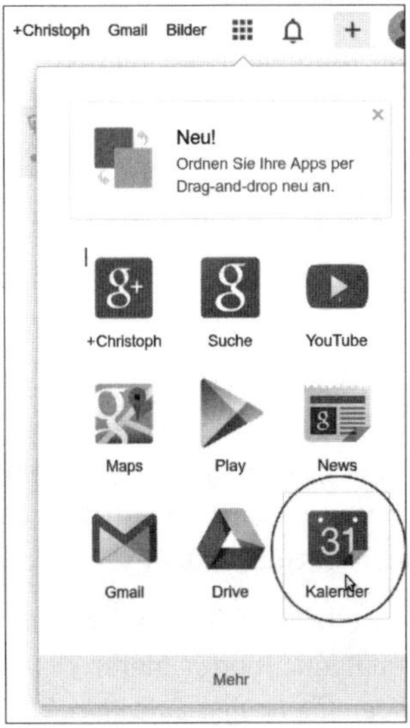

Abb. 10.10: Starten Sie den Google-Kalender.

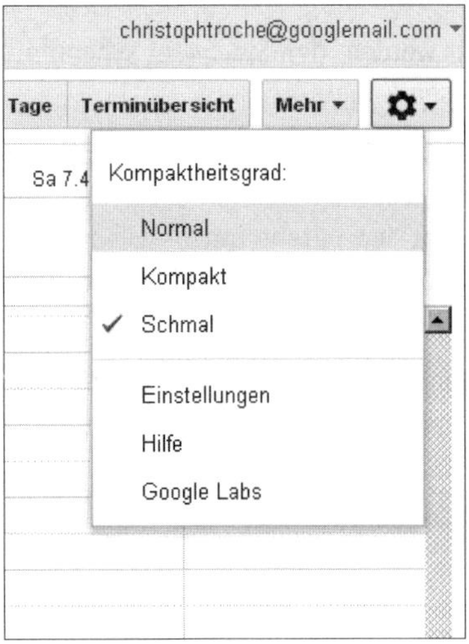

Abb. 10.11: Klicken Sie auf die Einstellungen.

Folgendes Fenster erscheint:

Abb. 10.12: Hier können Sie einen neuen Kalender einrichten.

Das dann folgende Menü ist selbsterklärend. Nachdem Sie einen Kalender definiert und eingerichtet haben, erscheint dieser auf der vorherigen Seite unter *Meine Kalender*.

Abb. 10.13: Unter *Meine Kalender* erscheinen nun die Kalender, die Sie selbst anlegen. Es ist aber auch möglich, sich bereits vorbearbeitete Kalender, wie den Spielplan des 1.FC Köln, anzeigen zu lassen.

Klicken Sie einmal kurz auf einen Kalender, erscheint ein Kontextmenü, aus dem Sie den Menüpunkt Einstellungen wählen. Es zeigen sich dann die Kalenderdetails, unter anderem mit diesen Bildchen:

Abb. 10.14: Hier suchen Sie aus, welcher Kalender nach *Lightning* importiert werden soll.

Mit einem Klick auf *ICAL* wird die für den Kalender notwendige Adresse angezeigt und kann kopiert werden. Dazu klicken Sie mit der rechten Maustaste auf das untere grüne Kästchen mit der Aufschrift *ICAL*. In dem Kontextmenü wählen Sie Link-Adresse kopieren.

Öffnen Sie jetzt *Thunderbird* und wählen Sie hier Datei | Neu | Kalender und dann die Option Im Netzwerk, da sich der Kalender ja nicht auf Ihrem Rechner, sondern bei Google, also im Netzwerk, befindet.

Bei der Frage nach dem Format setzen Sie Ihren Haken bei iCalender ICS.

In das Feld Adresse fügen Sie jetzt die oben kopierte Adresse ein. Dazu setzen Sie den Mauszeiger in das Feld, betätigen wieder die rechte Maustaste und wählen einfügen. Jetzt wird die Adresse des ausgewählten Kalenders in *Lightning* eingetragen; diese beginnt mit *http://www.google.com*. *Lightning* »weiß« jetzt, wo der zentrale Kalender zu finden ist, und bei jeder Internetverbindung wird der Kalender im Hintergrund aufgerufen und mit den Endgeräten synchronisiert, ohne dass Sie noch etwas tun müssen.

Zum Schluss werden Sie gegebenfalls nach Ihrer Identifizierung bei *Google Mail* gefragt. Geben Sie Ihre *Google Mail* E-Mail-Adresse und Ihr Passwort ein. Ihre Kalendereinträge, die Sie bei *Lightning* tätigen, werden etwa alle 30 min synchronisiert, d.h. *Lightning* wählt sich in Ihren Google-Account ein und überträgt die Veränderungen. Ihre importierten *Outlook*-Termine gehören auch dazu. Um zu überprüfen, ob alles geklappt hat, können Sie sich bei Google einloggen und kontrollieren, ob die Kalendereinträge vollständig übernommen wurden.

TIPP

Sollte Ihr Kalender nicht in *Lightning* angezeigt werden, versuchen Sie, anstelle des iCal-Links den XML-Link zu kopieren. Der Rest der Einstellungen bleibt gleich.

Wiederholen Sie diesen Vorgang für jeden Kalender, der später bei *Thunderbird/Lightning* sichtbar sein soll. Neue Termine können Sie gleich in *Lightning* eingeben. Rufen Sie das Menü Termine und Aufgaben | Neuer Termin auf. Daraufhin öffnet sich folgendes Dialogfeld:

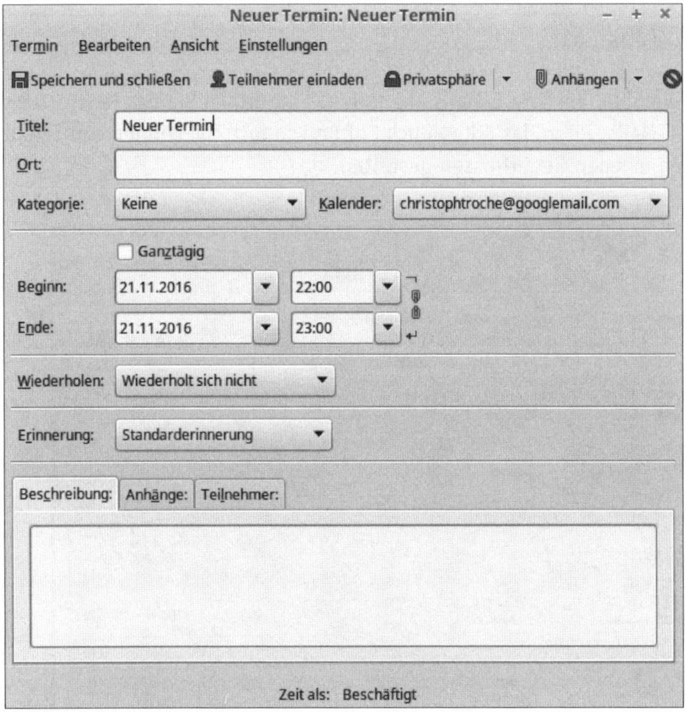

Abb. 10.15: Dialogfeld zum Erstellen eines neuen Termins

Geben Sie die Termindaten ein und speichern Sie den Termin. Jetzt wird dieser Termin in den Online-Google-Kalender eingetragen und anschließend in die Terminkalender aller anderen angeschlossenen Endgeräte eingefügt, ohne dass Sie sich darum kümmern müssen. Darüber hinaus können Sie Einladungen für den Termin versenden oder Anlagen verschicken, die die anderen Teilnehmer beachten sollen.

10.5 Mit Thunderbird arbeiten

Auch wenn ich mich zuerst mit der Einrichtung der Kalender-Funktion befasst habe, so ist *Thunderbird* doch zuerst einmal ein mächtiges Programm zur Verwaltung Ihrer E-Mail-Konten. Die grundlegenden und einfachsten Funktionen befinden sich in einer so genannten Symbolleiste:

Abb. 10.16: Symbolleiste

Hier finden Sie Symbole, um Ihre E-Mails abzurufen, hier öffnen Sie das Fenster zum Verfassen neuer E-Mails, rufen das Adressbuch auf und so fort. Sie können den Inhalt dieser Leiste nach eigenen Bedürfnissen gestalten.

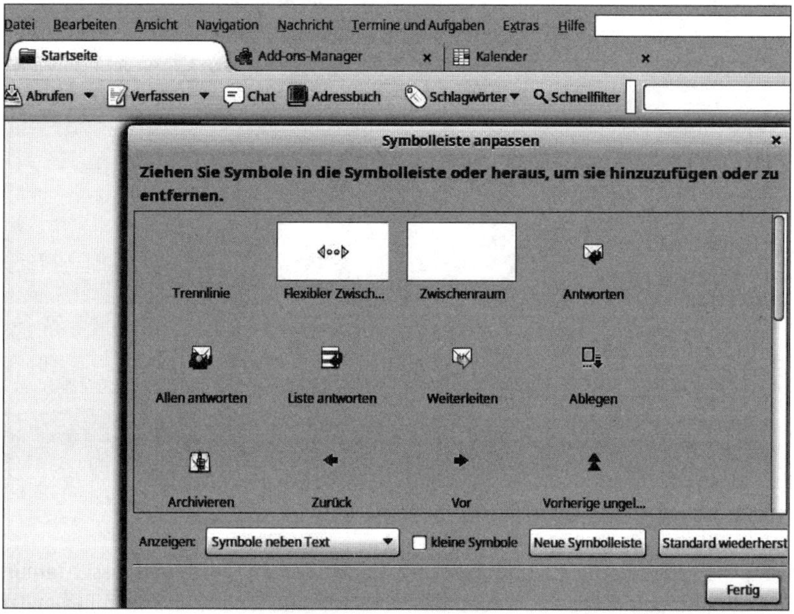

Abb. 10.17: Anpassung der Symbolleiste

Wählen Sie im Menü Ansicht | Symbolleisten | Anpassen und befördern Sie die Funktionen, die Sie für die Arbeit benötigen, aus dem Auswahlfenster in die Symbolleiste. Wünschen Sie sich beispielsweise eine Löschfunktion in der Symbolleiste, dann ziehen Sie das Symbol mit der gedrückten linken Maustaste aus dem Auswahlfenster in die Symbolleiste. Wenn Sie ein Symbol innerhalb der Leiste nicht benötigen, entfernen Sie es, indem Sie es mit der gedrückten linken Maustaste auf das Auswahlfenster ziehen.

Eine Eigenschaft von *Thunderbird* sind die so genannten *Tabs*. Jede E-Mail, die Sie aus dem Posteingang aufrufen, wird in einem eigenen Reiter dargestellt. Dies soll zu mehr Übersichtlichkeit führen, falls Sie sich in einer E-Mail auf mehrere andere eingegangene E-Mails berufen wollen.

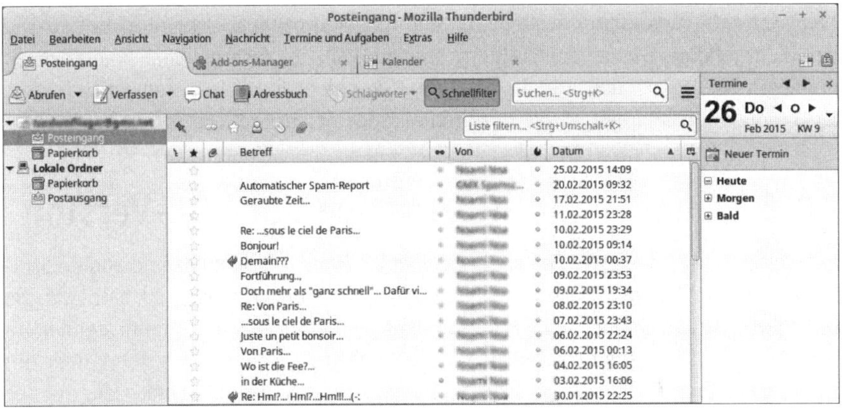

Abb. 10.18: Gesamtansicht von *Thunderbird* mit *Lightning*

In Laufe der Zeit werden sich immer mehr Mails bei Ihnen ansammeln, vielleicht möchten Sie diese nach Ihren Vorlieben sortieren. Schauen Sie sich die Spalte auf der linken Seite des Fensters an: Hier sehen Sie die Posteingänge Ihrer Konten, die Sie gemeinsam oder getrennt für jedes einzelne Konto anzeigen können. Sie können Ihre gesendeten E-Mails ebenso ansehen wie diejenigen, die Sie nicht fertigstellen konnten. Unfertige E-Mails finden Sie im Ordner Entwürfe. Möchten Sie Ihre Mails z. B. nach Absender sortieren, klicken Sie mit der rechten Maustaste auf den Eintrag Lokale Ordner. Im folgenden Dialog wählen Sie Neuer Ordner aus und geben dem Ordner einen Namen: z.B. `Tante Hedwig`. Wenn Sie jetzt auf das kleine »+«-Zeichen klicken, erscheint der eben erstellte Ordner. Sie könnten nun alle E-Mails Ihrer Erbtante in diesen Ordner verschieben, indem Sie sie mit der linken Maustaste packen und auf dem Ordnersymbol Tante Hedwig fallenlassen.

Das Adressbuch aus *Thunderbird* weist eine schöne Eigenschaft auf, die *Ein-Klick-Funktion*: Fügen Sie Personen hinzu, indem Sie einfach auf das Stern-Symbol in der empfangenen Nachricht klicken. Der Absender wird so sofort zu Ihren Kontakten hinzugefügt. Mit zwei Klicks können Sie weitere Details wie ein Foto, einen Geburtstag und andere Kontakt-Informationen einfügen.

Thunderbird bietet einige Sicherheits-Features, die Sie vor *Spam*, also Müll-Mails und Phishing-Mails (dies sind E-Mails, mit denen man versucht, Ihnen Passwörter zu entlocken), schützen wollen. Der *Spamfilter* ist lernfähig, das heißt, wenn Sie eine E-Mail mit dem Symbol JUNK kennzeichnen, wird jede weitere Nachricht dieses Absenders ab sofort schon vorher ausgefiltert.

Das Alleinstellungsmerkmal für *Thunderbird* ist allerdings der *Add-on-Manager*: Egal ob Sie einen Werbeblocker einbauen, das Aussehen verändern oder die Kontakte in einer Seitenleiste auflisten wollen. Die Add-ons sind genauso schnell installiert wie bei Nichtgefallen wieder deinstalliert. Die Auswahl ist fast unüberschaubar groß; probieren Sie einfach aus, was Sie möchten. Sie brauchen keine Bedenken zu haben, an Ihrem Computer irgendetwas zu ruinieren oder sich schädliche Software zu laden.

10.6 Kmail – die Alternative der KDE-Version

KDE verfolgt, was den *PIM* (*Personal Information Manager*) angeht, eine andere Strategie. Besteht *Thunderbird* zunächst nur aus einem E-Mail-Client, so hält *KDE* die verschiedenen Bausteine, also Mailprogramm, Adress-Manager, Terminkalender, in verschiedenen Programmbausteinen vor. Die nahtlose Integration erfolgt über ein zusätzliches Programm namens *Kontact*. Sie können also, wenn Sie möchten, nur das Mailprogramm *KMail* starten oder das Gesamtpaket, in dem Sie dann, recht übersichtlich, Zugang zu den Mails, den Kontakten, den Terminen und so weiter haben.

Sollten Sie sich für die *KDE*-Version entscheiden, werden Sie von *KMail*, dem vorinstallierten E-Mail-Programm, erwartet. Wie Sie Ihre Dateien nun importieren, hängt von der von Ihnen verwendeten Version ab. Handelt es sich beim bisher verwendeten Programm um *Outlook Express*, haben Sie es leicht, denn unter dem Menüpunkt EXTRAS | NACHRICHTEN IMPORTIEREN bietet *KMail* das Dienstprogramm *KmailCVT*, das unter anderen einen Importfilter für alle aktuellen Versionen von *Outlook Express* bietet. Sie müssen dem Import-Programm nur die Speicherdaten verfügbar machen. Wenn Sie noch eine Windows-Partition haben, können Sie diese direkt nutzen. Wie bereits weiter oben beschrieben sind die Nachrichten in Dateien mit der Endung `.dbx` gespeichert. Meistens befinden sie sich dort innerhalb des Unterordners `Lokale Daten\Anwendungsdaten\Identities`. Weil der komplette Pfad je nach System anders heißen kann und recht lang ist, bemühen Sie am besten die Suchfunktion für die Dateien mit der Endung `.dbx`. Es gibt in jeden Mail-Ordner eine solche Datei. Sind die Dateien auf das Linux-System übertragen worden, geben Sie dem Importprogramm noch den Speicherort an, dann können Sie die Nachrichten in Ihre *KMail*-Nachrichten-Sammlung aufnehmen lassen.

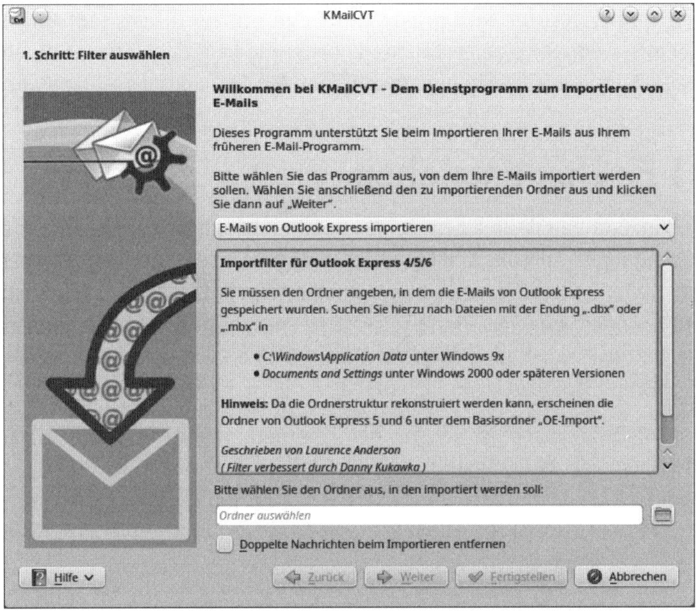

Abb. 10.19: Komfortabel und umfangreich: Die Importfunktion von *KMailCVT*

Als Nutzer von *Outlook* müssen Sie, ähnlich wie bei *Thunderbird*, einen kleinen Umweg machen und sich zuerst das Programm *Outport* von *http://outport.sourceforge.net* holen. Es wandelt die *Outlook*-Dateien mit der Endung `.pst` ins Format *Evolution* um, das wiederum als Input für *KMail* dienen kann.

Die Importe für Ihre Kalenderdaten funktionieren ähnlich wie unter *Thunderbird*. Starten Sie entweder das Programm *Kontact* und wählen in der Seitenleiste das Feld KALENDER aus oder starten Sie den *KOrganizer* direkt aus dem Startmenü. Unter EINSTELLUNGEN | KORGANIZER EINRICHTEN klicken Sie auf den Reiter KALENDER und dann auf den Button HINZUFÜGEN.

Im folgenden Dropdown-Menü finden Sie alle Optionen, um den Kalender, ähnlich wie oben beschrieben, aus einer Datei zu importieren oder einen Online-Kalender einzurichten.

10.7 Firefox, der Internetbrowser

Einer der beliebtesten und meistverbreiteten Browser der Welt ist *Firefox*.

Es gibt auch für Linux sehr viele sehr gute Browser. Das Besondere an *Firefox* sind allerdings die bereits erwähnten Add-ons. Das sind Erweiterungen, mit denen Sie Ihren Browser ganz speziell für Ihre Bedürfnisse einrichten können. *Firefox* teilt Ihnen bei Bedarf immer mit, wenn Sie eine bestimmte Erweiterung benötigen, die eventuell noch nicht installiert ist. Gleichzeitig nimmt es Ihnen den Installationsvorgang ab.

10.8 Mit Firefox umziehen

Wenn Sie unter Windows bereits mit dem *Firefox* gearbeitet haben, haben sich eine Vielzahl von Einstellungen, Add-ons und Lesezeichen angesammelt, auf die Sie sicher nicht verzichten wollen. Diese Sammlung persönlicher Einstellungen wird, ähnlich wie bei *Thunderbird*, innerhalb eines `Profiles`-Ordners gespeichert. Nach demselben Muster wie beim Umzug des E-Mail-Programms verfahren Sie auch beim Transfer des *Firefox*-Nutzerprofils von Windows nach Linux-Mint.

In allen Linux-Mint-Distribution ist *Firefox* der Internetbrowser der Wahl. Alles, was Sie zu tun haben, ist, den Inhalt des Windows-Ordners `/media/windows_c/Dokumente_und_Einstellungen/BENUTZERNAME/Anwendungsdaten/Mozilla/Firefox/Profiles/….default` nach `/home/BENUTZERNAME/.mozilla/firefox/…default` zu kopieren.

WICHTIG

Auch hier bitte nur den Inhalt des Profilordners, nicht aber den Ordner an sich kopieren.

10.9 Mit dem Internet Explorer zu Linux Mint umziehen

Mit Ihren Lesezeichen und Einstellungen aus dem *Internet Explorer* können Sie nicht so ohne weiteres zu Linux umziehen. Sie können jedoch Ihre Favoriten aus dem *Internet Explorer* mitnehmen und in *Firefox* importieren. Hier heißen sie dann allerdings *Lesezeichen*. Dazu müssen Sie im *Internet Explorer* den *Import/Export-Assistenten* aufrufen. Sie starten den Assistenten mit DATEI | IMPORTIEREN UND EXPORTIEREN | IMPORT/

Export-Assistent des Internet-Explorers. Hier können Sie die Favoriten exportieren. Speichern Sie die Datei. Diese hat die Endung `.html`. Am besten suchen Sie sich zum Sichern einen Ort, den Sie auch schnell wiederfinden können.

Starten Sie nun *Firefox*. Im Menü Lesezeichen klicken Sie auf Alle Lesezeichen anzeigen und hier auf Lesezeichen von HTML importieren. Suchen Sie sich nun die an prominenter Stelle gespeicherte Datei aus, klicken Sie auf den Button Öffnen und schon sind Ihre Favoriten auch unter *Firefox* abrufbar.

Wenn Sie zum ersten Mal mit *Firefox* ins Internet gehen, sollten Sie vorher einige Einstellungen überprüfen, da *Firefox* offenherzig mit Ihren Daten umgeht. Hierzu lesen Sie bitte das Kapitel zum Thema »Sicherheit«.

Synchronisation mehrerer Computer

Wenn Sie *Firefox* auf mehreren Computern benutzen, können Sie die von Ihnen gewünschten Inhalte auf allen PCs auf dem gleichen Stand halten. Dazu installieren Sie das Add-on *Xmarks*. Wenn Sie auf Ihrem Bürorechner ein Lesezeichen für eine interessante neue Seite setzen, sorgt diese Erweiterung dafür, dass Sie dieses Lesezeichen auch auf Ihrem Rechner daheim vorfinden. Die Daten werden dabei verschlüsselt auf einem Mozilla-Server gespeichert.

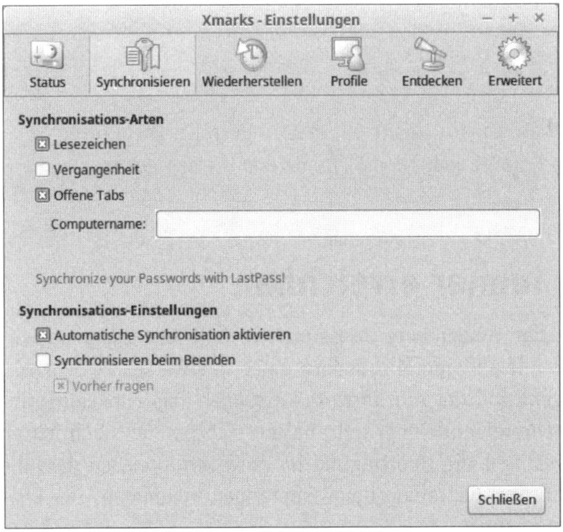

Abb. 10.20: Auf allen Rechnern dieselben Bedingungen

Ähnlich wie *Thunderbird* unterstützt *Firefox* das *Tabbed Browsing*. Mit Hilfe von Tabs (»Kartei-Reitern«) können Sie mehrere Internetseiten in einem einzigen *Firefox*-Fenster öffnen, wobei jede Seite in einem eigenen Tab geladen wird. Damit erhalten Sie auf Ihren Bildschirm eine bessere Übersicht und es ist einfach, zwischen Seiten zu wechseln.

Wie schon mehrfach erwähnt, sind Add-ons der Unterschied zwischen *Firefox* und allen anderen Internetbrowsern. Ob Wetterdienste, Bild-Suchmaschinen oder einfach nur ein anderes Layout, Sie können *Firefox* mit Tausenden von Erweiterungen für sich selbst einrichten. Die Erweiterungen können Sie über das *Menü* EXTRAS | ADD-ONS erreichen.

Einige empfehlenswerte Add-ons

- *Adblock plus*: Blendet die lästigen Werbefenster aus.
- *AnonymoX*: Auf Knopfdruck sind Sie einigermaßen anonym im Internet.
- *Download-Helper*: Speichert Stream Dateien (z.B. YouTube) dauerhaft auf Ihrem PC.
- *Google Translator for Firefox*: Übersetzt einzelne Wörter oder ganze Seiten.
- *FoxTabs*: 3D-Tab-Management
- *Xmarks*: Alle Lesezeichen und Chroniken an allen PC auf einem Stand

TIPP

Firefox ist, was Ihre Sicherheit angeht, nicht optimal eingestellt. Bitte lesen Sie die Hinweise im folgenden Kapitel zum Thema *Firefox und die Sicherheit*.

10.10 Pidgin – immer erreichbar

Pidgin ist eine enorm vielseitige Anwendung im Bereich *Instant Messaging* und ermöglicht die Kommunikation mit anderen Mitgliedern eines Netzwerkes in Echtzeit. Vorreiter waren das *ICQ*-System und der *AOL Instant Messenger*. Das Funktionsprinzip ist einfach: Zwei oder mehrere Teilnehmer unterhalten sich per Textnachrichten (genannt *chatten*). Dabei geschieht die Übertragung im *Push-Verfahren*, so dass die Nachrichten unmittelbar nach dem Schreiben beim Empfänger ankommen. Der Chat ist also quasi ein Gespräch per Schrift.

Die Teilnehmer müssen dazu mit einem Computerprogramm (genannt *Client*) über ein Netzwerk wie das Internet direkt oder über einen Server miteinander verbunden sein. Diese Netzwerke sind teilweise auf bestimmte Themen spezialisiert, meistens aber völlig offen.

Mittlerweile werden eine ganze Reihe von Protokollen unterstützt, unter anderem auch des Protokoll von *Facebook*, dem *Yahoo Messenger*, und *MSN*, das Microsoft Network.

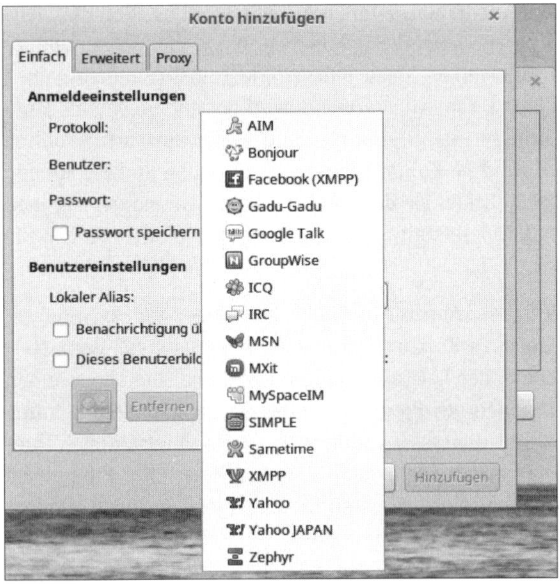

Abb. 10.21: Es ist noch kein Konto angelegt, aber die Möglichkeit zur Nutzung einiger Netzwerke ist schon programmiert.

Sie können *Pidgin* bei den meisten dieser Netzwerke nicht dazu benutzen, um sich anzumelden, dies müssen Sie vorher auf der Internetseite des jeweiligen Anbieters tun. Wenn Sie *Pidgin* zum ersten Mal starten, haben Sie noch kein Konto benannt, müssen also zuerst einmal ein Konto hinzufügen. Im Dropdown-Menü finden Sie jede Menge vorgefertigter Konteneinstellungen, so dass Sie nur Ihre Anmeldedaten eingeben müssen. Sonst müssen Sie nichts tun.

- Wählen Sie das gewünschte Konto, z.B. *Facebook*.
- Geben Sie Benutzername und Passwort ein.
- Klicken Sie auf den Button Anmelden.

TIPP

Diese Einstellungen setzen voraus, dass Sie bereits ein Konto beim ausgewählten Netzwerk haben. Anders ausgedrückt: Sie können hier z.B. kein Facebook-Konto einrichten, dies müssen Sie vorher auf der Internetseite tun. Dann können Sie mit *Pidgin* die Chat-Funktion von Facebook nutzen, ohne den Internetbrowser zu starten.

Nachdem Sie das Konto konfiguriert haben, können Sie durch Setzen des Häkchens AKTIVIERT die Verbindung zum Server herstellen. Nun testen Sie die Verbindung zu einem anderen Benutzer des Netzwerkes. Dazu müssen Sie seinen Benutzernamen kennen. Über das Untermenü CHAT | KONTAKTE HINZUFÜGEN wird der entsprechende Partner zunächst registriert. Sie erhalten dann eine Meldung, wenn der Partner online ist. Erscheint der registrierte Freund im Kontaktfenster, ist er online und Sie können Kontakt zu ihm aufnehmen. Dazu klicken Sie denjenigen doppelt an und geben einen Text in den unteren Bereich des Fensters ein. Mit Klick auf ABSCHICKEN versenden Sie den Text.

Sie können und sollten einen Schnellzugriff auf *Pidgin* einrichten, indem Sie unter den EINSTELLUNGEN die Option SYMBOL IM BENACHRICHTIGUNGSFENSTER ANZEIGEN auf IMMER stellen. Dann erscheint ein Symbol in der Leiste am unteren Bildrand, die Ihnen einen sofortigen Zugriff auf die Funktionen des Programms gibt. Solange Sie selbst online sind, erscheinen Sie unter dem Status VERFÜGBAR oder ONLINE auf den Bildschirmen Ihrer Freunde. Theoretisch ist dies ja gewollt, denn Sinn und Zweck der Chat-Programme ist die Erreichbarkeit und Kommunikation. Möchten Sie aus irgendwelchen Gründen, z. B. weil Sie ungestört arbeiten wollen, nicht erreichbar sein, können Sie Ihren Status auch verändern (siehe Abbildung 10.22).

Klicken Sie auf das Symbol mit dem Smily und wählen Sie, ob Sie erreichbar, beschäftigt oder abwesend sind. Diese Einstellung gilt dann übergreifend, unabhängig davon, bei welchem Konto Sie angemeldet sind.

Hier sind längst noch nicht alle Möglichkeiten beschrieben, mit Hilfe des *Instant Managers* können ganze Konferenzen und Chats auch unter Ausschluss der Öffentlichkeit abgehalten werden.

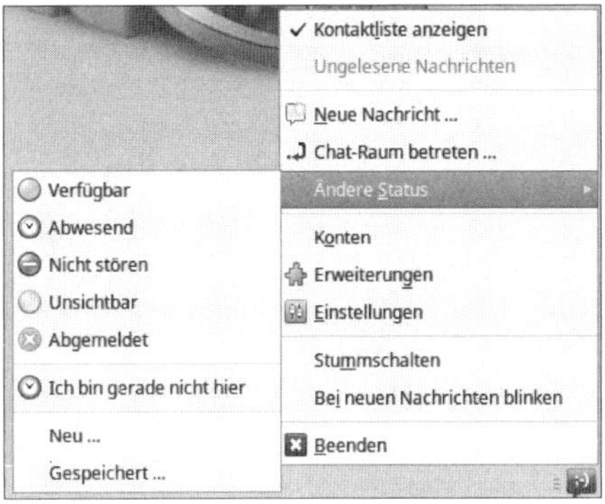

Abb. 10.22: So verändern Sie Ihren Status und sind für Ihre Freunde auch mal nicht erreichbar.

10.11 IRC-Chat mit HexChat

IRC-Chat ist die Abkürzung von *Internet Relay Chat*. Dies ist ein ziemlich altes textbasiertes Chat-Protokoll, das schon in den Anfangszeiten des Internets populär war. Man kann IRC ein bisschen vergleichen mit vielen Menschen in einem Raum, die alle durcheinanderreden. Sie können den Gesprächen der anderen zuhören, selber Fragen stellen oder die Fragen der anderen beantworten. Immer wieder wird eingeblendet, welcher Teilnehmer den Raum betritt oder verlässt. Wie auch in einem echten Raum können Sie einen Teilnehmer direkt ansprechen oder einen Beitrag »in den Raum werfen«, in der Hoffnung, dass jemand ihn aufschnappt und Ihnen antwortet. Im Unterschied zu anderen Diskussionsforen, deren Beiträge noch Jahre später noch gelesen werden können, bleiben die Beiträge nicht stehen. Das *IRC* ist wie ein gesprochenes Wort flüchtig. Wenn Sie teilnehmen wollen, müssen Sie aufmerksam bleiben wie im echten Leben, wie in einem echten Gespräch.

Vorinstalliert sind Netzwerkzugänge zu einem *Linux Mint-*, einem *Gimp-* und einem *Freenode*-Chat. Sollten Sie sich in diese Materie einarbeiten wollen, können Sie eigene Netzwerkzugänge leicht hinzufügen. Klicken Sie dazu auf den Menüpunkt SERVER | LISTE ALLER KANÄLE. Wenn Sie dann auf den Button LISTE HERUNTERLADEN klicken, werden über 10000 Diskussionskanäle heruntergeladen. Es werden vor allem IT-Themen diskutiert, aber auch über Donald Trump oder Cola-Zero finden sich Debattierclubs. Sie müssen allerdings des Englischen mächtig sein.

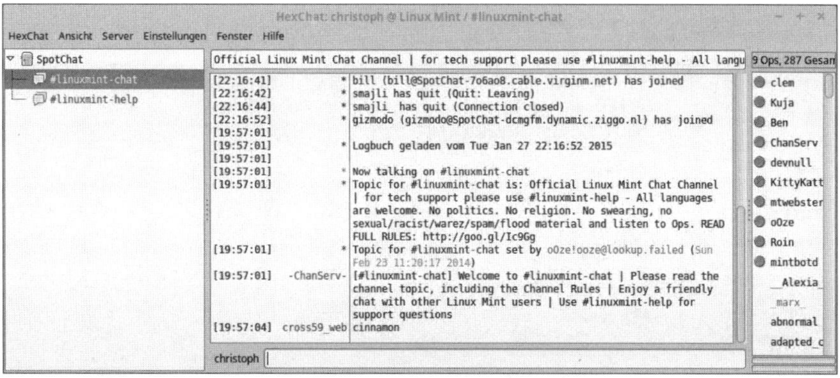

Abb. 10.23: Nüchtern, schnell und textbasiert – *Internet Relay Chat*

10.12 Instant Messenger mit KDE

Wie zu erwarten, besticht die *KDE*-Version mit einem noch luxuriöseren Programm, *Telepathy* genannt. Sie finden es allerdings nicht unter diesem Namen, sondern unter dem sperrigen Namen *KDE-Instant-Messenger-Kontakte*. Es gibt noch mehr voreingestellte Konten, Kontakte können in Gruppen zusammengefasst werden und Sie können, wenn es jemanden interessiert, eingeben, welche Musik Sie gerade hören, dann wissen es Ihre Kontakte auch.

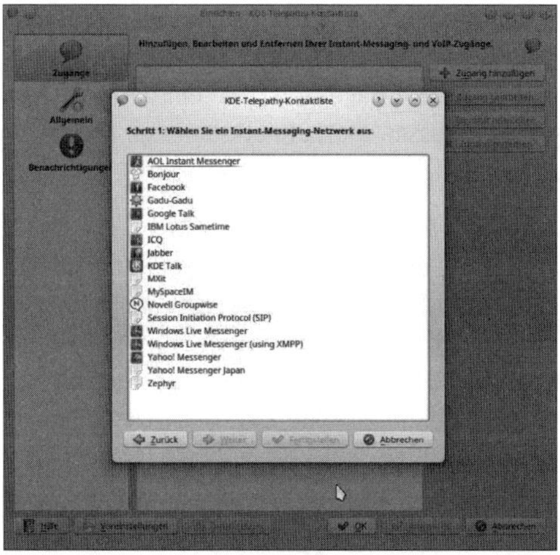

Abb. 10.24: Jede Menge Netzwerke zur Auswahl: *Telepathy*

10.13 Skypen mit Linux Mint

Erinnern Sie sich noch an die Science-Fiction-Filme aus den 70er-Jahren? Autos schwebten durch die Luft, Menschen trugen in der Regel glitzernde Overalls und telefonierten mit Bildtelefonen. Während Autos nach wie vor auf der Straße fahren und die Overalls die Modewelt bereits Ende der 80er-Jahre wieder verlassen haben, ist zumindest die Video-Telefonie am Computer zur Realität geworden mit einer Software namens *Skype*.

Mit *Skype* ist es möglich, mit den Kontakten zu chatten, Dateien auszutauschen, zu telefonieren und eben auch Video-Telefonate zu führen. Alle Daten werden bei *Skype* verschlüsselt übertragen. Die Grunddienste sind kostenlos und zu ihrer Benutzung bedarf es lediglich einer Registrierung. Man muss sich aber darüber im Klaren sein, dass *Skype* auf der Peer-to-Peer-Technik basiert, die aus dem Filesharing-Bereich stammt. Auch wenn man gerade nicht telefoniert, jedoch im *Skype*-Netzwerk angemeldet ist, werden Daten im Hintergrund übertragen.

Skype ist in der Welt der Open-Source-Bewegung sehr umstritten, da der Quelltext des Clients und des Netzwerk-Protokolls geheim sind. *Skype* funktioniert daher nicht mit anderen Anwendungen, die auf Open Source setzen, Sie können also nur mit anderen *Skype*-Nutzern telefonieren.

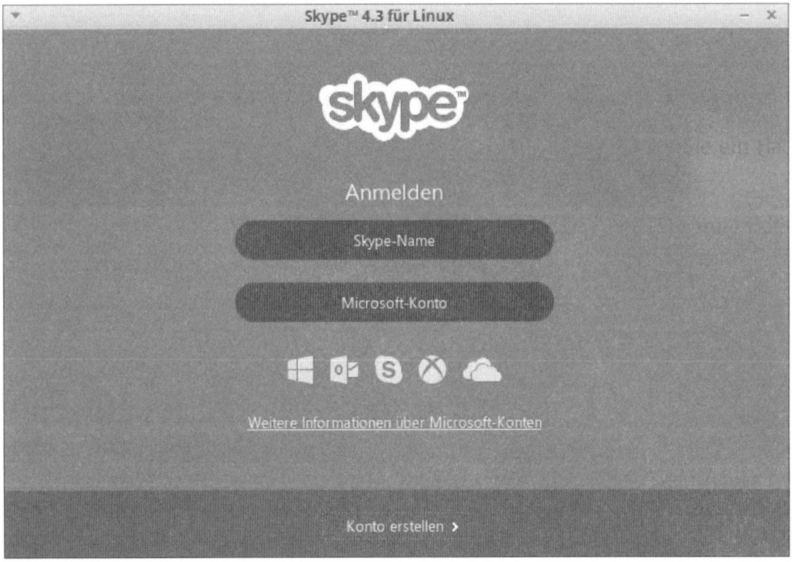

Abb. 10.25: Das Startfenster von *Skype*

Die Installation ist sehr einfach: Geben Sie in der Anwendungsverwaltung den Suchbegriff `Skype` ein und laden Sie das Programm herunter. Alternativ können Sie das Paket auch auf der Seite von *Skype* herunterladen und über *GDebi* installieren. In Kapitel 4 habe ich dies bereits genau beschrieben.

Die Registrierung eines Zugangs unter *Skype* ist relativ einfach. Klicken Sie auf KONTO ERSTELLEN und Sie werden auf die Internetseite weitergeleitet. Hier geben Sie die erforderlichen Daten wie Benutzername, Kennwort usw. ein. Sofern die Nutzungsbedingungen für *Skype* akzeptabel sind und man diesen zugestimmt hat, lässt man das *Skype*-Konto erstellen.

Um Gesprächspartner zu finden, benutzt man die Suchfunktion. Hier werden E-Mail-Adressen, Echtnamen und *Skype*-Namen durchsucht – ein Grund, warum man seinen richtigen Namen eingeben sollte, sonst wird man nicht gefunden.

Skype legt nun in der Leiste ein eigenes Symbol ab, mit dessen Hilfe Sie, ähnlich wie bereits weiter oben beschrieben, Ihren Status für andere sichtbar machen und Einstellungen an *Skype* vornehmen können. Ein Videogespräch starten Sie wie ein normales Gespräch. Klicken Sie den gewünschten Gesprächspartner an und wählen Sie KONTAKT ANRUFEN.

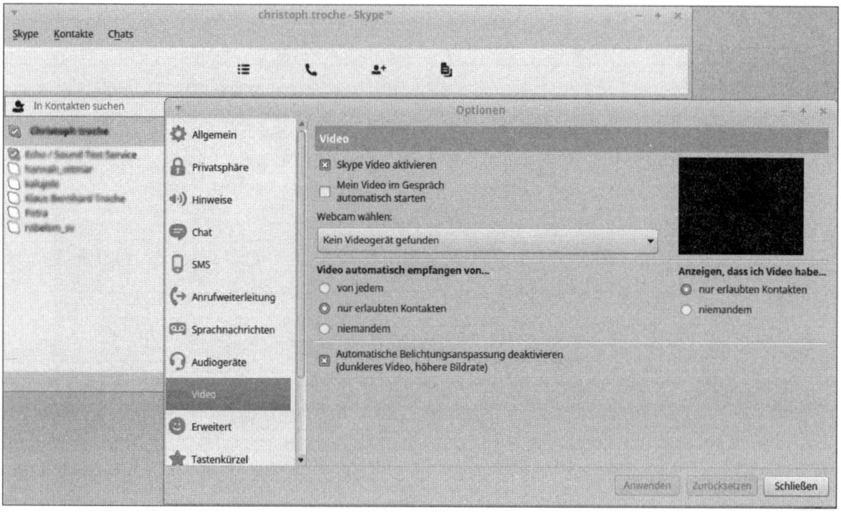

Abb. 10.26: Die Einstellungs-Ebene von *Skype*

Natürlich muss für ein *Skype*-Gespräch eine Webcam installiert und funktionstüchtig sein, ebenso ein Mikrofon und ein Lautsprecher oder ein Kopfhörer. Die Einstellungen hierzu erreichen Sie durch die Tastenkombination [Strg] + [O]. Die Installationen sind in der Regel unkompliziert. Wenn Ihr Linux die Webcam erkannt hat – dies können Sie auch außerhalb von *Skype* ausprobieren –, gibt es kein Problem. Um Ihre Audio-Einstellungen zu überprüfen, können Sie den ersten Kontakt, den *Sound-Test-Service*, anrufen und die Einstellungen testen.

Die Qualität Ihrer Video-Übertragung beurteilen Sie am besten innerhalb des Options-Menüs.

Dazu finden Sie rechts oben eine kleine Videoanzeige.

Um *Skype* vollständig zu beenden, reicht es nicht, nur das Gespräch zu beenden. Klicken Sie auf das *Skype*-Symbol und dann auf den Menüpunkt BEENDEN. Erst jetzt ist die Verbindung von *Skype* zum Internet beendet.

Kapitel 11

Safety first – Sicherheit im System

Ziel des Kapitels

- Ihr Computer und Ihre persönlichen Daten bleiben vor Angriffen geschützt.

Schritte zum Erfolg

- Sie lernen das Sicherheitskonzept von Linux Mint kennen.
- Sie lernen sichere Passwörter zu erstellen.
- Sie erfahren, wie Sie Daten verschlüsseln können.
- Sie lernen Ihre eigene Verantwortung für den Umgang mit dem Internet kennen.
- Sie lernen das Backup-Programm *MintBackup* kennen.

11.1 Ist Linux sicher?

Als ich vor vier Jahren mein erstes Buch über Linux, das Buch zu Ubuntu 12.04, schrieb, hätte niemand auch nur im Entferntesten geglaubt, in welchem Umfang Geheimdienste und Behörden Daten sammeln und dabei ungeniert auch auf Daten unbescholtener Bürger zugreifen. Die Erstellung eines »Staatstrojaners«, der sich auf die Computer von Verdächtigen einschleusen und Daten auslesen soll, ist mittlerweile in Arbeit. Zur selben Zeit steigt die Anzahl krimineller Schadsoftware exponentiell an, täglich entstehen Tausende von mehr oder weniger gefährliche Viren, Würmer oder Trojanern.

Von Computerviren hat jeder schon einmal gehört, allerdings sind sie neben Würmern, Bootnetzen und Trojanern nur eine Form von Schadprogrammen, die Computer bedrohen. Viren stellen die mit Abstand größte Gruppe von Schadsoftware dar. Ein Virus ist ein kleines Programm, das ganz nach dem Vorbild des natürlichen Virus für sich genommen gar keine Funktion hat. Erst wenn ein Virus auf bestimmte Programm-Codes trifft, erwacht es zum Leben und richtet Schaden an. Bis heute werden Viren, aber auch alle anderen Schadprogramme, fast ausschließlich für die Windows-Umgebung programmiert:

Windows ist das am weitesten verbreitete, fast monopolartige Betriebssystem. Diese Tatsache macht es zum bevorzugten Angriffsziel für Programmierer, denn um ein erfolgreiches Virus zu programmieren, das sich möglichst schnell verbreitet, benötigt man eine Monokultur.

Aber auch wenn Linux oder ein anderes Betriebssystem weiter verbreitet wäre, wäre es für einen kriminell veranlagten Virus-Programmierer nahezu unmöglich, ein Virus zu erstellen, das auf einem Linux-System großen Schaden anrichten und das System zerstören könnte. Dies liegt im Privilegien-System von Linux begründet.

11.2 Die Privilegien bei Linux

Da ein Benutzer unter Linux nur Zugang zu seinen eigenen Daten hat, kann er auch nur diese verändern oder löschen. Unter Windows hingegen ist jeder Benutzer zugleich Administrator, d.h. er hat Zugang zu allen Daten, auch zu den Systemdaten. Da jedes Virus, das in ein System eindringt, die gleichen Rechte hat wie der Benutzer, hat es somit Zugriff auf das ganze System. Zwar müssen Sie sich auch unter Windows nicht zwingend als Administrator einloggen, sondern können sich auch mit einem eingeschränkten Benutzerkonto einloggen, doch dann sind die Einschränkungen so enorm, dass man sich sehr bald, trotz der damit verbundenen Risiken, wieder als Administrator einloggen möchte.

Auch bei Linux gibt es einen Benutzer mit allen Rechten; er wird als *root* bezeichnet und darf mit dem System anstellen, was er möchte. Er darf es sogar zerstören, wenn er das Passwort dafür besitzt. Alle anderen Benutzer sind normale *user*, die das System nur nutzen dürfen, sie dürfen jedoch keine Installationen oder Veränderungen am System vornehmen. Damit der Hauptbenutzer nicht in Versuchung kommt, Linux Mint ausschließlich als Administrator zu nutzen, gibt es den Befehl `sudo`. Dieser räumt einem normalen Benutzer die privilegierten Rechte eines Roots ein, allerdings nur für genau einen Befehl oder für eine ganz kurze Zeitspanne. Beispielweise dann, wenn er mit Hilfe der Anwendungsverwaltung ein Programm installieren will. Nachdem dieser eine Befehl ausgeführt wurde, mutiert der Administrator wieder zum ganz normalen Nutzer.

HINWEIS

Während der Installation erhält der erste Nutzer, also in der Regel der, der das System einrichtet, privilegierte Rechte. Sein Passwort ist also für Administrator-Aufgaben gültig.

Sicher kann man sein Windows-System auch mittels Virenscannern und Firewalls schützen, Virenscanner sind jedoch lückenhaft und davon abhängig, dass der Benutzer die Viren-Definition täglich auf dem neuesten Stand hält. Außerdem sind auch diese Programme durch ein Schadprogramm, das bereits ins System eingedrungen ist, deaktivierbar, das Virus hat ja Administratorrechte, genau wie der Benutzer. Zudem reagieren Viren-Programme nur, das heißt, ein Virus, dessen Code in die Definition aufgenommen wurde, hat bereits Schaden angerichtet. Leistungsschwächere Computer werden zudem durch einen aktiv im Hintergrund mitlaufenden Scanner noch langsamer. Auch für Linux gibt es Anti-Viren-Programme, allerdings nicht für Linux-Viren, denn die gibt es so gut wie nicht, sondern um Windows-Viren zu eliminieren.

Ebenso benötigen Sie in der Standardinstallation keine Firewall. Sofern Sie sich hinter einem Router befinden, sind Sie sowieso sicher, denn im Router ist eine effiziente Hardware-Firewall eingebaut.

- Firewalls blockieren den Zugriff aus dem Internet auf Dienste, die auf Ihrem Computer laufen. Bei der Standardinstallation von Linux Mint werden solche Dienste gar nicht angeboten, es gibt also nichts zu blockieren.

- Firewalls blockieren darüber hinaus unerwünschte Zugriffe vom Computer aus auf das Internet mittels Schadprogrammen (Viren, Spionage-Software etc.). Solange Sie Ihre Programme über die bereitgestellten Server beziehen, brauchen Sie hier keine Sorgen zu haben, diese Programme sind definitiv frei von Schadprogrammen.

Ein weiterer Sicherheitsvorteil von Linux ist der Open-Source-Gedanke. Da die Architektur des Betriebssystems und fast der gesamten Software, die für Linux Mint angeboten wird, offen liegt, werden Sicherheitslücken im Quellcode erkannt und können geschlossen werden. So etwa im Fall »Heartbleed«, als ein Teil eines Verschlüsselungsprotokolls durch einen Programmierfehler angreifbar wurde. Dieser Fehler durchaus katastrophalen Ausmaßes wurde bei der Überprüfung des Quellcodes durch andere Software-Entwickler entdeckt und in der Zwischenzeit behoben. Bei einer proprietären Software wäre dieses Verfahren nicht möglich gewesen. Die Quellcodes werden dabei fast wie Staatsgeheimnisse gehütet und Sicherheitslücken werden eigentlich immer erst bekannt, wenn bereits ein Schaden entstanden ist.

11.3 Sichere Passwörter erstellen

Das größte Sicherheitsrisiko sitzt vor dem Computer. Ich meine dabei allerdings nicht so sehr das Surfverhalten im Internet, sondern den Umgang mit Passwörtern. Wenn Sie in manchen Büros Einblick in vertrauliche Daten nehmen wollen, schauen Sie unter der Tastatur nach. Hier finden sich genauso oft Zettel mit Passwörtern wie Ersatzhausschlüssel unter der Fußmatte. Wenn nicht gerade der Systemadministrator das Passwort vorgegeben hat, sind diese manchmal von erschreckender Einfachheit. Ich möchte Ihnen einige Regeln zum Umgang mit Passwörtern nahelegen. Linux Mint unterstützt Sie ebenfalls, indem es die Stärke Ihres Login-Passwort bewertet.

Oberste Regeln

- Benutzen Sie niemals ein real existierendes Wort. Oft werden auch einfach nur Namen der Liebsten, der Familie oder der Haustiere verwendet. Hier können Sie sich ein Passwort gleich sparen, denn ausreichende Sicherheit für Ihre Daten bieten diese Kennwörter leider nicht. Hacker arbeiten oft mit sogenannten Wörterbuchangriffen. Dabei werden mit Hilfe des Computers ganze Wörterbücher als Kennwörter ausprobiert. Dann fällt die Sicherung in Sekunden.
- Ändern Sie Ihr Passwort regelmäßig.
- Speichern Sie Ihr Passwort nie unverschlüsselt (in lesbarem Text) auf Ihrer Festplatte.

- Verwenden Sie möglichst viele unterschiedliche Zeichen.
- Bringen Sie Sonderzeichen mit ein.

Nur, wie löst man den Widerspruch, ein Passwort zu generieren, das nicht zu entschlüsseln, aber dennoch gut zu merken oder immer wieder herzuleiten ist? Ich stelle Ihnen im Folgenden zwei Methoden vor:

Buchstaben-durch-Zahlen-ersetzen-Methode

Das beste Passwort ist ein rein zufälliges Kennwort, bestehend aus allen Zeichen und Sonderzeichen, die Ihre Tastatur hergibt. Und dieses Passwort werden Sie dann auch gleich wieder vergessen. Wenn es sich aber um wirklich wichtige Daten handelt, sollten Sie trotzdem ein rein zufällig generiertes Wort wie z.B. *geK7{m(6$ci* benutzen. Etwas sicherer sind zwar Passwort-Kombinationen aus Buchstaben und Zahlen – z. B. ist *Marion67* besser als *Marion* –, aber auch diese Kombination ist nicht sicher. Ersetzen Sie doch einfach Buchstaben durch Ziffern. Wenn Sie Ziffern verwenden, die Buchstaben ähnlich sehen, z. B. *E* durch die *3*, *O* durch die *0*, *I* durch eine *1* und die *5* durch das *S*, entstehen schwer zu knackende Kennwörter, die man sich trotzdem merken kann. Dann wird aus *Marion67* schnell *Mar1On67*. Das Wort *Sommer* kann man sehr leicht knacken, das Wort *SOmm3er* schon weniger leicht und wenn Sie den besonders heißen Sommer 2003 *502Xm3r*03 als Passwort nehmen (wobei *mm* durch *2Xm* ersetzt wurde), sind Ihre Daten sicher.

So weit, so gut. Nun sollten Sie aber – und dies ist Regel Nummer zwei – ein Passwort nicht zweimal verwenden. Also sollten Sie sich eine Methode ausdenken, Ihr »sicheres Passwort« *502Xm3r*03 dem jeweiligen Zweck zuzuordnen. Die einfachste Methode ist, diesen Zweck einfach an das Kennwort anzuhängen: Aus *502Xm3r*03 wird dann für die Benutzung des großen Internet-Auktionshauses *502Xm3r03/ebay* und für Facebook eben *502Xm3r03/facebook*. Das macht es einem Hacker noch etwas schwerer. Nicht mehr lösbar wird es, wenn Sie die Buchstaben des Zieles im Wort verstecken, z.B. an 2., 4. usw. Position. Dann heißt das ebay-Passwort auf einmal 5**e**0**b**2**a**X**y**m3r03. Und Facebook wird mit 5**f**0**a**2**c**X**e**m**b**3**o**r**o**0**k**3 erreicht und ist dann selbst für Hacker mit normalen Methoden nicht mehr zu knacken.

Die Anfangsbuchstaben-Methode

Mit Eselsbrücken können Sie sich die schwierigsten Passwort-Kombinationen leicht einprägen! Jeder kennt Sprichwörter wie »*Das Spiel dauert neunzig Minuten und am Ende gewinnen die Deutschen*«. Indem Sie nur die Anfangsbuchstaben und Satzzeichen hernehmen, erstellen Sie daraus das Kennwort *dSd90M,uaEgdD*. Nehmen Sie einen Gedichtanfang, ein Sprichwort, irgendeinen Spruch. Sie können damit wunderbare Passwörter generieren. Können Sie sich vorstellen, welcher Spruch sich hinter *MHdh3E,3EhmH* verbirgt? Auch diese Passwörter können Sie an den jeweiligen Zweck anpassen.

Dabei sollte ein Passwort mindestens acht Zeichen lang sein. Acht Zeichen bedeuten 191707312997281 mögliche Kombinationen, wenn nur Groß- und Kleinbuchstaben und die Ziffern 0-9 (= 61 Zeichen) verwendet werden. Ein gewaltsamer Angriff auf Ihren Computer kann mit einer Million Tastenanschlägen pro Sekunde erfolgen. Das würde aber bedeuten, dass jemand bis zu 53252 Stunden, also fast sechs Jahre, auf das Knacken Ihres Passwortes verwenden müsste. Was Ihren Desktop zu Hause angeht, steht hier für einen Hacker der Aufwand in keinem Verhältnis zum Nutzen.

Was aber tun Sie, wenn Sie viele Passwörter zu verwalten haben? Die Anwendungsverwaltung bietet hier eine reiche Auswahl an guten Passwortverwaltungen. Das sind sehr sicher verschlüsselte Datenbanken, die mit einem Masterpasswort gesichert werden. Sie können für jeden Account eine absurde Buchstaben-Zahlen-Zeichen-Kombination erstellen, die Sie sich nicht einmal zu merken brauchen, das übernimmt der Passwort-Manager für Sie.

In dieser Distribution ist das Programm *Seahorse* als Passwort-Verwaltung installiert. Sie finden es allerdings nicht unter diesem Namen, sondern unter PASSWÖRTER UND VERSCHLÜSSELUNG und wie der Name schon sagt, dient es zu mehr als nur zur Verwaltung von Passwörtern.

Der Begrüßungs-Bildschirm ist zunächst einmal sehr schlicht gehalten und wie Sie sehen werden, gibt es bereits einen Eintrag: einen Schlüsselbund namens *login*.

Ein Schlüsselbund ist eine Sammlung von Passwörtern und PGP-Schlüsseln. Wahrscheinlich ist dieser noch leer. Um ein neues Passwort zu speichern, klicken Sie bitte auf DATEI | NEU... und es erscheint das in Abbildung 11.1 dargestellte Fenster.

Sie können nun ein Passwort speichern. Das ist so weit nicht schwierig, ein Doppelklick auf den Eintrag GESPEICHERTES PASSWORT öffnet den Dialog, in dem Sie ein neues Passwort samt Beschreibung hinterlegen können (siehe Abbildung 11.2).

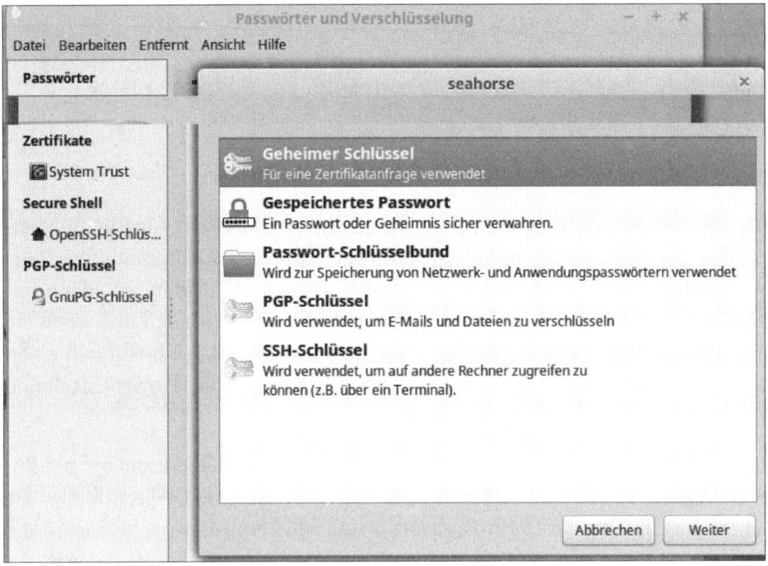

Abb. 11.1: Dialog zum Erstellen neuer Passwörter

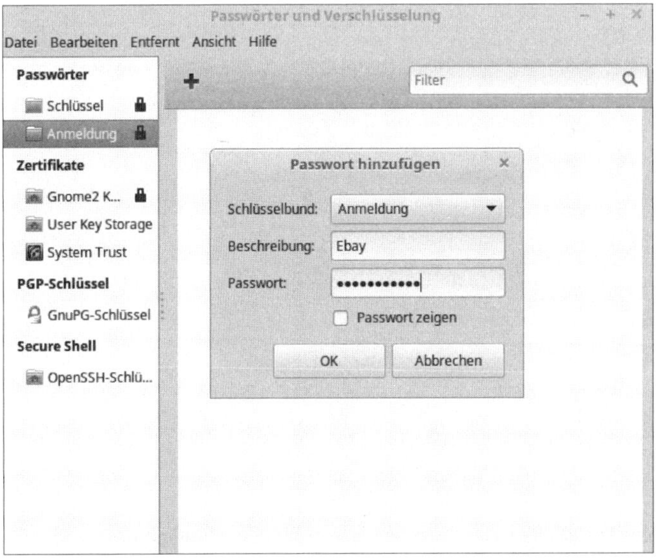

Abb. 11.2: Über einen Dialog speichert man einzelne Passwörter.

HINWEIS

Um diesen Dialog zu öffnen und die gespeicherten Passwörter einzusehen, benötigen Sie Ihr Anmeldepasswort. Ihr Geheimnis ist also nur so sicher wie Ihr persönliches Login-Passwort.

Eine höhere Sicherheit erreichen Sie, wenn Sie ein zweites Passwort für Ihre Geheimnisse erstellen. Dazu klicken Sie mit der rechten Maustaste auf den Menüeintrag PASSWORT ÄNDERN. Geben Sie hier ein anderes Passwort als beim Anmelden ein, dann hat ein Schnüffler immerhin schon zwei Passwörter vor sich. Aber das auch nur, wenn Sie den Schlüsselbund mittels Kontextdialogs sperren. Sonst ist es auch hier durch einen einfachen Klick möglich, die Passwörter zu lesen. Eine Option, um den Schlüsselbund automatisch zu sperren, gibt es leider nicht.

Neben der Möglichkeit, aktiv und bewusst Passwörter zu archivieren, um sie bei Bedarf wieder sichtbar zu machen, arbeitet *Seahorse* im Hintergrund eigenständig. Sie haben bei der Installation ein Login-Passwort erstellt und ein Passwort für Ihr WLAN? *Seahorse* speichert diese und ermöglicht das automatische Anmelden im System.

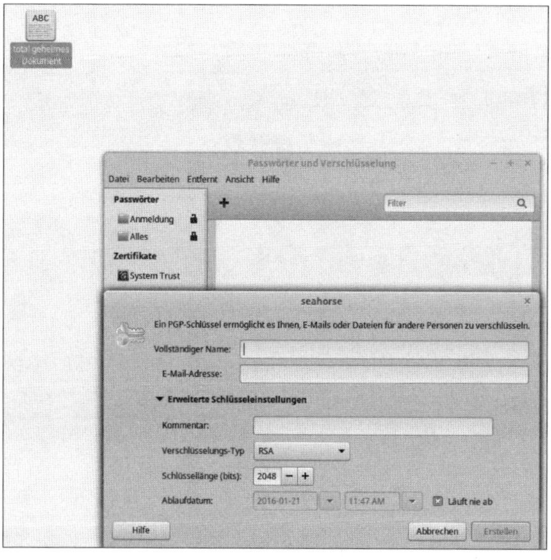

Abb. 11.3: Mit Hilfe des PGP-Schlüssels können Dateien verschlüsselt werden, um sie z.B. als E-Mail-Anhang zu versenden.

Die Optionen, die sowohl SSH- als auch PGP-Schlüssel betreffen, sind recht kompliziert. Sie dienen dazu, `https://`-Seiten zu empfangen, sich per Remote mit einem anderen Computer zu verbinden oder E-Mails zu verschlüsseln.

Es ist es mit Hilfe von *Seahorse* recht leicht möglich, einzelne Dateien im persönlichen Ordner zu verschlüsseln. Dazu muss lediglich das Plug-in *nemo-seahorse* über die Synaptic Paket-Verwaltung heruntergeladen und installiert werden, dann kann man per Rechtsklick auf eine Datei die Option VERSCHLÜSSELN auswählen.

WEB

Umfassende Informationen zu diesem weitreichenden Thema bietet die Webseite *https://www.datenschutzzentrum.de/selbstdatenschutz/internet/pgp/wozu.htm*.

11.4 Verriegelt und verschlossen – Verschlüsselung sensibler Daten

Wenn auf Ihrer Festplatte sensible Dateien lagern, ist eine Verschlüsselung unabdingbar. Prinzipiell lassen sich einzelne Dateien verschlüsseln, Sicherheit erlangen Sie aber nur durch eine systematische Verschlüsselung der gesamten Festplatte. Sie haben bereits während des Installationsvorganges die Möglichkeit, die Festplatte zu verschlüsseln. So kann sie dann, falls der Computer, die Festplatte oder – dies ist wohl die wahrscheinlichste Variante – Ihr Laptop gestohlen wird, niemand die Daten der Festplatte mittels eines Live-Systems auslesen.

11.5 Sicherheit und Datenschutz im Internet

»Du bist der Herr Deiner Worte, einmal ausgesprochen, beherrschen sie Dich.«

Wie oben beschrieben, ist es sehr schwierig, einen Linux-PC vom Internet aus zu kapern, um vertrauliche Informationen auszulesen. Man kann sich also fragen: Warum dann also sicheres Surfen? Natürlich hat man mit dieser Aussage im allgemeinen recht, ernsthafter Schaden ist nicht zu erwarten. Trotzdem besteht Ihr Recht auf informationelle Selbstbestimmung, von Ihren persönlichen Daten nichts preiszugeben, was Sie nicht preisgeben möchten. Dieses wird allerdings im Internet sehr flexibel ausgelegt. Ohne dass Sie es bemerken, hinterlassen Sie im Internet eine digitale Fährte, aus der sich Benutzerprofile erstellen lassen. Diese werden für viel Geld verkauft, weshalb Facebook und Alphabet (der Mutterkonzern von Google) zu den teuersten Firmen der Welt zählen.

Man mag in den Zeiten des Internets den Verlust der Kontrolle über seine Daten als notwendiges Übel betrachten, was hat man denn schon groß zu verbergen? Tatsächlich werden diese Datensätze aber in Zukunft viel invasiver eingesetzt werden, beispielsweise zur Bonitätsprüfung, bei Versicherungen, Krankenkassen, auch potentielle Arbeitgeber können sich Profile eines Bewerbers kaufen.

Nun posten Sie in sozialen Netzwerken Ihre Daten freiwillig und haben wenigstens ansatzweise die Kontrolle darüber, welche Informationen Sie freigeben. Anders ist es mit der digitalen Spur, die Sie unbemerkt im Internet hinterlassen. Hier müssen Sie aktiv werden, damit Ihr Surfverhalten nicht oder doch zumindest schwer nachvollzogen werden kann.

11.6 Firefox absichern

Firefox bietet einige Features an, die das Surfen sicherer und weniger transparent machen: Öffnen Sie den Dialog Bearbeiten | Einstellen. Hier finden Sie übersichtlich die Optionen, mit denen Sie den Datenschutz verbessern können.

Im Bereich Datenschutz: möchte ich Ihnen folgende Einstellungen empfehlen:

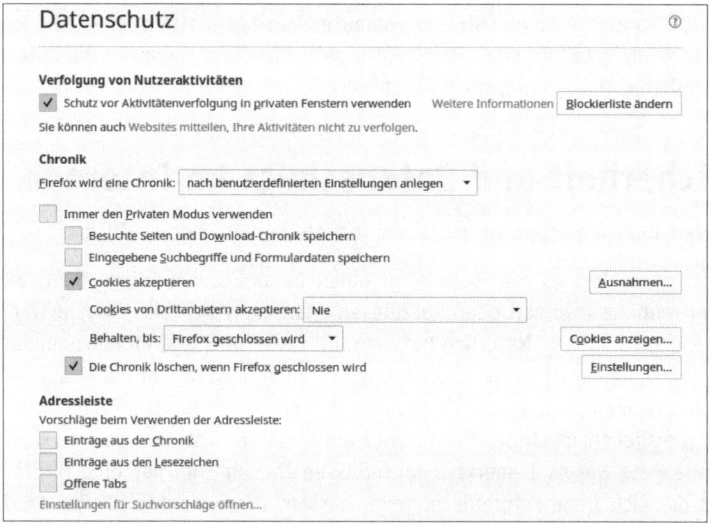

Abb. 11.4: Die Datenschutz-Einstellungen sind nicht automatisch optimal konfiguriert.

Legen Sie zunächst fest, dass Sie nicht verfolgt werden wollen. Viele Webseiten-Betreiber nutzen diese Funktion zu statistischen Zwecken.

Die Einstellungen zum Thema CHRONIK können Sie vornehmen, indem Sie im Dropdown-Menü die benutzerdefinierten Einstellungen aktivieren. Aus einer Chronik lässt sich Ihr Surfverhalten perfekt herauslesen. Daran sind nicht nur Firmen im Internet interessiert, sondern u. U. auch Familienmitglieder oder Chefs.

Lassen Sie Firefox die Chronik löschen, wenn Sie es beenden, und speichern Sie keine besuchten Seiten. Download-Chroniken und eingegebene Suchbegriffe gehen einfach niemanden etwas an.

HINWEIS

Wenn Sie das Schaltkästchen IMMER DEN PRIVATEN MODUS VERWENDEN aktivieren, können Sie unter dem Reiter SICHERHEIT auch keine Passwörter speichern.

Ein *Cookie* ist eine kleine Datei, die ein Webserver auf dem eigenen Rechner anlegen darf. Die Bedrohung, die von Cookies ausgeht, betrifft das informationelle Selbstbestimmungsrecht. Cookies ganz zu verbieten ist leider oft nicht praktikabel, da diese auch für legitime Zwecke verwendet werden, zum Beispiel um Anmeldedaten nicht immer wieder abfragen zu müssen. Daher sollten Sie Cookies grundsätzlich akzeptieren, aber löschen lassen, wenn Sie Firefox schließen. Damit verringern Sie die Gefahr, dass diese Dateien unbefugt ausgelesen werden. Cookies von Drittanbietern sollten Sie allerdings niemals akzeptieren.

Der Reiter SICHERHEIT bietet darüber hinaus noch einige wichtige Einstellmöglichkeiten:

Abb. 11.5: Auch diese Einstellungen sind zunächst nicht optimal.

Setzen Sie unbedingt die oberen drei Häkchen. Ob Sie Passwörter speichern und mit einem Master-Passwort freigeben wollen, ist schwer zu entscheiden. Wenn Sie Passwörter speichern, brauchen Sie auf einer Internetseite nur Ihren Nutzernamen einzugeben, Firefox fügt dann das Passwort automatisch ein. Sie können auf diese Art und Weise sehr sichere Passwörter erstellen und dann einfach vergessen. Dieses Verfahren sollten Sie aber auf keinen Fall bei so heiklen Seiten wie dem Online-Banking anwenden.

TIPP

Wenn Sie Ihre Passwörter speichern, verwenden Sie unbedingt ein Master-Passwort, da Ihre gespeicherten Passwörter sonst nicht verschlüsselt sind!

Linux Mint hat sich in der neuesten Version von Google als Standard-Suchmaschine verabschiedet. Nun ist Yahoo die Suchmaschine der Wahl. Geben Sie einen Suchbegriff ins Adressfeld ein, wird automatisch die Suche über den ehemaligen Klassenprimus aus Sunnyvale angestoßen. Da es sich ebenfalls um eine amerikanische Firma handelt, muss diese Ihre Nutzerdaten, wann immer gefordert, an die Behörden ausliefern (und hat dies in der Vergangenheit wohl auch getan). Da Konkurrenz und Marktführer Google als Datenkrake par exellence gilt, bleibt nur, Suchmaschinen zu nutzen, die weniger neugierig sind.

Unter dem Reiter SUCHE haben Sie die Möglichkeit, eine andere Suchmaschine automatisch einzubinden. *DuckDuckGo* und *Startpage by Ixquick* sind hierbei zwei Empfehlungen, die den Datenschutz sehr ernst nehmen. Die Suchergebnisse sind vielleicht nicht so üppig wie bei Google, reichen jedoch meist völlig aus.

Heimlich, still und leise sind die Einstellmöglichkeiten für *JavaScript* aus den Menü-Einstellungen verschwunden. Hierbei handelt es sich um eine Programmiersprache, die den Funktionsumfang einer Webseite sehr stark erweitert. Mit *JavaScript* können Animationen, Menüs oder Geräusche dargestellt werden. Leider kann *JavaScript* aber auch nervig bis neugierig werden. Wenn Sie es vollständig abschalten, können Sie unter Umständen bestimmte Internetseiten nicht in vollem Umfang nutzen.

Diesem Problem können Sie mit einem Add-on namens *Ghostery* begegnen. Was Addons sind und wie Sie sie installieren können, haben Sie im Kapitel über die Kommunikationsprogramme erfahren.

Darüber hinaus möchte Ich Ihnen noch einige Add-ons empfehlen, die den Browser sicherer machen:

- *AdBlock Plus*: zum Blockieren von Werbung und bösartiger Webseiten
- *Better Privacy*: Löscht Langzeit-Cookies, die durch die Cookie-Verwaltung nicht erkannt werden.
- *NoScript*: JavaScript und andere Plug-ins nur bei vertrauenswürdigen Quellen
- *anonymoX*: Ermöglicht das anonyme Surfen im Internet, indem Sie eine virtuelle Identität aus einem anderen Land annehmen.
- *Browser Protect:* Verhindert, dass jemand über das Internet die Kontrolle über Firefox übernimmt.
- *Blur (*vormals *DoNotTrackMe*): Verhindert, dass Firmen Ihre Aktivitäten im Netz aufzeichnen können.
- *AdNauseam:* Geht einen ganz anderen Weg. Es werden nicht nur Werbung nach einer Liste blockiert, im Hintergrund wird buchstäblich jede Werbung auch angeklickt. Dadurch wird es für die Werbenetzwerke unmöglich, Ihr Interessensprofil zu erstellen.

Diese Plug-ins schützen Ihren Computer und Ihre persönlichen Daten. Sie hindern allerdings niemanden daran, seinen gesunden Menschenverstand auszuschalten. Die größte Verantwortung für die Sicherheit im Netz liegt bei Ihnen.

11.7 Social Engineering – Phishing

Phishing ist der Versuch, über gefälschte Webseiten an Ihre geheimen Daten, zum Beispiel Zugangsdaten zu Ihrer Bank, zu gelangen und sie »abzufischen«. Die Techniken dabei sind zum Teil enorm ausgefeilt.

Im Allgemeinen beginnt eine Phishing-Attacke mit einer persönlich gehaltenen, offiziell anmutenden E-Mail, wobei der Empfänger mit »Sehr geehrter Kunde« angesprochen wird anstatt mit dem eigentlichen Namen. Der Empfänger soll eine betrügerische Webseite besuchen, die täuschend echt aussieht, und wird dann unter einem Vorwand zur Eingabe seiner Zugangsdaten auffordert. Folgt er dieser Aufforderung, gelangen seine Zugangsdaten in die Hände der Urheber der Phishing-Attacke.

Leistung aus Leidenschaft.
Deutsche Bank

Sehr geehrte Kundin, sehr geehrter Kunde,

Der technische Dienst der Bank fuhrt die planmassige Aktualisierung der Software durch Fur die Aktualisierung der Kundendatenbank ist es notig, Ihre Bankdaten erneut zu bestatigen. Dafuer mussen Sie unseren Link (unten) besuchen, wo Ihnen eine spezielle Form zum Ausfullen angeboten wird.

https://meine.deutsche-bank.de/mod/WebObjects/dbpbc.woa/407/wo/confirm.asp

Diese Anweisung wird an allen Bankkunden gesandt und ist zum Erfullen erforderlich.

Wir bitten um Verstandnis und bedanken uns fur die Zusammenarbeit

© Deutsche Bank AG. Alle Rechte vorbehalten

Abb. 11.6: Das Bild zeigt eine täuschend echt gestaltete Internetseite, die nur auf das Abfischen von TANs abzielt. (Quelle: Wikipedia)

Bei anderen Angriffsformen befindet sich die Schadsoftware auf einer infizierten Webseite. Diese wird dann schon durch den Besuch der Website auf dem Computer des Internetnutzers installiert.

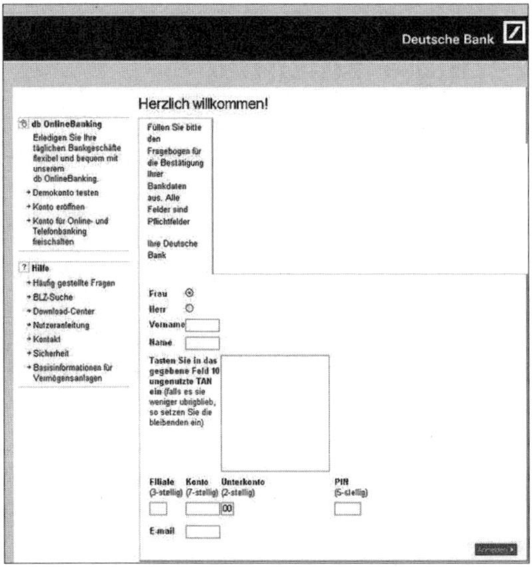

Abb. 11.7: Wer hier eine TAN eingibt, findet bald geplünderte Konten vor. (Quelle: Wikipedia)

Ein gesundes Misstrauen gegenüber dem Medium E-Mail und das aufmerksame Lesen der Phishing-E-Mails sind hilfreich. Die Seiten sind oft so täuschend ähnlich zu den Originalseiten aufgebaut, dass man schon sehr genau hinschauen muss, um die Unterschiede zu erkennen.

Wenn Sie sich an zwei simple Regeln halten, wird das Abfischen Ihrer Daten unmöglich:

- Keine Bank verlangt von ihren Kunden, TANs preiszugeben. Niemals. Löschen Sie solche E-Mails, mit denen Ihre Bank Sie angeblich anschreibt.
- Öffnen Sie niemals die in der E-Mail angegebene Webseite, bereits diese könnte infiziert sein. Der Virus würde auf Ihrem PC zwar keinen Schaden anrichten, Sie würden ihn allerdings möglicherweise mit eigenen E-Mails weiterverbreiten.

11.8 Ihre Daten sichern

Festplatten haben, wie alle Industrieprodukte, eine begrenzte Lebenszeit. Daher ist es unabdingbar, seine Daten regelmäßig auch anderswo zu speichern. Eine Möglichkeit, Daten auszulagern und sie in Echtzeit online zu speichern, habe ich bereits in Kapitel 9 erläutert: Sie können einzelne Ordner mit Hilfe eines Cloudspeichers in Echtzeit auf einen externen Server kopieren und damit außerhalb Ihres Systems speichern. Hauptaugenmerk dieses Konzeptes liegt allerdings auf der Synchronisation auf mehreren Rechnern. Nun kann es aber auch notwendig sein, den gesamten Datenbestand eines Rechners inklusive der Systemeinstellungen zu sichern. Hierfür ist bei Linux Mint ein übersichtliches und einfach zu bedienendes Instrument vorgesehen: *MintBackup*. Sie finden es im Menü unter SYSTEMVERWALTUNG | DATENSICHERUNGSWERKZEUG.

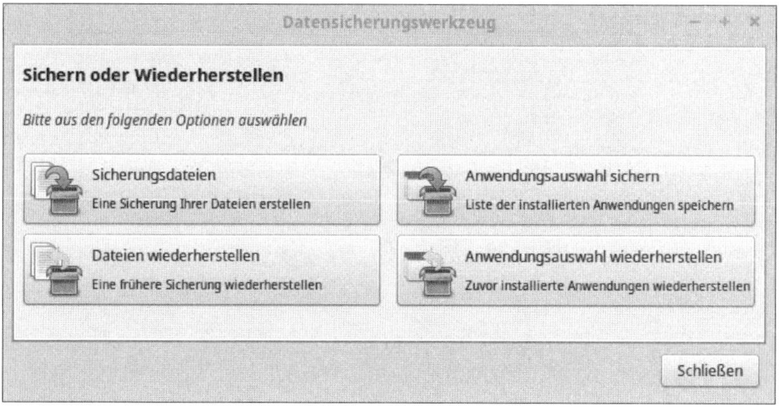

Abb. 11.8: Simpel: Die Oberfläche von *MintBackup*

Die Sicherung verläuft in zwei Schritten. Im ersten Schritt werden nur Dateien gesichert, dies dient zur Sicherung Ihrer Dokumente, Bilder, Filme und gegebenenfalls der Systemdateien. In einem zweiten Schritt werden nur die Anwendungen gesichert, eigentlich sogar nur die Information darüber, welche Anwendungen installiert worden sind.

Bevor Sie die Sicherung starten, müssen Sie noch einige Einstellungen vornehmen:

Beginnen Sie mit dem Button SICHERUNGSDATEIEN:

Wählen Sie nun die Dateien aus, die Sie sichern wollen, und bestimmen Sie das Ziel Ihrer Sicherung, im Idealfall ein externes Laufwerk.

- Die Option ROOT sichert nur den `/root`-Ordner.
- Die Option DATEISYSTEM sichert, wie der Name sagt, das vollständige Dateisystem. Diese Sicherung dauert sehr lang und benötigt viel Speicherplatz.
- Die Option SCHREIBTISCH sichert den Inhalt des Desktops. Legen Sie Ihre Dateien in Ordnern auf dem Desktop ab, wäre dies Ihre Option.
- Unter ANDERE... können Sie Ihren persönlichen `/home`-Ordner wählen und sichern so nur die von Ihnen erstellten Dateien.

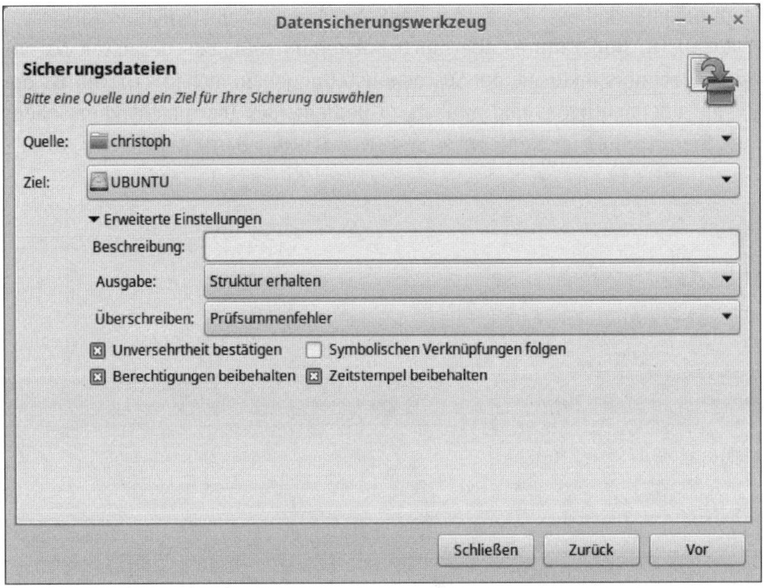

Abb. 11.9: Hier wählen Sie die zu sichernden Dateien und das Ziel.

Wenn Sie unter AUSGABE den Punkt STRUKTUR ERHALTEN wählen, legt *MintBackup* kein Archiv an, sondern kopiert die einzelnen Dateien. Sollte dabei im Zielverzeichnis bereits eine gleichnamige Datei existieren, überschreibt *MintBackup* diese, allerdings nur, sofern die unter ÜBERSCHREIBEN eingestellte Regel zutrifft. Diese Regel betrifft die Prüfsumme, das Änderungsdatum und die Größe der zu sichernden Datei.

Ist im Dropdown-Menü PRÜFSUMMENFEHLER aktiv, überschreibt *MintBackup* die Datei nur dann, wenn sich deren Inhalt von der zu kopierenden unterscheidet. Ist die Datei unverändert, überspringt das Programm die Sicherung, das spart vor allem Zeit.

Etwas aufpassen müssen Sie beim Eintrag ÄNDERUNGSDATUM STIMMT NICHT ÜBEREIN oder GRÖSSE STIMMT NICHT ÜBEREIN: *MintBackup* überschreibt die Zieldatei auch dann, wenn diese neuer ist als die zu kopierende Datei. Relevant ist hier nur ein Unterschied im Erstellungsdatum oder der Größe.

Standardmäßig prüft *MintBackup*, ob der Kopiervorgang erfolgreich war. Ferner versucht das Programm, die Dateirechte und das Datum der Datei zu erhalten. Die Dateirechte kann *MintBackup* nur bewahren, wenn Sie entweder die Dateien in ein Archiv packen lassen oder das Dateisystem des Ziel-Verzeichnisses dies unterstützt. Falls Sie Dateien auf ein FAT32- oder NTFS-Dateisystem umkopieren lassen, gehen die Dateirechte zwangsweise verloren. Wenn Sie alle Optionen gesetzt haben, klicken Sie auf den Button VOR.

Nun schließen Sie Ordner wie den Papierkorb, den Download-Ordner oder dergleichen von der Sicherung aus. Durch einen Klick auf den Button ANWENDEN starten Sie die Sicherung.

TIPP

Die empfohlene Sicherung umfängt nur den `/home`-Ordner, für das vollständige Spiegeln Ihrer Festplatte ist dieses Programm nicht vorgesehen.

Um die Anwendungsauswahl zu sichern, betätigen Sie den entsprechenden Button, wählen das Ziel-Laufwerk aus und lassen sich die Übersicht aller Pakete anzeigen, die Sie selbst zu Linux Mint hinzugefügt haben. Wenn Sie mit der Auswahl Ihrer bisher installierten Programme zufrieden sind, klicken Sie auf den Button ALLES AUSWÄHLEN und starten die Sicherung. So lange auch die Sicherung Ihrer Dateien dauert, dieser Teil ist in Sekundenbruchteilen erledigt, da ja nicht die Anwendungen an sich, sondern nur die Paketliste gespeichert wurde.

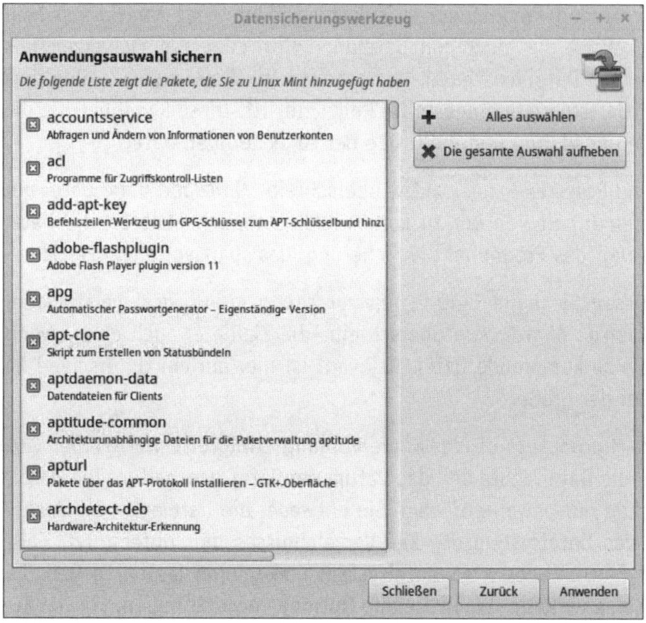

Abb. 11.10: Sicherung Ihrer Programme

11.9 Nach einem Festplattencrash

Wenn Ihre Festplatte jetzt aus Altersgründen den Geist aufgegeben hat oder Sie sich vielleicht einen neuen Computer geleistet haben, brauchen Sie keine langen Sitzungen mehr zu fürchten: Sie stellen Ihre Arbeitsumgebung im Nu wieder her.

- Installieren Sie Linux Mint vollständig mit allen Aktualisierungen und schließen Sie das Sicherungs-Laufwerk an.
- Starten Sie *MintBackup*.
- Spielen Sie zuerst die Anwendungssicherung wieder ein. Dazu klicken Sie auf den Button ANWENDUNGSAUSWAHL WIEDERHERSTELLEN und wählen die gewünschte Datei mit der Endung *.list* aus. Diese Datei wird von Ihrer Paketverwaltung aufgenommen und alle zuvor von Ihnen installierten Programme werden nun erneut aufgespielt.
- Als Letztes betätigen Sie den Button DATEIEN WIEDERHERSTELLEN. Ihre zuvor gespeicherten Dokumente, aber auch ein Großteil der Einstellungen, soweit sie zur aktuellen Mint-Version passen, werden wiederhergestellt.

Sie sollten allerdings folgende Einschränkungen bei *MintBackup* beachten:

Dieses Programm sichert, allerdings synchronisiert es nicht. Ein Beispiel: Sie haben zehn Bilder in Ihrem Bilder-Ordner. Somit werden bei der Sicherung alle zehn Bilder gesichert. Löschen Sie nun eins oder mehrere dieser Bilder, würden diese bei einer Synchronisation ebenfalls aus dem Sicherungsordner gelöscht. *MintBackup* tut dies nicht, es belässt diese Bilder im Sicherungs-Ordner. Das bedeutet, dass beim Zurückspielen der Datei auch längst gelöschte Bilder wieder auftauchen.

Die zweite, wohl viel kritischere Eigenschaft ist die fehlende Automatisierung. Sie müssen selbst daran denken, Ihr System täglich zu sichern. Andere Programme können dies besser.

Lösung: Der Spruch, der dem Passwort zu Grunde liegt heißt: *M*ein *H*ut *d*er *h*at *3 E*cken, *3 E*cken *h*at *m*ein *H*ut. Leicht zu merken, nicht zu knacken, oder?

Kapitel 12

Virtuelles persönliches Netzwerk (VPN) einrichten

Ziel des Kapitels

- Sie wissen, welchen Vorteil Sie aus einem VPN ziehen können.
- Sie wissen, wie ein VPN funktioniert und welche Rolle die einzelnen Komponenten übernehmen.
- Sie können ein VPN an Ihrem Linux-Mint-PC einrichten.
- Sie können an Ihrem Router VPN und DynDNS einrichten.

Wege zum Erfolg

- Sie laden die richtigen Programme zur Einrichtung einer VPN herunter und richten diese ein.
- Sie richten einen DynDNS-Server ein und konfigurieren Ihren Router dementsprechend.
- Sie richten Ihren Router als VPN-Server ein.

12.1 Eine sichere Sache

Stellen Sie sich bitte vor, Sie sitzen mit Ihrem Laptop in einem Cafe, das einen kostenlosen WLAN-Hotspot zur Verfügung stellt. Sie rufen Ihre E-Mails ab, überprüfen einmal kurz den Stand der Dinge im großen Internet-Auktionshaus und erledigen schnell noch ein paar Bankgeschäfte. Außerdem posten Sie noch einige Nachrichten im bevorzugten sozialen Netzwerk.

Ein paar Tage später erhalten Sie einen Anruf, wann Sie denn die Yacht, die Sie ersteigert haben, in der Karibik abholen, Ihr Konto ist geplündert und mit Hilfe Ihres E-Mail-Accounts sendet jemand Stalking-Mails an einen beliebten Schauspieler. Was ist passiert? Ganz einfach: Jemand hat Sie bei Ihrer Internet-Sitzung belauscht und mit den gewonnenen Informationen Unfug getrieben.

Zugegeben, dieses Beispiel ist stark übertrieben. Aber Fakt ist: Wenn Sie sich mit einem PC oder Smartphone mittels eines öffentlichen Hot-Spots ins Internet begeben, sind alle Ihre Internet-Aktivitäten ungeschützt und ganz leicht nachvollziehbar. Alle Seiten, die Sie aufrufen, alle Passwörter, die Sie eingeben, alle Texte, die Sie posten, werden aufgezeichnet (»geloggt«) und in einer Datei auf dem Router, den der Cafehausbesitzer zur Verfügung stellt, zwischengespeichert. Darüber hinaus kann jeder, der auch nur oberflächliche Ahnung von Netzwerktechnik hat, aber die richtige Software auf seinem Computer, Ihre Internet-Aktivitäten in Echtzeit mit verfolgen. Diese Hackerprogramme sind nicht einmal illegal, gehören sie doch zur Standardausrüstung eines Netzwerk-Administrators.

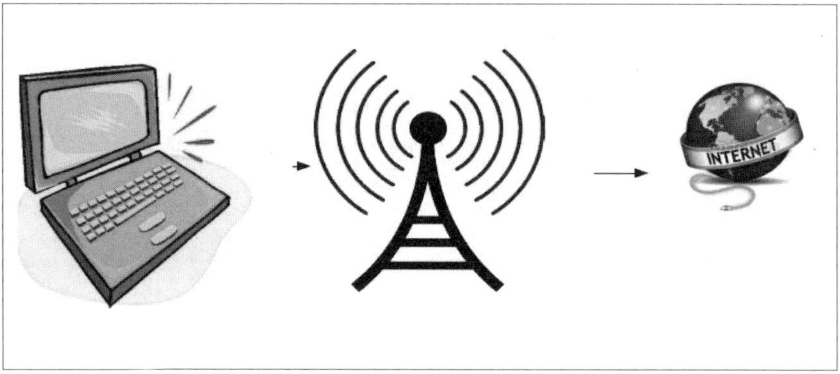

Abb. 12.1: Ganz schlecht: Die direkte Verbindung ins Internet mit Hilfe eines unbekannten offenen Hotspots

Natürlich gibt es auch sichere Möglichkeiten, mit Hilfe eines offenen Hot-Spots ins Internet zu gelangen: Die Einrichtung eines *Virtuellen Privaten Netzwerkes* (VPN). Diese Methode ermöglicht es Ihnen, sich verschlüsselt mit dem Hotspot zu verbinden. Danach sorgt VPN für eine verschlüsselte Verbindung mit Ihrem heimischen Netzwerkrouter. Die eigentliche Internetverbindung erfolgt dann über Ihr heimisches Netzwerk mit den Sicherheitsvorkehrungen, die Sie zu Hause eben auch haben.

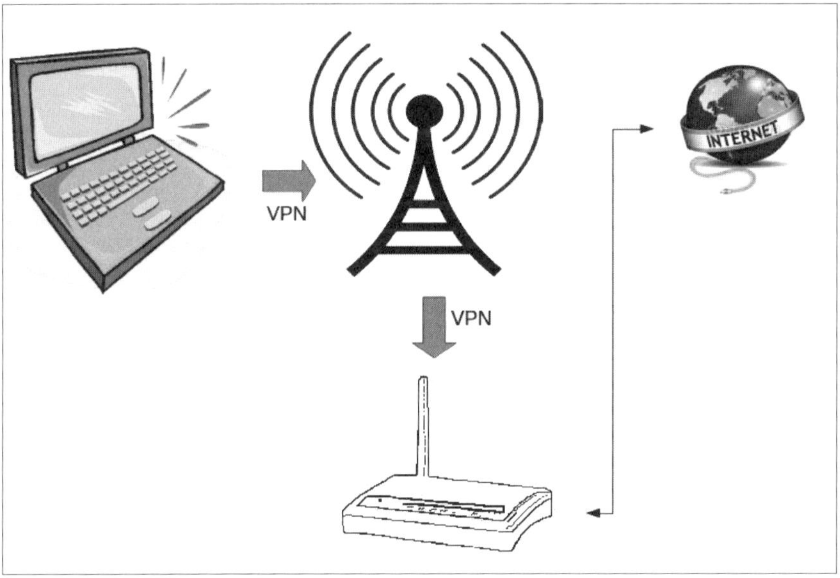

Abb. 12.2: Besser: Der Hotspot dient nur dazu, die Verbindung zum heimischen Netzwerkrouter aufzubauen.

Sie können, die notwendigen Netzwerkkenntnisse vorausgesetzt, Ihr gesamtes heimisches Netzwerk benutzen, also auch Drucker, Faxgeräte und Netzwerk-Festplatten usw., hier geht es aber um die Nutzung der Internet-Verbindung. Dieses System ist so sicher, dass sogar die NSA eingestehen müsste, kein Mittel zum systematischen Abhören von VPN gefunden zu haben.

Die Einrichtung ist nicht ganz einfach, sollte aber mit der Schritt-für-Schritt-Anleitung gelingen. Sie beinhaltet drei Teile:

- Als Erstes müssen Sie einen sogenannten DynDNS-Server einrichten. Wenn Sie nämlich im Cafe sitzen, können Sie gar nicht wissen, mit welcher IP-Adresse Ihr heimischer Router gerade mit dem Internet verbunden ist.

- Als Zweites müssen Sie den heimischen Router so einrichten, dass er die Anfrage per VPN überhaupt zulässt und Ihrem Laptop Zugang zum Netzwerk gewährt.
- Als Drittes müssen Sie den VPN-Client am Linux-Laptop einrichten.

12.2 Die Einrichtung einen DynDNS-Servers

Die dynamische IP-Adresse

Wenn Sie sich zu Hause über Ihr Modem mit dem Internet verbinden, läuft dies ungefähr folgendermaßen ab:

»Hallo Internet-Anbieter, hier ist Lieschen Müller, ich möchte ins Internet.«

»Hallo Lieschen Müller, wenn Du mir Deine Anmelde-Daten gibst, gerne.«

»Ja, meine Anmelde-Daten sind (...).«

»Schön, Du bekommst für diese Sitzung die Adresse ... lass mal sehen ... die IP-Adresse mit der Nummer 88.152.8.42 ist gerade frei geworden.«

Diese Zahlenkombination identifiziert die Computer, die für das Internet benutzt werden, bei allen Webseiten, die diese besuchen. Für diese Internet-Sitzung wird Lieschen mit dieser IP-Adresse im Internet angemeldet. Die Identifikation ändert sich bei jeder neuen Einwahl oder spätestens nach 24 Stunden, weil es gar nicht so viele IP-Adressen gibt wie Internetnutzer. Sobald sich ein Nutzer aus dem Netz abmeldet, wird seine IP-Adresse frei und an einen anderen Nutzer, der sich gerade einwählt, weitergegeben.

DynDNS-Server

Wenn Sie also mit Ihrem Linux-Mint-Laptop im Cafe sitzen, können Sie sich nicht ohne Weiteres mit dem heimischen Router verbinden, da Sie ja gar nicht wissen, mit welcher IP-Adresse Ihr Netzwerk gerade mit dem Internet verbunden ist. Aber der heimische Router ist ja immer online, also muss es nur irgendeine Instanz geben, über die Sie die Box im Internet finden und sich mit ihr verbinden können. Dann können Sie auf alle Netzwerk-Ressourcen zugreifen, also auch auf die Internetverbindung, ganz so, als wären Sie zu Hause. Einige Internet-Dienste bieten hier eine Lösung: Sie behalten, nachdem Sie sich angemeldet haben, Ihre IP-Adresse im Blick. Möchten Sie aus dem Internet heraus auf Ihr Heimnetzwerk zugreifen, wählen Sie diesen Dienst an, dieser leitet Sie dann sicher zu Ihrem Netzwerk weiter. Anbieter solcher sogenannter *dynamischer DNS-Server* sind unter anderem:

- *http://www.dyndns.org*
- *http://www.selfhost.de*
- *http://www.no-ip.com*
- *http://www.dnsexit.com*
- *http://www.dyns.cx*

Einige dieser Anbieter sind kostenlos, verlangen aber für höhere Übertragungsgeschwindigkeiten einen monatlichen Beitrag.

Wählen Sie einen Anbieter aus und rufen Sie mit dem Browser die Internetseite auf, um sich bei dem Dienst anzumelden. Der Anmeldeprozess ist schnell erledigt. Am Ende erhalten Sie eine so genannte *Domain,* im Falle dieses (nicht realen) Beispiels habe ich eine Domain namens `troche.ddns.net` erstellt. In der Regel werden Sie eine Bestätigungs-Mail an die angegebene E-Mail-Adresse erhalten, die einen Link enthält. Diesen Link müssen Sie anklicken, jetzt ist Ihre Anmeldung komplett.

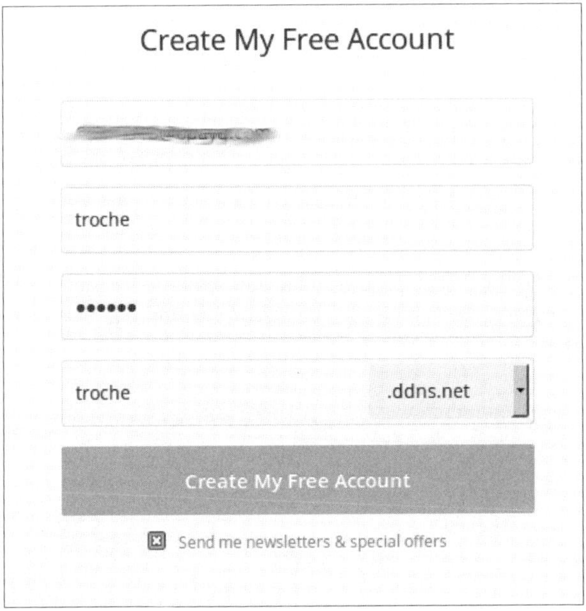

Abb. 12.3: Das Anmelde-Fenster von *No-ip.com*

Um die Einrichtung der dynamischen DNS abzuschließen, müssen Sie Ihren Router zu Hause nur noch instruieren, die aktuelle IP-Adresse regelmäßig an den Dienste-

Anbieter zu senden. Die meisten modernen Router haben diese Funktion bereits eingebaut.

Rufen Sie die Arbeitsoberfläche Ihres Routers auf. In unserem Beispiel handelt es sich um eine Fritz!Box, das Verfahren funktioniert aber auch analog mit Routern anderer Hersteller. Dazu geben Sie in die Adresszeile des Webbrowsers `fritz.box` ein und loggen sich mit dem Passwort in die Konfigurations-Oberfläche ein. Hier öffnen Sie den Reiter INTERNET | FREIGABEN | DYNAMIC DNS.

Aktivieren Sie nun die Option DYNAMIC DNS BENUTZEN, suchen Sie aus dem Dropdown-Menü Ihren Anbieter aus und geben Sie die Anmelde-Daten ein.

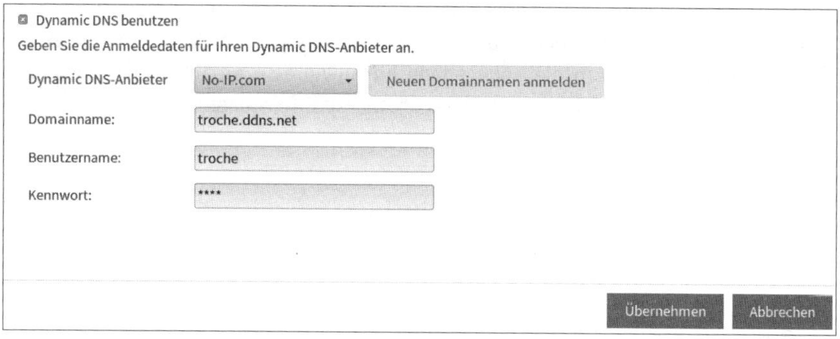

Abb. 12.4: Nun meldet der Router in regelmäßigen Abständen die aktuelle IP-Adresse an den DynDNS-Dienst.

Um zu überprüfen, ob das Ganze funktioniert, starten Sie das Terminal und geben Sie den Befehl `ping` gefolgt von Ihrem Domainnamen ein. Wenn dann einige Sekunden später die Antwort der Domain eintrifft, hat alles geklappt.

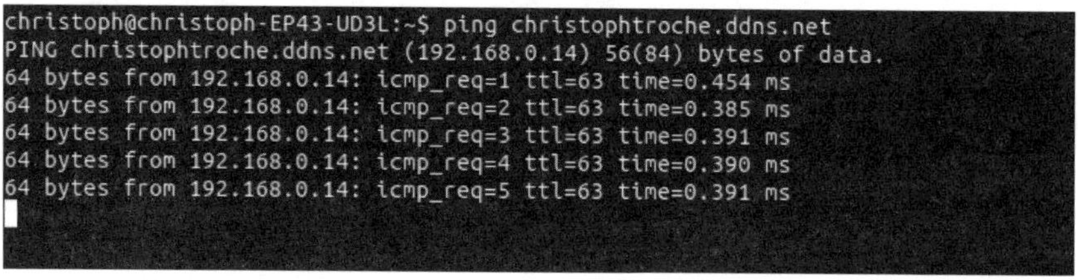

Abb. 12.5: Alles hat geklappt, Dynamic DNS funktioniert.

TIPP

Je nach verwendetem Router kann es sein, dass Sie gar keine Auswahl an DynDNS-Servern vorfinden oder dass Sie diese Funktion gar nicht finden. Hier hilft nur ein Blick in das Handbuch Ihres Routers oder evtl. ein Firmware-Update. Wenn dies alles nicht funktionieren sollte und Sie häufiger öffentliche Hot-Spots nutzen, sollten Sie sich gegebenenfalls einen neuen Router anschaffen.

Falls dieser die Einrichtung und Organisation eines DynDNS-Servers nicht unterstützt, stellen einige Dienst-Anbieter auch Software-Tools zur Verfügung. Diese setzen dann allerdings voraus, dass ein PC rund um die Uhr innerhalb des heimischen Netzwerkes läuft und die IP-Veränderungen an den Dienst-Anbieter sendet. Ob Sie im Falle eines mehrwöchigen Urlaubes stets einen PC zu Hause laufen lassen wollen, dessen einzige Aufgabe es ist, die aktuelle IP-Adresse zu melden, müssen Sie entscheiden.

12.3 Den Router einrichten

Als zweiten Schritt müssen Sie Ihrem Router beibringen, die VPN-Anfrage zuzulassen. Und hier wird es kompliziert, da die Modalitäten der verschiedenen Routerhersteller unterschiedlich sind.

Ich möchte dies anhand der FRITZ!Box erklären, diese Boxen und die entsprechenden Derivate stellen einen Großteil der in Privathaushalten verwendeten Router. Die Chance, lieber Leser, dass ich hier Ihren Hersteller treffe, ist am höchsten. Andere Hersteller haben andere Verfahren, ihren Routern die VPN-Verbindung zu ermöglichen, oft hilft schon ein Blick ins Handbuch.

Mit einer Firmware-Version ab 6.0

Falls Sie nicht wissen, mit welcher Firmware-Version Ihre Box arbeitet, geben Sie in das Adressfeld Ihres Browsers http://fritz.box ein. Nun befinden Sie sich auf der Einstell-Oberfläche. Hier können Sie die verwendete Firmware-Version ablesen. Falls Sie eine ältere Firmware-Version besitzen, sollten Sie die Update-Funktion nutzen, je nach Baujahr der Box steht vielleicht eine aktuelle Version zur Verfügung. Sollte dies nicht der Fall sein, sollten Sie über den Erwerb einer neuen Box nachdenken, Boxen mit einer alten, nicht mehr unterstützten Firmware sind nur eingeschränkt sicher.

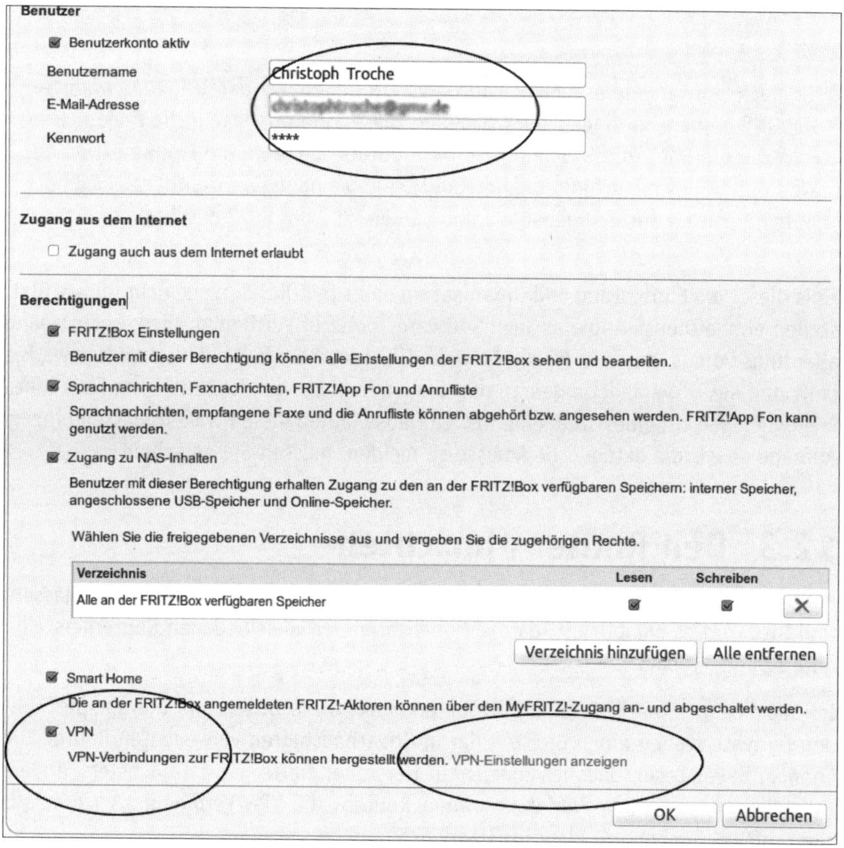

Abb. 12.6: Schnell eingerichtet: der VPN-Zugang im Router

Öffnen Sie das Menü Internet | Freigaben | VPN und klicken Sie auf den Button VPN hinzufügen. Hier wählen Sie nun die Funktion Fernzugang für einen Benutzer einrichten. Klicken Sie auf den Button Weiter. Nun erreichen Sie die Benutzer-Verwaltung, in der Sie entweder einen neuen Fritz!Box-Benutzer einrichten oder über das Edit-Icon einen bereits existierenden Benutzer bearbeiten können. Da Sie ja als Nutzer registriert sind, können Sie diese Option auswählen. Aktivieren Sie die Option VPN-Verbindungen zur FRITZ!Box können hergestellt werden. Klicken Sie zum Schluss auf den Eintrag VPN-Einstellungen anzeigen. Nun öffnet sich ein Pop-up-Fenster, in dem die Einstelldaten für die Box angezeigt werden. Bitte drucken Sie diese Seite aus, sie enthält alle Daten, die Sie zum Einrichten Ihres VPN-Clients benötigen.

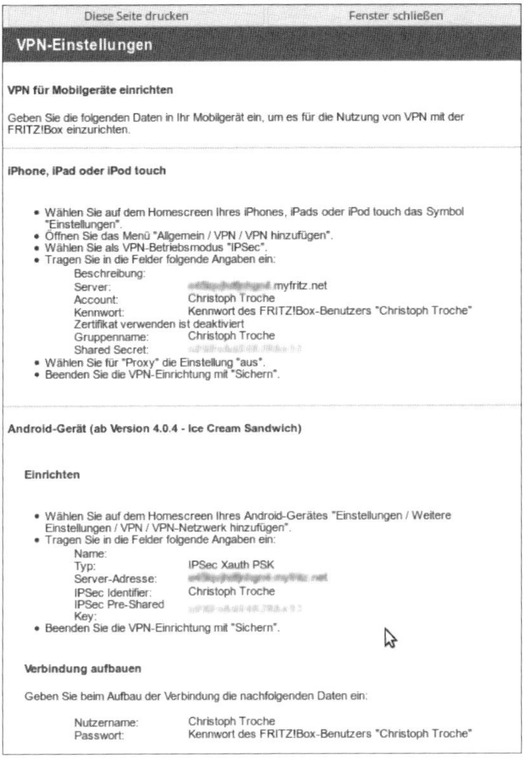
Diese Seite drucken Fenster schließen

VPN-Einstellungen

VPN für Mobilgeräte einrichten

Geben Sie die folgenden Daten in Ihr Mobilgerät ein, um es für die Nutzung von VPN mit der FRITZ!Box einzurichten.

iPhone, iPad oder iPod touch

- Wählen Sie auf dem Homescreen Ihres iPhones, iPads oder iPod touch das Symbol "Einstellungen".
- Öffnen Sie das Menü "Allgemein / VPN / VPN hinzufügen".
- Wählen Sie als VPN-Betriebsmodus "IPSec".
- Tragen Sie in die Felder folgende Angaben ein:

Beschreibung:	
Server:	.myfritz.net
Account:	Christoph Troche
Kennwort:	Kennwort des FRITZ!Box-Benutzers "Christoph Troche"
Zertifikat verwenden ist deaktiviert	
Gruppenname:	Christoph Troche
Shared Secret:	

- Wählen Sie für "Proxy" die Einstellung "aus".
- Beenden Sie die VPN-Einrichtung mit "Sichern".

Android-Gerät (ab Version 4.0.4 - Ice Cream Sandwich)

Einrichten

- Wählen Sie auf dem Homescreen Ihres Android-Gerätes "Einstellungen / Weitere Einstellungen / VPN / VPN-Netzwerk hinzufügen".
- Tragen Sie in die Felder folgende Angaben ein:

Name:	
Typ:	IPSec Xauth PSK
Server-Adresse:	
IPSec Identifier:	Christoph Troche
IPSec Pre-Shared Key:	

- Beenden Sie die VPN-Einrichtung mit "Sichern".

Verbindung aufbauen

Geben Sie beim Aufbau der Verbindung die nachfolgenden Daten ein:

Nutzername:	Christoph Troche
Passwort:	Kennwort des FRITZ!Box-Benutzers "Christoph Troche"

Abb. 12.7: Diese Seite sollten Sie sich ausdrucken.

12.4 Die Einrichtung des VPN-Clients im Linux-Mint-Computer

Als letzten Schritt müssen Sie Ihren Linux Mint Computer noch in die Lage versetzen, zum einen die Verbindung zu Ihrem DynDNS-Server aufzunehmen und zum anderen sich beim gerade eingerichteten VPN zu legitimieren.

Vielleicht werden Sie schon bemerkt haben, dass der Network-Manager bereits eine vorbereitete VPN-Verbindung bereit hält: das *PPTP-Tunneling-Protokoll.* Die Geschehnisse um die NSA-Affäre haben allerdings gezeigt, dass dieses Verfahren unsicher ist. Besser ist die Verschlüsselung mit VPNc. Hierzu installieren Sie mit Hilfe des Terminals:

```
sudo apt-get install network-manager-vpnc-gnome
```

TIPP

Falls Sie die KDE-Version benutzen, laden Sie bitte das Paket:

```
sudo apt-get install network-manager-vpnc
```

Probieren Sie doch der Übung halber einmal die Installation mit Synaptic.

Hier müssen Sie `vpnc` in das Suchfeld eintragen und anschließend folgende Pakete zur Installation vormerken:

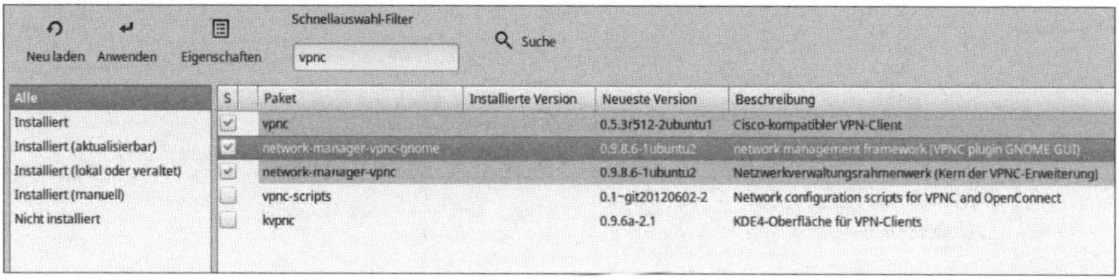

Abb. 12.8: *Vpnc, network-manager-vpnc* und *network-manager-vpnc-gnome* müssen heruntergeladen werden.

Bei der KDE-Version brauchen Sie das Paket *...-gnome* nicht mit herunterzuladen und sollten es deaktivieren.

Starten Sie jetzt den Network-Manager entweder durch Anklicken des Netzwerksymbols rechts unten auf dem Desktop oder durch die Auswahl im Menü. Sie finden den Netzwerk-Manager unter EINSTELLUNGEN | NETZWERKVERBINDUNGEN. Klicken Sie auf HINZUFÜGEN. Im erscheinenden Dropdown-Menü erscheint nun als neuer Eintrag CISCO-KOMPATIBLER VPN-CLIENT (siehe Abbildung 12.9).

Klicken Sie auf den Button ERZEUGEN und geben Sie die Daten im sich nun öffnenden Dialog ein, die Sie aus dem Textdokument oder dem Pop-up-Fenster ausgedruckt haben (siehe Abbildung 12.10).

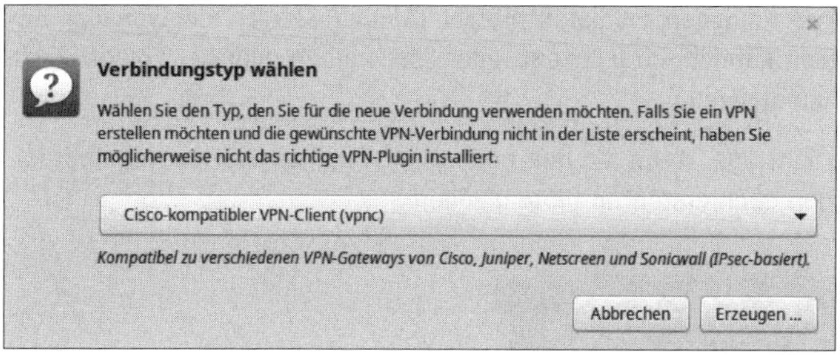

Abb. 12.9: Wählen Sie diesen Eintrag aus, um eine sichere VPN-Verbindung zu installieren

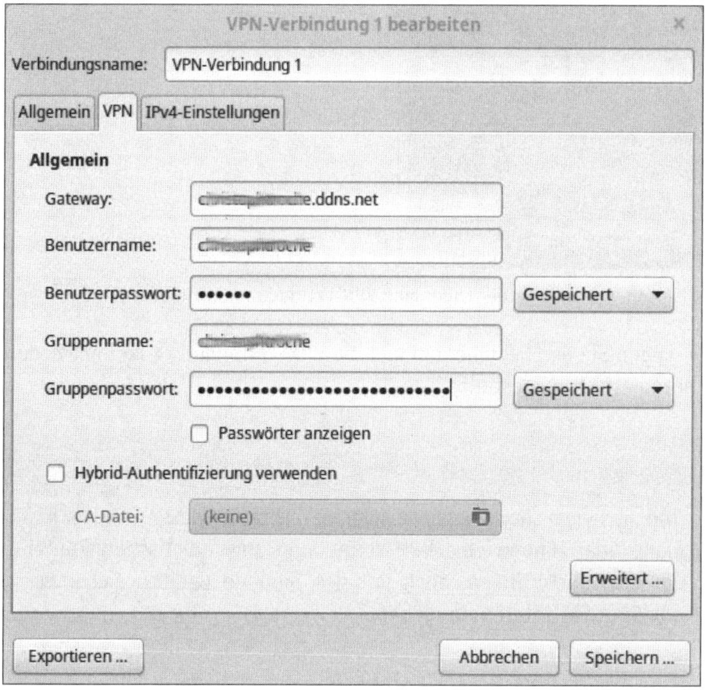

Abb. 12.10: Dialog zur Einrichtung eines VPN-Clients auf Ihrem Laptop

Geben Sie der hergestellten Verbindung einen Namen, falls Sie mit Ihrem Laptop mehrere VPN-Verbindungen planen, ansonsten lassen Sie das Feld leer.

Als Gateway geben Sie den Namen der vorhin erstellten DynDNS-Domain ein.

Das GRUPPEN-PASSWORT hingegen ist der Schlüssel (*Shared Secret*), der von der Box erstellt wurde. Diesen können Sie jetzt entweder abschreiben oder per Copy & Paste aus der Textdatei importieren.

Speichern Sie Ihre Einträge. Wenn Sie nun noch einmal auf das Netzwerksymbol klicken, können Sie den eben erstellten Eintrag sehen.

Abb. 12.11: Das Laptop wäre nun in der Lage, eine VPN-Verbindung aufzubauen.

Das war's schon. Legen Sie den Schieber um und die VPN-Verbindung zum heimischen Netzwerk wird automatisch hergestellt.

TIPP

Die Einstelldaten aus dem Textdokument können Sie auch dazu nutzen, mit Ihrem Smartphone oder iPhone eine VPN-Verbindung zum heimischen Router aufzubauen. Das ermöglicht Ihnen, auch mit den mobilen Geräten sicher per öffentlichem Hot-Spot ins Internet zu gehen.

Sollte Ihr heimischer Router die Prozeduren des DynDNS und VPN nicht unterstützen, denken Sie über einen Neukauf nach. Ich kann in diesem Zusammenhang die Router von AVM empfehlen, die Einrichtung der entsprechenden Programme ist hier bedienungsfreundlich und sicher gestaltet. Und nein, ich habe keinen Werbevertrag mit AVM.

Kapitel 13

Kommandozeile und Verzeichnisbaum

Ziel des Kapitels

- Sie finden sich in den Verzeichnissen des Linux-Mint-Computers zurecht und lernen das Terminal besser kennen.

Schritte zum Erfolg

- Sie erkennen die Logik im Verzeichnisbaum.
- Sie lernen, was das Ein- und Aushängen von Verzeichnissen und Laufwerken bedeutet.
- Sie lernen die wichtigsten Befehle in der Kommandozeile kennen.

13.1 Der Linux-Verzeichnisbaum – eine etwas andere Logik

Jetzt geht es also los, jetzt wird Linux doch kompliziert? Ja und nein. Bis hierher haben wir es ohne besondere Kenntnisse des Verzeichnisbaums geschafft und Linux Mint ist eben so ausgelegt, dass dies weiterhin so bleiben kann. Trotzdem möchte ich Ihnen diese Einführung geben, schon weil in vielen Hilfsforen von Ihnen erwartet wird, dass Sie bestimmte Angaben machen, die eben nur mit dem Terminal erstellt werden können und die zumindest oberflächliche Kenntnisse des Verzeichnisbaums voraussetzen.

Eine Besonderheit zeichnet Linux gegenüber anderen Betriebssystemen aus: Aus Sicht des Betriebssystems ist alles, wovon gelesen und in das geschrieben wird, eine Datei. Das gilt merkwürdigerweise nicht nur für Laufwerke, Festplatten und Partitionen, sondern auch für alle Geräte. Der Monitor, die Soundkarte und der Drucker sind in diesem Sinne Dateien, in die das Betriebssystem hineinschreibt. Gelesen wird beispielsweise von der Tastatur, dem Scanner oder der Maus.

Dateien aber müssen in Verzeichnissen zu finden sein und so ist es auch hier. Der Verzeichnisbaum unter Linux folgt einer anderen Hierarchie als beispielsweise der Baum unter Microsoft und er ist viel stringenter.

Steht bei Microsoft der Laufwerksbuchstabe am Anfang der Hierarchie, so ist dies bei Linux das sogenannte *Root-Verzeichnis*, das durch einen Slash »/« symbolisiert wird.

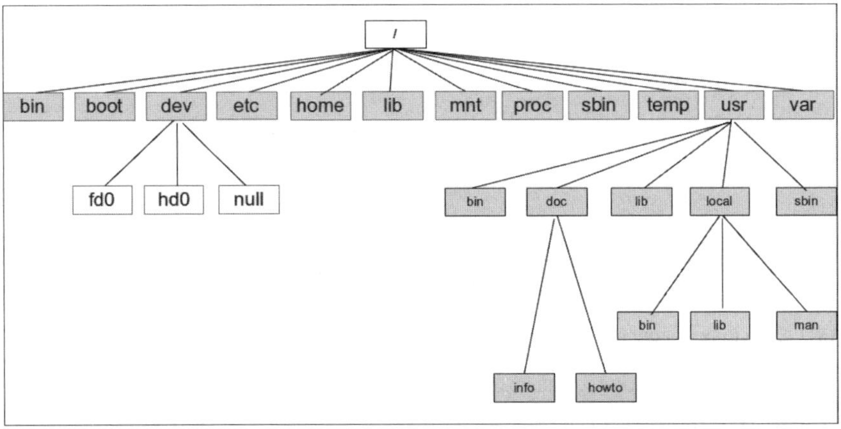

Abb. 13.1: Verzeichnishierarchie unter Linux

ACHTUNG

Bitte beachten Sie die korrekte Schreibweise: Während bei Microsoft-Systemen ein Backslash »\« verwendet wird, verwendet man bei Linux einen Slash »/«.

Schauen wir uns die wichtigsten Verzeichnisse einmal an:

- / ist das Haupt-, Root- oder Wurzelverzeichnis. Hier, am Beginn des Verzeichnisbaumes, sollten keine Dateien liegen, sondern nur Verzeichnisse
- `/bin`: Hier befinden sich wichtige Programme (*binaries*) zur Systemverwaltung, die immer verfügbar sein müssen. Diese Programme können von jedem Benutzer genutzt werden. Anwendungen wie z. B. *LibreOffice* findet man hier nicht.
- `/boot`: Hier befindet sich der Kernel, das Herz des Betriebssystems.
- `/dev`: In diesem Verzeichnis findet man Gerätedateien, die Zugangspunkte zur peripheren Hardware (*devices*). `/fd0` beispielsweise stellt den Zugang zu einer Floppydisk her.
- `/etc`: Hier befinden sich die Konfigurationsdateien des Systems. Dabei handelt es sich um einfache Textdateien, die mit dem Editor verändert werden können. Wenn Sie in Internetforen aufgefordert werden, eine bestimmte Konfigurationsdatei anzupassen, um ein Problem zu lösen, werden Sie hier fündig.
- `/home`: Ist wohl das meistgenutzte Verzeichnis. Für jeden Benutzer wird ein eigenes `/home`-Verzeichnis angelegt, in dem er Dateien anlegen, verändern und löschen kann. In den Unterverzeichnissen werden beispielsweise die *Thunderbird*- und *Firefox*-Profile abgelegt.
- `/lib`: Enthält die Programmbibliotheken (*libraries*). Diese enthalten Funktionen, die von mehreren Programmen gleichzeitig genutzt werden.
- `/mnt`: Ist das Standard-Mount-Verzeichnis unter Linux. Es wird bei Linux Mint nicht genutzt, ist aber trotzdem vorhanden, da sich die Laufwerke anderer Betriebssysteme hier einhängen sollen.
- `/media`: Hier werden die Unterverzeichnisse für Speichermedien gelistet. Speichermedien können CD-Laufwerke, USB-Sticks, aber auch die Windows-Partition sein, die sich eventuell auch noch auf der Festplatte befindet.
- `/proc`: Hier werden Informationen über die laufenden Prozesse (*process*) gespeichert.

- `/root`: Hier befindet sich das Home-Verzeichnis des Administrators, des so genannten *root*. Um dieses Verzeichnis zu öffnen, müssen Sie das Administratorpasswort eingeben. Klicken Sie mit der rechten Maustaste auf den Ordner und wählen Sie aus dem Kontext-Menü die Option ALS SYSTEMVERWALTER ÖFFNEN.
- `/sbin`: Ähnlich wie im Verzeichnis `/bin` sind hier Kommandos gespeichert, die allerdings nur mit Administratorrechten ausgeführt werden können.
- `/temp`: Hierher werden vorübergehend Programm-Dateien ausgelagert.
- `/usr`: In diesem Verzeichnis werden zusätzlich installierte Programme, die nicht zur regulären Distribution gehören, gespeichert. Die meisten davon findet man im Unterverzeichnis `/usr/bin`.
- `/var`: Hier lagern die sich laufend verändernden Informationen wie zum Beispiel die Zwischenablage und Druckaufträge.

Sie haben zwei Möglichkeiten, den Inhalt dieser Verzeichnisse zu betrachten: Zum einen, indem Sie sich mit dem Dateimanager *Nemo* durch die Verzeichnisse klicken, zum anderen mit dem Terminal, auch Konsole genannt. Hier müssen Sie dann aber die entsprechenden Befehle kennen.

Sie werden feststellen, dass Sie längst nicht alle Verzeichnisse öffnen und auch nicht alle Dateien verändern können.

TIPP

Nur der Systemverwalter hat die Zugriffsrechte auf die System-Dateien. Allerdings melden Sie sich für gewöhnlich nicht als Systemverwalter beim System an, sondern als normaler Nutzer. Der Grund ist im Kapitel über die Sicherheit des Systems beschrieben.

13.2 Geräte im Verzeichnisbaum

Wie bereits erwähnt, werden alle peripheren Geräte als Dateien im Verzeichnisbaum abgebildet. Damit Linux ein Gerät ansprechen kann, muss eine das Gerät abbildende Datei vorhanden sein. Diese Dateien finden Sie im Verzeichnis `/dev`. Die zugehörigen Dateinamen sind standardisiert, das Äquivalent zum Laufwerk `C:\` von Microsoft unter Linux so lautet beispielsweise `/dev/hd0`.

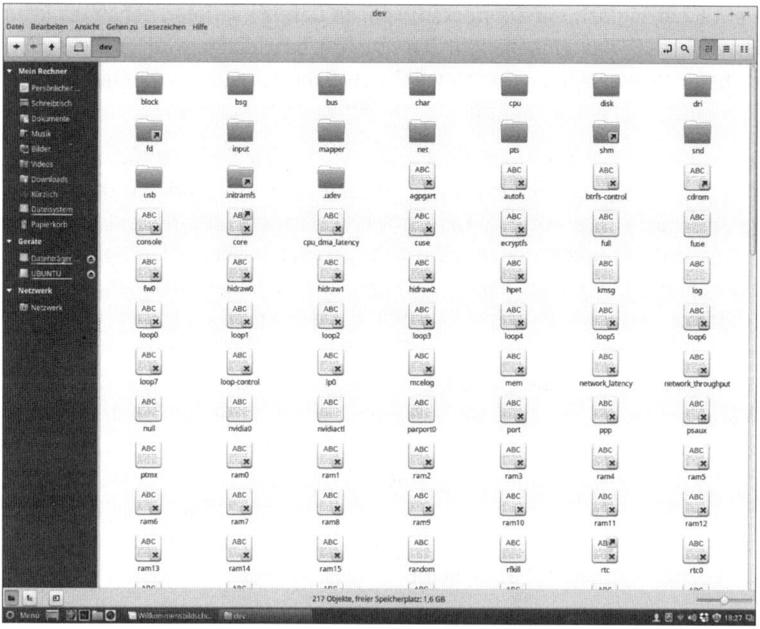

Abb. 13.2: Der Verzeichnisbaum von /dev. Hier sind alle peripheren Geräte als Datei gelistet.

Gelegentlich kann man anhand des Dateinamens sogar erkennen, welches Gerät sich hinter der Datei versteckt.

Das Ein- und Aushängen von Verzeichnissen war bis vor einiger Zeit noch mit Befehlen im Terminal verbunden. Einhängen bedeutet »im Dateisystem nutzbar machen«. Nemo listet alle erreichbaren Geräte und andere Dateisysteme in der Seitenleiste auf, zum Beispiel eine parallel existierende Windows-Partition. In aller Regel sind diese Verzeichnisse automatisch eingehängt. Sie können ein Laufwerk sehr einfach aushängen, indem Sie mit der rechten Maustaste auf das entsprechende Symbol klicken und AUSHÄNGEN wählen.

ACHTUNG

Solange ein Datenträger eingehängt ist, darf er nicht entfernt werden. Bei CDs wird die Schublade verriegelt, bei USB-Sticks und externen Festplatten müssen Sie allerdings selbst aufpassen. Klicken Sie immer mit der rechten Maustaste auf das Symbol im Starter und bestätigen Sie DATENTRÄGER AUSHÄNGEN.

Wenn Sie ein Gerät einfach nur ausstecken, können Dateien verloren gehen; es kann sogar passieren, dass das eingehängte Dateisystem beschädigt wird und dass das Einhängen beim nächsten Mal gänzlich misslingt. Dann müsste der Datenträger neu formatiert werden, was den endgültigen Datenverlust bedeuten würde.

Aber wozu das Ganze? Unter Linux lässt sich der Ort, an dem Sie auf einen Datenträger zugreifen, einfach festlegen. An der Stelle eines Verzeichnisses /home/benutzer/geheimnisvoller Ordner kann sich technisch ein CD-ROM Laufwerk, eine Windows-Partition, ein Drucker oder etwas ganz anderes befinden. Ein Beispiel: Bei der Installation von Linux Mint haben Sie alles, was zu installieren war, auf einer einzigen Partition gespeichert: Daten und Betriebssystem, Ihre Dateien, aber auch die Dateien der anderen Benutzer. Stellen Sie sich vor, Sie hätten noch eine zusätzliche Festplatte mit vertraulichen Daten in Ihrem Computer und möchten diese nicht für alle Nutzer zugänglich machen. Unter Windows wären diese Dateien unter einem anderen Laufwerks-Buchstaben für jeden erreichbar. Nicht so unter Linux. Wenn Sie diese Partition unter /home einhängen (*mounten*), befinden sich alle Dateien in Ihrem Ordner und sind somit für alle anderen nicht einsehbar. Der /home-Ordner ist und bleibt der /home-Ordner, egal ob sich die Daten physisch auf einem anderen Laufwerk, im Netzwerk oder auf derselben Festplatte befinden.

So können Sie Laufwerke, Partitionen, komplette Windows-Dateisysteme als *Datei* in Ihren /home-Ordner einhängen. Die Daten gehören dann Ihnen.

Um eine Datei in Ihrem /home-Ordner einzuhängen, benötigen Sie zwei Informationen:

- den Namen der Datei
- den Ort, an dem die Datei eingehängt werden soll

Wenn man einmal herausgefunden hat, unter welchem Namen das zweite Laufwerk im Dateisystem geführt wird, ist es ein Leichtes, dieses in Ihren /home-Ordner einzuhängen.

Gehen wir zu dem Beispiel der zweiten Festplatte in Ihrem Computer, die Sie in Ihr System einbinden möchten: Klicken Sie mit der rechten Maustaste einmal auf das Symbol der zweiten Festplatte, hier als *Volume* bezeichnet. Man erfährt, dass das Laufwerk im Ordner /media liegt und Volume heißt.

Öffnen Sie nun das Terminal und geben den Befehl mount -l ein. Jetzt werden die vorhandenen eingehängten Laufwerke aufgelistet. Wir suchen den Eintrag media/Volume und erfahren, dass diese Datei (wir erinnern uns, auch Laufwerke werden als Datei geführt) unter /dev/sdb1 aufgeführt ist.

Abb. 13.3: Wir suchen den Eintrag `media/Volume`.

Nun müssen Sie einen Einhängepunkt schaffen: Da dieser Punkt in Ihrem /home-Ordner liegt und nicht die bereits dort vorhandenen Dateien überschreiben soll, erstellen Sie einen leeren Ordner mit dem Namen `platte`.

Dazu klicken Sie mit der rechten Maustaste in das Fenster des persönlichen Ordners, wählen aus dem Kontextmenü den Eintrag NEUEN ORDNER ANLEGEN aus und benennen den so erstellten Ordner um in `platte`.

Jetzt haben Sie nicht nur den Namen der einzuhängenden Datei, sondern auch einen Einhängepunkt erstellt.

Hängen Sie jetzt das nun das Volume aus, indem Sie mit der rechten Maustaste auf das Symbol VOLUME klicken und AUSHÄNGEN wählen. Nun ist die Festplatte für das System nicht mehr verfügbar.

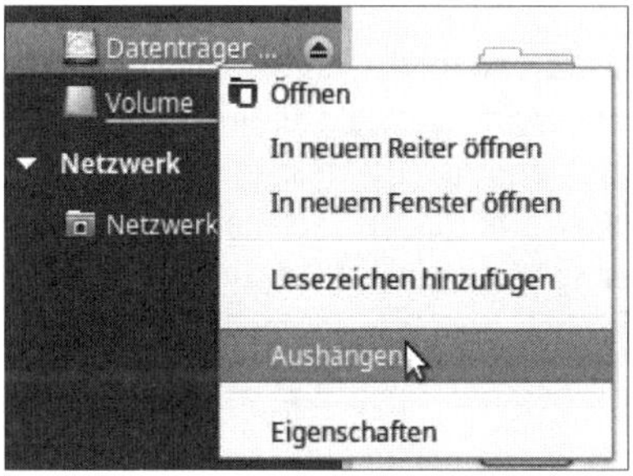

Abb. 13.4: Ein Laufwerk wird ausgehängt.

Starten Sie nun das Terminal und tippen die Kommandozeile:

```
sudo mount -t ntfs /dev/sbd1 /home/BENUTZERNAME/platte
```

und bestätigen Sie mit [↵].

Danach werden Sie nach dem Passwort gefragt. Geben Sie es ein und bestätigen Sie mit [↵].

Was bedeuten diese Eingaben und wie wende ich sie auf mein System an?

sudo ist der Befehl, mit dem Sie sich für ganz kurze Zeit System-Verwalterrechte geben.

mount ist der Befehl, mit dem Sie das System anweisen, eine Datei einzuhängen, und zwar eine Datei vom Typ (*-t*) *ntfs*. Diese Datei befindet sich unter dem Pfad /dev/sdb1 und soll unter /home/BENUTZERNAME/ in den Ordner platte eingehängt werden Dort, wo groß BENUTZERNAME steht, gehört dann Ihr Benutzername in Kleinbuchstaben hinein.

Jetzt sollte das Symbol des *Volumens* aus *Nemo* verschwunden sein, alle Dateien befinden sich nun im Ordner platte.

Was aber unterscheidet diesen Vorgang davon, dass Sie die Dateien ganz einfach auf Ihre eigene Festplatte verschieben? Nun, die Daten haben sich physisch nicht verändert und liegen immer noch auf der zweiten Festplatte. Sie können dies auch mit einzelnen Ordnern oder Ordnern, die sich im Hausnetzwerk befinden, praktizieren. Die Daten bleiben dort, wo sie sind, werden aber in Ihren persönlichen Ordner eingehängt und sind somit für die anderen Benutzer unsichtbar.

13.3 Das Terminal

So ganz nebenbei haben Sie im Laufe dieses Buches und dieses Kapitels immer wieder mit dem Terminal gearbeitet. Und Sie haben wohl erlebt, dass das Terminal weiß Gott kein Hexenwerk ist. Wozu aber braucht man ein Terminal? Kann man nicht einfach alle Programme mit einer intuitiv zu bedienenden Oberfläche versehen? Im Prinzip kann man das schon, aber viele Programmierer sehen darin keinen Sinn und lassen es einfach. Ursprünglich wurde Linux ausschließlich über das Terminal bedient und viele Profis tun das immer noch.

Es ist beispielsweise kein Unterschied, ob Sie ein Programm über die Anwendungsverwaltung installieren oder im Terminal den Befehl

```
apt-get install PAKETNAME
```

eingeben, das Ergebnis ist ein installiertes Programm. Wissen muss man eigentlich nur, dass die Anwendungsverwaltung nur ein so genanntes *Front-End* ist. Dies ist nur eine Bedienungsoberfläche für ein Programm, das in den Tiefen des Systems arbeitet, und nicht das Programm an sich.

Ich werde Ihnen einige Befehle auflisten, die Sie gefahrlos im Terminal ausprobieren können.

Die Pfadangabe zu Ihren Dateien lautet:

```
/home/BENUTZERNAME/ORDNER/DATEI
```

Verzeichnisinhalt anzeigen:

```
dir /home/BENUTZERNAME/ORDNER
```

Eine Datei kopieren:

```
cp /home/BENUTZERNAME/ORDNER/DATEI /home/BENUTZERNAME/
ZIELORDNER/
```

Eine Datei verschieben:

```
mv /home/BENUTZERNAME/ORDNER/DATEI /home/BENUTZERNAME/
ZIELORDNER/
```

Eine Datei löschen:

```
rm /home/BENUTZERNAME/ORDNER/DATEI
```

Alle Anwendungen aktualisieren:

```
sudo apt-get upgrade
```

Programm deinstallieren:

```
sudo apt-get remove PAKETNAME
```

.deb-Datei installieren

```
sudo dpkg --install /PFAD/ZUR/PAKETDATEI.deb
```

Sollten Sie in einem Forum Hilfe suchen, weil eine Komponente Ihres Systems nicht richtig funktioniert, so müssen Sie einige Informationen über Ihre Hardware angeben, damit man Ihnen qualifiziert helfen kann. Die erforderlichen Angaben erhalten Sie folgendermaßen:

Um die USB-Geräte zu überprüfen, geben Sie ein:

```
lsusb
```

Um die Netzwerkkarte zu überprüfen, geben Sie ein:

```
ifconfig
```

Um die WLAN-Karte zu überprüfen, geben Sie ein:

```
iwconfig
```

Um eine Übersicht über die gesamte Hardware zu erhalten:

```
sudo lshw
```

Sie können die Ausgabe wie in einer üblichen Textverarbeitung markieren, kopieren und mit Hilfe des Editors in eine Textdatei umwandeln.

Bitte achten Sie auf Groß- und Kleinschreibung. Befehle und Benutzernamen werden beispielsweise immer kleingeschrieben, Ordner und Dateien in der korrekten, gemischten Groß- und Kleinschreibung.

13.4 Der Dateimanager Nemo

Natürlich ist es für den Normalnutzer viel zu aufwändig und nicht mehr zeitgemäß, all diese Befehle zu lernen und per Hand auszuführen. Bereits unter MS-DOS feierte der Norton Commander Erfolge, vereinfachte er doch den Umgang mit dem Dateisystem maßgeblich.

Der Dateimanager *Nemo* verbirgt sich hinter dem Button DATEIEN. Er ist vernünftig ausgestattet und beherrscht die Funktionen, die Sie wohl am häufigsten benötigen werden. Die Kenntnis des Kopierens und Verschiebens von Dateien setze ich an dieser Stelle einfach einmal voraus.

Seitenleiste

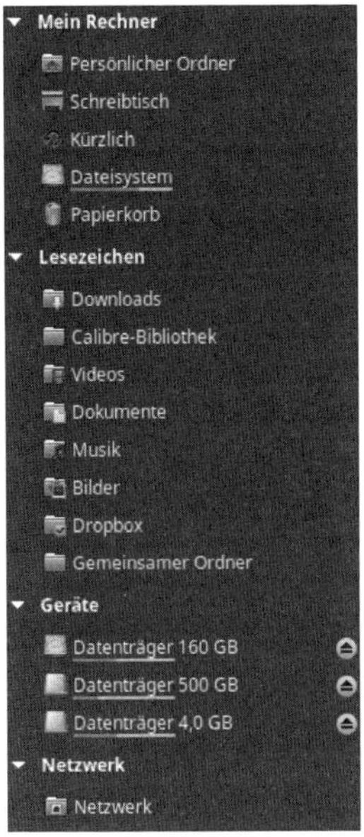

Abb. 13.5: Die Seitenleiste

In der linken Spalte des Dateimanagers sehen Sie die Seitenleiste. Sie bietet einen groben Überblick über die Orte, an denen sich Ihre Dateien befinden. Einige Lesezeichen sind bereits von Anfang an vorhanden, andere Anwendungen installieren hier automatisch ein eigenes Lesezeichen, so zum Beispiel die *Dropbox*.

HINWEIS

Unter MEIN RECHNER finden Sie einige Zugriffspunkte, die sich nicht verändern oder entfernen lassen. Dies sind zentrale Orte, wie zum Beispiel der SCHREIBTISCH oder der PAPIERKORB.

Sie können Lesezeichen für häufig genutzte Ordner aber auch selbst anlegen. Erstellen Sie einen Ordner an einer beliebigen Stelle und öffnen Sie ihn. Klicken Sie nun im Menü von *Nemo* auf LESEZEICHEN HINZUFÜGEN und schon taucht dieser Ordner bei den Lesezeichen auf. Sie können diese per Drag & Drop sortieren oder mit Hilfe der rechten Maustaste wieder verschwinden lassen.

Abb. 13.6: Einstellbuttons für die Seitenleiste

Am linken unteren Bildrand befinden sich drei Buttons. Diese dienen dazu, die Seitenleiste völlig verschwinden zu lassen, wichtig bei sehr kleinen Bildschirmen, oder ein Baumdiagramm aller Ordner und Dateien anzuzeigen.

Ansichten

Rechts oben befinden sich einige weitere Buttons. Mit ihnen können Sie die so genannte »Brotkrümelnavigation« ein- und wieder ausschalten. Dabei wird der komplette Pfad zur aktuellen Datei angezeigt, sinnvoll, wenn Sie mit dem Terminal arbeiten und nicht jedes Mal den kompletten Pfad einer Datei eintippen wollen. Darüber hinaus finden Sie eine Suchfunktion für Dateien und Ordner und drei Umschaltbuttons, um

- eine Symbolansicht mit Miniaturansichten von Bilddateien,
- eine Listenansicht mit Informationen über Größe und Erstellungsdatum oder
- eine Kompaktansicht

anzeigen zu können.

Die Taste F3 ermöglicht Ihnen, eine zweite, unabhängige Fläche mit einzuschalten und so eine Oberfläche ähnlich dem bereits erwähnten *Norton Commander* herzustellen. So können Sie einfacher Inhalte zwischen verschiedenen Ordnern oder Datenträgern hin- und herkopieren.

Verborgene Dateien ansehen

Es ist ursprünglich nicht vorgesehen, dass der Nutzer die Systemdateien sieht, also auch diese Dateien nicht versehentlich verändert. Trotzdem ist es gelegentlich nötig, diese Dateien sichtbar zu machen, da sich hier die Konfigurationsdateien verbergen. Im Menü unter Ansicht | Verborgene Dateien anzeigen können Sie diese Option aktivieren.

Verborgene Dateien und Ordner erkennen Sie immer am Punkt vor dem kleingeschriebenen Namen. Statt `Mozilla` heißt der verborgene Ordner also `.mozilla`.

Nemo als Systemadministrator nutzen

Im Kapitel über die Cloud habe ich Ihnen gezeigt, wie Sie die *Magentacloud* in die Dateiverwaltung einbinden. Dazu war es nötig, einige Konfigurationsdateien wie beispielsweise die Datei `/etc/fstab` zu öffnen und einige Angaben hinzuzufügen. Das Linux-Sicherheitskonzept erlaubt dies allerdings nicht so ohne weiteres, denn die Veränderung dieser Datei erfordert root-Rechte. Im Terminal ist dies kein großes Problem, hier genügt der Befehl `sudo` und die Legitimation mit dem Supervisor-Passwort.

Für einzelne Dateien können Sie sich bei *Nemo* keinen Administratorenzugang verschaffen, dieser gilt immer nur für einen ganzen Ordner. Um besagte Datei `fstab` bearbeiten zu können, klicken Sie bei *Nemo* den Ordner `/etc` mit der rechten Maustaste an, wählen die Option ALS SYSTEMVERWALTER ÖFFNEN aus und legitimieren sich mit dem Passwort. Dann lässt sich die Datei nicht nur öffnen und lesen, Veränderungen werden auch gespeichert.

Erweiterte Funktionen

Klicken Sie eine Datei oder einen Ordner mit der rechten Maustaste an, öffnet sich das Kontextmenü. Hier finden Sie, abhängig vom Datei- oder Ordnertyp, jede Menge weiterführende Funktionen.

So können Sie Ordner und Dateien in verschiedenen Formaten, mit und ohne Passwort komprimieren, Ordner im Netzwerk freigeben und ähnliches mehr. Oder Sie belegen verschiedene Ordner mit verschiedenen Farben, wenn Ihnen das voreingestellte Grün zu langweilig ist. Haben Sie die *Dropbox* installiert, können Sie per rechtem Mausklick Dateien oder ganze Ordner in die Cloud verschieben, perfekte Integration macht es möglich.

Wenn Sie eine Datei oder einen Ordner sicher vernichten möchten, tun Sie dies mit der Option *Löschen,* ansonsten wird der Inhalt in den Papierkorb verschoben. Sie sollten sich allerdings sicher sein, dass Sie die Datei nicht mehr brauchen, eine Wiederherstellung ist fast nicht möglich.

Nicht verschweigen möchte ich Ihnen zum Schluss die folgenden Einstellmöglichkeiten: Über den Menüpunkt BEARBEITUNG | EINSTELLUNGEN können Sie die Ansicht und das Verhalten von *Nemo* Ihren Ansprüchen anpassen: Ob eine Datei mit einem oder zwei Klicks geöffnet werden soll, welche Informationen Sie in der Listenansicht sehen wollen oder welche Buttons Sie in der Werkzeugleiste angezeigt haben möchten – Sie bestimmen.

Kapitel 14

Die Software von Linux Mint Cinnamon

Ziel des Kapitels

- Sie erfahren, mit welchen Programmen Linux Mint in der Version Cinnamon ausgeliefert wird und welche Programme Sie möglichweise zusätzlich installieren sollten.

Schritte zum Erfolg

- Sie lernen den Programmumfang für den Normalbenutzer kennen.
- Sie erfahren etwas über interessante Alternativen.

14.1 Die Software von Linux Mint Cinnamon

Cinnamon wird von Hause aus mit einer recht umfangreichen Softwareausstattung ausgeliefert. Schauen wir uns diese Ausstattung einmal genauer an:

14.2 Office-Programme

LibreOffice

Ist der Nachfolger von *OpenOffice* in der Mint-Suite. Der genauen Beschreibung habe ich hier im Buch ein ganzes Kapitel gewidmet.

Alternative:

- *Calligra Office-Suite* ist zudem mit einem Dokumentenbetrachter und anderen Features ausgestattet.

Evince-Dokumentenbetrachter

Stellt Dokumente u. a. im plattformübergreifenden PDF-Format dar. Das Programm läuft sehr stabil und kann auch mit sehr großen Dokumenten umgehen, Anmerkungen und Lesezeichen können angelegt werden.

Alternativen:

- *Ocular* aus der *Calligra Office-Suite*
- *Tomboy*: Legt ein Symbol in der Leiste ab, damit Sie schnell und unkompliziert Notizen mit Datum anlagen und in Notizbüchern zusammenfassen können.

14.3 Grafik

Bildbetrachter

Xviewer

Tut ganz genau das, was der Name schon sagt: zeigt Bilder an. Man kann die Bilder nach rechts oder links drehen, um Hochformataufnahmen anzuzeigen, und spiegeln. Sonst sind keine Bearbeitungen möglich.

Pix

Zeigt Bildersammlungen in Thumbnails an und ermöglicht einfache Bildbearbeitung, die in vielen Fällen schon ausreicht.

Bildbearbeitung

Gimp

Das Bildbearbeitungsprogramm, das sich mit kommerziellen Programmen durchaus messen kann. Enorme Funktionsvielfalt, die alleine ein Buch füllen könnte.

Alternative:

- Wer es nicht ganz so üppig braucht, beschränkt sich auf *Pinta,* einer einfacheren, aber durchaus funktionellen Bildbearbeitung.

14.4 Kommunikation und Internet

Firefox

Ist der State-of-the-Art-Internetbrowser der Mozilla-Stiftung, der durch seine Add-ons anpassungsfähig und konfigurierbar ist wie sonst kein anderer.

Alternative:

- *Chromium*, die quelloffene Basis von Google Chrome, enorm schnell

Thunderbird

Wie der *Firefox* ein Produkt der Mozilla-Stiftung, kann durch Implementierung von Add-ons zum persönlichen Assistenten erweitert werden. Beide Programme sind ausführlich im Buch beschrieben.

Pidgin

Chatprogramm, das auf diverse Plattformen z.B. *Facebook Chat* oder *ICQ* zugreift

Hexchat

Dient zur Unterhaltung über das *Internet Relay Chat*

Transmission

Ist ein kleines, intuitiv zu bedienendes Programm, um das *BitTorrent*-Netzwerk zum Download großer Dateien zu nutzen.

14.5 Multimedia

Banshee

Audio- und Videoplayer mit großem Funktionsumfang. Musik- und Video-Dateien, Podcast, Internetradio können aus der Anwendung heraus abgespielt werden, dabei werden die gängigen Audio- und Videoformate unterstützt.

VLC-Player

Der Mediaplayer schlechthin. Der Allesspieler kommt mit nahezu jeder Videodatei zurecht. Selbst bei fehlenden Dateistücken macht das Programm nicht schlapp. Der Funktionsumfang ist enorm.

Videos

Heißt eigentlich *Xplayer* und dient zur Wiedergabe von Videodateien. Der *Xplayer* kann mit Hilfe verschiedener Module etwas aufgepeppt werden, wenn der Umfang nicht ausreicht.

Brasero Brennprogramm

Ein sehr einfaches und intuitives Brennprogramm. Je nach Brenner bekommt das Programm jedoch große Schwierigkeiten und der Brennvorgang wird vorzeitig beendet.

Alternative:

- Das wohl beste Brennprogramm im Software-Center ist *k3b*. Der Funktionsumfang ermöglicht dem erfahrenen Benutzer jede Menge Spielerei. Die Oberfläche ist nicht ganz so einfach, dafür funktioniert der Brennvorgang sehr zuverlässig.

14.6 Zubehör

Archivverwaltung

Die *Archivverwaltung* verarbeitet die Linux-typischen Pakete, die beispielsweise mit `tar.gz` enden. Auch Windows-typische Archive wie `.rar` oder `.zip` können geöffnet werden.

Alternativprogramme:

- *7Zip*: ein in der Windowswelt verbreitetes und bereits bewährtes Programm zum Packen und Entpacken von Archiven
- *Arc*: Paketeverwaltung aus *Kubuntu*

Bildschirmfoto

Das Programm erstellt Screenshots, also Darstellungen des Bildschirms.

Nemo

Der Dateibrowser wird auch als *Dateien* aufgerufen. *Nemo* ist für die Freunde der geteilten Fensteransicht, ähnlich dem beliebten *Norton Commander*. Dies ermöglicht leichteres Organisieren von Dateien.

Die rechte Maustaste ist das wichtigste Werkzeug unter *Nemo*. Zugang zum Terminal ist ebenso gegeben wie die Möglichkeit, Ordner als Systemverwalter zu öffnen.

Alternativen:

- *Konqueror*, mit ähnlichem Umfang

Laufwerke

Zeigt nicht nur die Partitionen eines Laufwerks an, sondern ermöglicht auch Laufwerksabbilder zu erzeugen, Leistungstests durchzuführen und Partitionen zu formatieren.

Simple-Scan

Ist eine Schnittstelle, um einen Scanner von einer Textverarbeitung oder einer Bildbearbeitung aus in Betrieb zu nehmen.

Alternative:

- *Scan2PDF* ist keine Alternative, sondern eher eine Ergänzung, die, wie der Name schon sagt, Dokumente automatisch in PDF-Dateien umwandelt.

USB-Abbilderstellung

Erstellt ein Startmedium auf USB-Sticks, wenn der Computer nicht über ein CD-ROM-Laufwerk verfügt.

USB-Stick-Formatierer

Formatiert USB-Sticks in verschiedenen Dateisystemen.

14.7 Einstellungen

Die Programmnamen für die Einstellungen sprechen eigentlich für sich, daher verzichte ich hier darauf, sie einzeln zu besprechen.

Systemprogramme

Programme zur Installation und Aktualisierung von Anwendungen

Aktualisierungsverwaltung

Die Aktualisierungsverwaltung *mintupdate* basiert, wie auch *Anwendungsverwaltung,* auf dem *Advanced Packaging Tool. (APT)* Sie überwacht im Hintergrund, ob die installierten Programme aktuell sind. Falls es Updates gibt, bekommen Sie einen Hinweis über das Applet.

Anwendungspaketquellen

Bieten eine Auswahl an Servern, von denen Sie die Programmpakete beziehen können. Hier wählen Sie den schnellstmöglichen aus.

Anwendungsverwaltung

Eine grafische Benutzeroberfläche für das *Advanced Packaging Tool.* Hier installieren Sie bequem Programme, lesen Erfahrungsberichte anderer Nutzer und erfahren etwas über Alternativen.

GDebi

Ist ein Installationsprogramm, das `.deb`-Dateien verarbeitet, die Sie aus dem Internet herunterladen haben.

Synaptic Paketverwaltung

Auch eine Benutzeroberfläche für das *Advanced Packaging Tool*. *Synaptic* ist vor allem gut geeignet, wenn einzelne Pakete zu einem installierten Programm hinzu installiert werden müssen.

Alternative:

- Wenn Sie eine Lösung suchen, die alle diese Einzelprogramme in einer Suite verbindet, sollten Sie das *Software-Center* aus Ubuntu oder das *Muon-Software Center* versuchen.

Benutzer und Gruppen

Sehr simple Benutzerverwaltung

Datensicherungswerkzeug

Hier sichern Sie in getrennten Durchgängen Ihre Daten und eine Liste der installierten Programme.

Energiestatistiken

Ein Programm, das wie der Name sagt, Informationen über den Energieverbrauch liefert. Wichtig für Benutzer von Laptops.

Baobab

Firmiert unter dem Namen *Festplattenbelegung analysieren*. Hier finden Sie Informationen darüber, welche Ordner wieviel Platz auf den Laufwerken belegen.

Hochladeverwaltung

Ein gut gemeintes Programm, das es ermöglichen soll, große Dateien, die nicht per E-Mail verschickt werden können, zu versenden.

Systemprotokollbetrachter

Protokolliert ununterbrochen, was in Ihrem Computer passiert. Kann von Kundigen zur Analyse herangezogen werden.

Systemüberwachung

Überwacht in Echtzeit die CPU- und Speicherauslastung und jede Menge anderer Parameter. Sie können darüber hinaus laufende Prozesse beobachten und beenden.

Treiberverwaltung

Hilft Ihnen, zusätzliche Treiber zu installieren.

Barrierefreiheit

Um die Software für alle Menschen nutzbar zu machen, finden sich hier interessante Unterstützungsmöglichkeiten für Seh- und Hörbehinderte sowie haptisch eingeschränkte Benutzer.

Index